天津市河西区上海道小学办学成果系列丛书

自主发展的课程(二)

范伟敏　许　纯　主编

天津出版传媒集团

天津人民出版社

图书在版编目(CIP)数据

自主发展的课程. 二 / 范伟敏, 许纯主编. -- 天津:
天津人民出版社, 2021.12
(天津市河西区上海道小学办学成果系列丛书)
ISBN 978-7-201-17731-1

Ⅰ.①自… Ⅱ.①范… ②许… Ⅲ.①科学知识—教
案(教育)—小学 Ⅳ.①G623.62

中国版本图书馆 CIP 数据核字(2021)第 245805 号

自主发展的课程. 二

ZIZHU FAZHAN DE KECHENG . ER

出　　版	天津人民出版社
出 版 人	刘　庆
地　　址	天津市和平区西康路 35 号康岳大厦
邮政编码	300051
邮购电话	(022)23332469
电子信箱	reader@tjrmcbs.com

责任编辑	玮丽斯
装帧设计	汤　磊

印　　刷	天津新华印务有限公司
经　　销	新华书店
开　　本	710毫米×1000毫米　1/16
印　　张	22.75
字　　数	330千字
版次印次	2021年12月第1版　　2021年12月第1次印刷
定　　价	89.00元

序

上海道小学是一所津门名校。多年来,上海道小学在改革中创新,在创新中发展,教育品质不断得到提升。

一所优质学校的发展需要一种精神,需要一种能超越时空引领学生、教师、学校共同发展的教育哲学,面对经济社会发展的新要求和基础教育改革的新趋势,天津市河西区上海道小学汇聚全校的智慧与力量追问历史、审视当下、思考未来,提出了"自主发展教育",确立了"求新绽活、自主发展"的办学理念,以表达学校对教育理想的不懈追求,以形成富有特色的学校文化。

一所优质学校的发展,不仅要有学校教育哲学的引领,还要有优质课程的支撑。课程是学校实施办学理念和实现育人目标的载体,是落实立德树人根本任务的关键,是学校诸多办学要素中的核心要素。在学校里,课程是教育教学的枢纽,连接着教师、学生等多种资源要素,学校多项教育教学工作主要是通过课程实现的,学生在学校的所有活动几乎都和课程相关。"十四五"期间,学校要实现高质量发展,就必须主动关注基础教育课程改革的新理念、新观点、新要求,主动求变,科学应变,构建优质的学校课程体系,为实现学校高质量发展找到突破口和增长点。

上海道小学从20世纪80年代开始就一直在坚持不懈地进行课程改革实验。20世纪90年代,上海道小学突破了单一学科课程结构,将活动课程、隐性课程纳入课程结构,提出了"大课程"思想,《大课程的理论与实践》一书也由人民教育出版社出版,在全国产生了较大影响。"十五"期间,上海道小学以学科课程资源开发、低年级艺体综合课及主题综合课为切入点,进行校本课程文化的建设，其成果《小学低年级艺体综合课研究与试验》和《小学主题综合活动课研究成果集》正式出版。"十一五"期间，开展了"学习型学校校本课程文化研究"。"十二五"期间，在以往研究的基础上，开展了"小学协商课程创新实践研究"，最大限度地促进了学生自主学习，从根本上转变了师生关系和教与学的方式。"十三五"期间，上海道小学以"自主发展教育"理念为引领，以学生发展核心素养为目标，对国家课程、地方课程和校本课程进行整合重组，构建了包括学科综合课程、主题活动课程和文化浸润课程三大类课程的"小海帆"自主发展大课程体系，促进了学生发展核心素养的落地，进一步彰显了上海道小学自主发展教育的鲜明特色。

《自主发展的课程》是上海道小学办学成果系列丛书中的一部书。它是上海道小学承担的"十三五"教育科研课题"'自主发展教育'课程体系的实践研究"的总结和深化。《自主发展的课程》有如下三个突出特点：

一、与学校教育哲学高度契合

学校教育哲学是一所学校信奉的理念和价值追求，构建学校课程体系，要注意研究学校的历史和现状，把握学校的教育哲学和办学理念，使学校的教育哲学和办学理念与课程体系逻辑上内在关联。有不少学校的课程体系与学校的教育哲学和办学理念是两张皮，课程体系无法支撑学校办学理念的实现。而上海道小学则通过围绕"求新绽活、自主发展"的办学理念制定课程体系目标以引导学生自主发展，通过改革课程结构为学生自主发展提供更大的时间和空间；通过制定自主发展的评价体系以保障学生的自主发展，从而使学校课程体系与学校教育哲学和办学理念高度契合，促进了办学理念的真正落地。

二、课程体系完善且有新意

上海道小学经过反复的研讨、探索，构建了由课程理念（指导思想）、课程目标、课程结构、课程实施和课程评价构成的完善的课程体系。其中，课程结构由学科综合课程、主题活动课程、文化浸润课程三类"大课程"构成，学科综合课程为必修课程，包括阅读与表达、数学与科学、艺术与体育、自我与世界、信息与技术五大类，分别指向语文综合、数学综合、英语综合、科学综合、音乐综合、美术综合、体育综合、道德与法治综合和信息技术综合,这些课程均在保证国家课程开齐开足的基础上,进行适当的拓展与统整。主题活动课程和文化浸润课程是选修课。主题活动课程包括专题活动课程和素质拓展课程,文化浸润课程则包含了学校文化、家庭文化和社会文化三个方面的课程。"小海帆"自主课程发展体系统整国家、地方和校本课程。国家课程的校本化实施,以及文化浸润课程的设置方面都有一定的创新性。

三、课程体系具有很强的操作性

上海道小学对"小海帆"自主发展课程体系中的三大类课程中的每一门课程都编制了课程纲要,课程纲要包括课程背景、课程目标、课程内容、课程实施和课程评价。课程实施中不仅提出了教学建议,而且用表格的形式分别列出了"国家课程校本化实施计划"和"拓展课程实施建议",非常具体、详细,便于教师教学。在课程评价中列出了具体的评价标准。每一门课程纲要后边都附有包括学情分析、教学目标、教学重难点、教学活动过程和教学反思等内容的课例,便于教师在教学中参照,从而使学校课程体系具有了很强的操作性。

总之,上海道小学的"小海帆"自主发展课程建设克服了以往学校课程建设上缺乏系统的顶层设计、校本(特色)课程多,但无明确目标,少合理分类,缺逻辑关联,弱评价管理的弊端。同时,注重课程实施途径的多维统整和操作性,落实学习方式的变革,丰富学生的学习经历,真正实现了全面育人和自主发展,是小学学校课程建设的一个很好的范例。

希望上海道小学在"十四五"期间,继续深化课程改革,完善课程体系,强化课程评价,建设精品课程,实现学校的高质量发展。

是为序。

2021年10月

前　言

　　课程是教育思想、教育目标和教育内容的重要载体,是学校教育教学活动的基本依托,学校课程结构决定着学生的素质结构,课程的质量决定着学校的办学品质。

　　上海道小学在七十余年的发展历程中,始终行走在课程改革的探索之路上,逐渐形成了以校为本、创新实践的课程文化。"机器人"作为校本课程,通过前期的研究,已日臻完善,并于2013年出版了《自主发展的课程(一)》。进入"十三五",我们对学校近四十年的课程改革进行了很好的回顾,梳理了围绕课程建设取得的成果,包括"大课程"体系构建、"小学生主题综合活动课研究"、"学习型学校文化研究"、"小学学校课程创新研究"及"自主发展教育"的实践研究,从而确定了进一步突出校本课程建设、深入推进课程、教学、评价一体化改革的方向。我们将课程文化建设作为促进学校品质提升的切入点,进行深化研究,将课程建设定位于基于核心素养的"自主发展"这一特色,确立了《"自主发展"教育课程体系的实践研究》的课题,并被批准立项为中国教育学会"十三五"规划课题。

　　此书,则是我校课题组围绕"求新绽活、自主发展"办学理念,按照课程指导思想、课程目标、课程类型、课程内容、课程实施和课程评价等课程体系要素,依据上海道小学育人目标和学生需求,重新梳理国家课程资源,整合课程内容,优化课程实施途径,拓展各课程间的联系,研发了既满足学生个性发展又符合当今时代需要的校本拓展课程,编制了相应的课程纲要,初步构建了凸显"自主发展"的课程体系框架,以及在实施中取得的成果。其中纲要的编撰和总结的课例、案例均来自我校一线教师,通过此研究,我们力求为教师构建自主发展的平台,提高教师课程的自信力和实施力,引领教师成为课程的创生者和研究者。

虽然我们构建的课程体系还有很多值得商榷的地方,但在聚焦核心素养、推进课程改革的征途中,我们迈出了探索的步伐;虽然我们知道在这条路上会有坎坷和荆棘,但我们充满坚定的信心和克服困难的勇气,因为我们所做的一切是为了让每一个孩子的生命活力得到绽放,让每一个孩子的未来变得精彩,让我们的教育更加富有品质,为此我们将不懈努力,一路前行!

编者

2021年10月

目录 Contents

第一章 "自主发展教育"课程体系的实践研究

范伟敏

第一节 研究的目的与意义

(一)核心概念的界定

自主发展是指学生自己能够成为决定自我发展的主宰,是自我发展的主人,能够顺应自己个性发展的需求,顺应自己追求和设定的理想和目标,经过主观努力,实现个性发展。自主发展是人们要求改变自身现状的一种愿望和追求;是人们建立在对自己做出某种价值判断,在肯定或否定自我基础上提出来的一种新的希望、新的目标、新的理想;是人们对发展自我、丰富自我、改变自我、提高自我的一种内在的追求。自主发展是人类社会产生以来与教育相伴随、贯通个体生命全过程的一种现象,是个体生存与发展的内在基本条件之一,是个体在一定社会要求下按照自身发展的需要进行学习、自我培养和自我实现的活动。

自主发展教育是以学生发展为本,尊重学生发展规律,从学生发展需要出发,满足学生在教育内容、时间、地点、方式上的相对自由选择,以发挥教师的自主性促进学生自主性的发展,使学生的内在潜质得到充分开发和展示,使学生能全面、主动、多元、和谐、可持续发展,从而实现人的最优发展的教育。

课程体系是育人活动的指导思想,是培养目标的具体化和依托,它规定了培养目标实施的规划方案。课程体系主要由特定的课程观、课程目标、课程内容、课程结构和课程实施方式、课程评价所组成。其中课程观起着主宰作用,它是指在一定的教育价值理念指导下,将课程的各个构成要素加以排列组合,使各个课程要素在动态过程中统一指向课程体系目标实现的系统。

自主发展教育的课程体系:是指学校以学生"自主发展"和"核心素养发

展"为目标,对现行国家、地方课程内容进行适当整合重组,依据学校育人理念、学生需要、校内外教育资源,进行校本课程、隐性课程的科学规划和建设,进而构建学生发展所需要的、具有学校特色的、融显性课程与隐性课程为一体的学校课程体系。

(二)国内外研究现状述评

进入21世纪,世界范围内教育改革开始关注课程与教学层面的革新,许多发达国家和发展中国家都从基础教育课程改革入手,例如有的国家提出课程内容的选择,坚持少而精的原则,减少课程内容绝对数量和降低内容的难度,坚持学生主体性原则,鼓励学生通过亲身实践进行探索,达成理解,加强交流等要求。英国于2000年6月实施新的国家课程,强调四项发展目标,即精神方面、道德方面、社会方面和文化方面的发展,开始重视价值观教育和学生精神、道德发展,加强社会公民培养,改善教学质量,注意国家课程和地方课程的统一和灵活性的结合,努力提高学生的信息和交流技术能力。

对于国内课程改革,有专家提出的观点是我国当前的课程形态仍主要表现为学科课程,虽然20世纪80年代以来,历经二十余年的课程改革,各方面有了变化,但作为课程形态的学科课程模式,在总体上没有被改革,因此,要更新课程内容,使之为学生的终身发展服务,实现育人功能。在这方面,北京清华附小、重庆谢家湾小学、北京十一学校亦庄实验小学都做了有益的尝试和探索,总结了一些可借鉴的经验和成果。

综观国内外课程体系建设,均有相关的研究,但是基于自主发展教育理念下的课程体系研究似乎还没有先例,特别是能够探索出以培养学生自主发展为目标的课程体系及其实施方法、途径、策略等都鲜有论述,因此,我们提出了此课题。我们希望通过研究实现依据自主发展育人目标、学生核心素养目标、解决国家课程与地方课程内容的交叉重复、地方课程和校本课程碎片化现象,提高国家、地方课程实施的实效性,培养学生的主动性和独立性,给他们提供自我创造的空间和可能性,把想象的空间留给学生,把判断的权力让给学生,把表达的自由教给学生,真正体现学生学习的自主性,让学生变成真正的学习主体,为学校课程建设提供丰富的实践凭借,并以此为载体,促进高品质学校的建设。

(三)选题意义,研究价值

围绕课程改革我校曾经探索出"大课程"体系,但近年来由于各种原因,课程体系改革没有进一步深化,不能满足对学生自主发展和核心素养发展的需求。面对新一轮课程改革,我们认真分析了学校在课程改革建设中取得的经验和不足,认识到只有构建基于学校办学理念和育人目标的课程体系,才能体现学校办学的个性化,彰显学校的办学特色,才能真正实现课程育人的目标。为此,我们将"'自主发展教育'课程体系的实践研究"作为课题。

此课题的研究,意在重新梳理国家课程资源,整合课程内容,优化课程实施途径,拓展开发课程间的联系,研发满足学生个性发展需要及符合当今时代需要的校本课程,为学生的综合发展提供丰富和自主的课程,使之在研究过程中创生理念,形成上海道小学学生自主发展及核心素养评价目标,构建既符合我校校情又能够体现自主发展理念的课程体系,促进学校自主发展教育的深化,又能率先在天津市的小学阶段超前进行课程体系构建研究,使办学品质得到提升,使学校文化得到彰显。

此外,此课题研究将进一步丰富自主发展理论的内涵,为课程理论发展做有意的补充,填补基础教育阶段自主发展理念与课程体系建设的有机融合这一项研究内容的缺失。本课题的研究成果也可以推广到义务教育阶段的其他学校使用,在局部或一定区域内具有应用价值。

第二节 研究的目标、内容、方法

一、研究目标

(一)预期目标

1.构建上海道小学学生核心素养的目标体系;

2.构建上海道小学学生核心素养"自主发展"的课程体系,促进其目标的实现;

3.提升学校课程领导力、教师研发教材的能力和课程的设计与执行力,增

强教师主动发展的意识;

4.树立学校特色品牌,彰显自主发展的办学理念,促进学校品质提升。

(二)达成目标

1.构建上海道小学育人目标和学科素养目标;

2.构建"小海帆"自主发展大课程体系;

3.全面提升学校课程领导力以及教师课程设计和开发能力;

4.学校自主发展的特色更加凸显,办学的品质得到进一步提升。

二、研究对象

确定实验班级作为研究对象。以各学科1—6年级实验教师任教的班级确定为实验班,作为研究对象,进行实验前后的问卷及全面、深入、细致的分析,为实验提供基础数据和原始情况,将探索的内容进行先行先试,记录学生的发展变化,及时进行措施的调整完善。

三、研究内容

(一)编制上海道小学学生核心素养育人目标内容及学科核心素养目标。融入学校自主发展办学理念,凸显学校的办学特色。

(二)构建上海道小学自主发展课程体系,进行国家课程、地方课程校本化研究;设计研发学科综合课程;凸显个性和兴趣的活动课程;探索培养学生人文素养和实践能力的文化浸润课程,编写三类课程纲要。

1.拓展国家课程、地方课程和校本课程:主要以单元整合教学为主,调整补充相关内容,对语文、数学、英语、音乐、美术等学科课程进行整合拓展,开设阅读与表达、数学与科学、艺术与体育、自我与世界、信息与技术作为必学课。

2.开设主题活动课程:以学校自主德育月主题、节日主题和劳动教育为主要内容的专题活动课程;由"自主小海帆"特色活动、校级年级素拓选学课组成的素质拓展课程。

3.开设由学校文化、家庭文化、社会文化组成的文化浸润课程。

(三)课程体系的评价:课程评价依据学生培养发展目标,从学校、教师、学生、家长与社会四个方面进行评价。

（四）编制教师自主发展指标体系,包括教师的职业素养和课程资源的开发能力和课程实施的执行力。

四、研究方法

（一）文献研究法:通过图书、报刊和网络等渠道,搜集国内外自主教育论述、核心素养的理论和课程体系的资料,学习鉴别此课题的相关典型经验,对课题实验内容提升科学认识。

（二）调查法:编制与课题内容相吻合的书面调查问卷,调查老师、学生、家长对课程的意见和设想,为课题的深入研究提供依据与参照。

（三）行动研究法:每学期根据实验方案和具体情况制定实验计划,学期末进行实验总结。成立实验班实验教师团队,明确研究内容和策略,通过开展听课、评课、课例分析等研究活动,不断反思和调整实验进程,总结研究成果。

（四）个案研究法:每个学科每个年级成立2个实验班作为研究对象,以变化、发展过程为研究内容,搜集大量的与研究对象有关的资料,进行针对性的个案研究。

（五）技术路线:在分析校情基础上确定研究课题,采用文献研究法对国内外研究现状进行分析后,运用问卷调查法对师、生、家长进行调查,制定方案,撰写开题报告。运用行动研究法和个案研究法,在实验班对比中开展研究。中期通过分析将实验班的研究成果向全校推广。在反复进行反思、总结、分析、概括的基础上写出研究报告。

第三节　实践探索及研究成果

一、围绕办学理念及特色,确立课程体系目标

在多年的办学实践中,学校坚持"求新绽活,自主发展"的核心理念。为了使办学理念切实成为引领学校发展的核心,内化于学校的日常管理和师生的学习生活中,我们围绕"求新绽活,自主发展"这一核心理念,凝练出上海道小学"新活乐和"的文化,衍生出"敢为人先,活力无限"的学校精神,"敏学不倦,日新有恒"的校训,"创新相伴,快乐相随"的校风,"博学求新,善导启智"的教风和"乐学养慧,善思致用"的学风。

上海道小学在"十二五"期间,在创建学校特色的实践中,以"自主发展"作为学校特色建设创建的核心,开展了"自主发展教育实践"的特色研究,构建了六个维度的文化,即以境育人、修身润心的校园文化;以校为本,创新实践的课程文化;自主探究,协商高效的课堂文化;自觉求知,快乐成长的学生文化;自我规划,主动作为的教师文化;民主开放,科学高效的管理文化。进入"十三五",学校的目标定位在以自主发展为驱动,以"小海帆"大课程为抓手,创建有品质的文化,办有品质的学校。结合《中国学生发展核心素养总体框架》及上海道小学的办学理念,在广泛征集家长、教师意见的基础上,确定了上海道小学学生育人目标:培养学生成为品正志远、学乐思活、体健心悦、艺美趣雅、融劳创新的自主发展的学生,使之成为做班级的主人、学校的主人、未来生活的主人。

我们将学生核心素养和学科素养的提炼过程作为全校教师的理念形成和达成共识的融合过程。首先在家长层面征集了"上海道小学学生核心素养"的目标内容,从中提炼出符合上海道小学办学理念、育人目标的核心素养供参考;其次,请每位教师归纳出我校学生的核心素养和学科素养培养目标,从个人到学科组到学校逐层提炼达成学校全体教师共同认同的上海道小学学生核心素养和学科素养培养目标;再次,学校聘请了专家及天津市教研室与河西区教研室的全体小学教研员为我校归纳出的学生素养和学科素养提供指导建议,我们将专家的修改意见再反馈给各学科,组织全体教师进行第二轮的学习研讨和修改完善;最后由课题核心组根据老师们的二次修改稿进行再次论证研讨,最终形成包含核心素养育人目标和学科素养目标的课程体系目标。

二、构建"小海帆"自主发展大课程体系

(一)指导思想

以党的十八大和十九大精神为指针,以《国家中长期教育改革和发展规划纲要(2010年—2020年)》《中共中央关于全面深化改革若干重大问题的决定》、中关于"深化教育领域综合改革"的文件为依据,以天津市河西区"十三五"教育规划中的教育发展目标为引领,以"中国学生发展核心素养"为重点,以学校的办学理念为核心,以培养自主发展的人为目标,构建"小海帆"自主发展大课程体系,彰显学校的课程文化特色。

(二)设计原则

1.基础性原则:树立全面的基础观,一是对于国家课程中的基础性学科,保证其全面的实施,二是所设置的课程必须重视知识与技能、过程与方法、情感态度与价值观等方面的基本要求的落实,为学生后续的学习奠定坚实的基础。

2.整体性原则:加强各学习领域、学科课程、活动课程、潜在课程之间的联系,协调和衔接既有各课程本身的特点和目标,又共同指向最终的育人目标,课程之间是相辅相成融汇一体的。

3.综合性原则:学生学习本身的过程就是一个综合性的过程,每一门课程的学习都不是孤立存在的,因此,在保证国家课程实施的基础上,要将课程中繁杂、交叉、重复的内容进行重组和整合,使每一门课程之间既有各自的特点,又有直接或间接的联系,使课程实现综合化。

4.生本性原则:每一门课程的设置都要充分考虑学生的需求和发展,满足学生的好奇心和求知欲,尊重学生的认知规律,使学生对开放的课程充满期待,使每一门课程都能聚焦于学生未来发展所必备的素养和能力,实现育人目标。

5.多样性原则:加强学校课程的开发与实施,实现学校课程结构的多样化,增加课程的选择性,着力培养学生的创新精神和实践能力,促进学生的自主发展。

(三)学校课程体系的框架与特点

我们依据学校育人理念、学生需要,对现行国家、地方课程内容进行适当整合重组,重新梳理国家课程资源,整合课程内容,优化课程实施途径,拓展各课程间的联系,研发满足学生个性发展需要及符合当今时代需要的校本课程,为学生的综合发展提供丰富和自主的课程,并使之在研究中创生理念,形成上海道小学学生学科素养目标和自主发展评价目标,构建既符合我校校情,又能够体现自主发展理念的课程体系。

在架构中我们认识到我们的课程最终是为了学生发展服务的,只有让学生真正喜欢,才能真正实现学生核心素养的培育和发展,为此,我们在建构课程体系的过程中,充分调动教师、学生、家长参与课程建设的积极性,使他们也成为课程的参与者与开发者,我们分别召开课程改革启动会,将学校课程改革的设想经过问卷的形式下发给教师、学生、家长,并将当前的课程计划及国家课程、地方课程、区本课程、校本课程的内容提供给他们,请教师、学生、家长对于如何筛选、整合提出意见和建议,令我们感到欣喜的是学生、家长的热情非常高涨,回收的上千份问卷,为我们展现了丰富的素材和内容,为我们架构课程体系奠定了坚实的基础。在体系构建的过程中,也形成了专家引领,领导示范教师、学生、家长共同参与五位一体的课程构建模式。

(四)构建"自主发展教育"课程体系

为了使自主发展教育课程更贴近学生并体现与学校20世纪80年代已有的"大课程"的承接与深化且赋予其新的内涵,我们并将过去探索的"大课程"所包括的学科课程、活动课程和潜在课程三类课程进一步衍化为:学科综合课程、主题活动课程和文化浸润课程三类"新大课程",并将寓意上海道学子"海阔天空,扬帆起航"且学生非常喜欢的形象大使——"小海、小帆"植入课程中,构建了"小海帆"自主发展大课程体系(见附一)。

围绕学校办学理念和育人目标,将其分为学科综合课程、主题活动课程和文化浸润课程三大板块(见附二)。学科综合课程为必修课程,它包括了阅读与表达、数学与科学、艺术与体育、自我与世界、信息与技术五大门类,这五大门类分别指向了语文综合、英语综合、数学综合、科学综合、音乐综合、美术综合、体育综合、道德与法治综合和信息技术综合,这些课程均在国家课程的基础上进行了学科拓展,例如语文与书苑、英语与环宇、数学与智慧等,形成了具有上小特色的"学科+"拓展课程,分别是:语文拓展课——开卷有益和津津乐道;英语拓展课——"五趣"即趣世界、趣阅读、趣拼读、趣主题、趣创意;数学拓展课——数学阅读、数学游戏;科学拓展课——探秘求真、践真提能;音乐拓展课——动感节奏、音乐大师;美术拓展课——上艺水色、美术大师;体育拓展课——赛事欣赏;道德与法治拓展课——民族文化读本;信息技术拓展课——主题编程。

主题活动课程和文化浸润课程为选修课。主题活动课程包括专题活动课程和素质拓展课程,专题活动课程主要以"节日主题"和"上小'八字'月主题"作为课程内容,开展主题活动。文化浸润课程则包含了学校文化、家庭文化和社会文化三个方面的课程,学校文化主要以规章制度、环境建设作为课程主要内容;家庭文化主要是为学生家长开设了解家风家训和家校合作课程;社会文化包括研学旅行和小志愿者课程,这两类课程均突出了让学生进行社会体验和社会参与,使学生感知了解乡并主动为社会尽自己所能,奉献爱心。

上述课程的综合、拓展与浸润,不仅弥补了对于国家课程在立德树人、全面育人中的不足,更突出了上小学子应具备的核心素养和学科素养,进一步彰显了上小自主发展的特色。

三、编制《课程纲要》

为了使拓展课程在实施中更加规范,做到有规可依、有章可循,便于操作落实,课题组带领实验教师大胆探索,勇于创新,结合每一类的拓展课程,编写了课程纲要,《纲要》包括拓展课程开设的背景、目标、内容、计划、实施和评价。拓展课程目标紧扣上小育人目标和学科素养目标,内容均是老师们根据目标进行的筛选和开发,特别是在实施中,对于如何在已有国家课程规定的相应课时内,将国家课程进行有效的单元整合,从而节省出课时用于拓展课程做了详尽的说明,使拓展课程不论从内容到落实都有了保证,突出了可操作性。对于拓展课程的实施,《纲要》将自主、协商的理念和教学模式、教学评价贯穿其中,培养了学生的自主性、主动性,彰显了学生的个性特长,促进了学生的全面发展。

四、探索实施三类课程并形成可借鉴操作的案例

在实施中,紧扣落实以学校育人目标、学科核心素养目标为指向,做到全课程育人,以"协商教学"理念为指导,深化"自主、协商"的教学模式,即协商约定——合作探究——自主展示——反馈评价——拓展延伸。实验教师将自己

实施的拓展课程,进行认真的梳理、总结和反思,编写了教学案例和活动案例,为其他教师的实施提供了可借鉴的经验。

语文综合课程"语文与书苑":开设了"开卷有益"和"津津乐道"两门拓展课程。通过对"开卷有益"课程实施,学生全程参与阅读活动,感受阅读的乐趣,提高了阅读能力,真正成为阅读的主人。在"津津乐道"的课程中,教师在实践中不断摸索,总结出了有效提高学生口头表达能力的教学策略:(1)借助图画展开的能说会道的活动;(2)借助阅读指导学生进行口语表达;(3)利用作文教学中的书语口语优势的互借策略,提高口语表达的能力。

数学综合课程"数学与智慧":以数学阅读课程、数学游戏课程内容为切入点,让数学学习变得既有趣又有效。在课程内容和课程实施层面做了全新的构建:数学学科课程的创新——让思考更厚重、让经验更丰富;数学阅读课程的实践——跳出数学课本看数学世界;数学游戏课的探索——让思维灵动起来。

英语综合课程"英语与环宇":探究建构了"'五趣'多元目标"英语拓展课程。即以发展学生的核心素养为目标,以趣味的英语教学为核心,拓展到趣世界、趣主题、趣阅读、趣拼读、趣创意为依托的课程及活动,构成"五趣多元目标英语校本课程"体系。五趣之间相互独立,相互渗透,相辅相成,共同促进学生核心素养的发展。

音乐综合课程"音乐与雅韵":开发出动感节奏、音乐大师两大拓展内容。动感节奏,教师关注音乐对孩子未来发展的作用,拓宽更多音乐领域,带领学生玩音乐,凸显"玩中学",让音乐更贴近生活,自然表达,意在提高学生对音乐的充分感受力、音乐创造力,以及对所学音乐知识实际运用的能力,学生的编创能力得到提升。而音乐大师则是通过师生共同搜集国内外著名的音乐家,使学生了解其生平,懂得欣赏大师的作品,体会其音乐内涵,提高学生的音乐素养。

美术综合课程"美术与幻彩":拓展了上艺水色、美术大师两个内容。重点围绕用水彩形式进行创作开展研究,通过水彩创作形式的尝试,学生们学会了用水彩描绘生活中的景物,提高了对色彩审美的认知,体验了色彩变化的乐趣,激发了学生的好奇心,开拓学生的知识视野,培养了学生的探究性学习能力,提高学生的创作创新能力。在了解美术大师生平和作品欣赏中,体会大师著名作品的精妙之处,学习大师对艺术执着追求的精神,提升美术素养。

体育综合课程"体育与悦健":我们开设了赛事欣赏拓展课程,通过让学生了解世界体育赛事,初步懂得体育竞技规则,学会看懂比赛,并从中体会到体育精神。特别是通过观看赛事,了解中国运动员刻苦训练勇夺冠军的故事,激发了学生从小强健体魄,报效祖国的决心。

科学综合课程"科学与探索":我们开设了"探秘求真""践真体能"两门拓展课程,使学生在学习了相关内容后,给予学生充分的时间与空间,加大了试验课的教学时长,鼓励学生大胆猜测,动手操作体验,使学生的质疑能力得到提高,挑战意识得到增强。

信息技术综合课程"信息与云端":进行了主题编程拓展研究,通过应用计算机进行程序设计和调试,实现设计与技术的综合能力培养,提高了同学们应用信息技术解决问题的能力,增强了信息意识与责任、形成计算思维与方法、感受数字学习与创新,培养了学生的兴趣爱好,使个性特长得到发展。

道德与法治综合课程"道德与大同":我们将民族文化读本作为此学科的补充,通过延伸阅读中国古代传统美德、民族英雄、优秀历史文化故事使学生进一步树立了社会主义核心价值观,培养良好的道德品质。

主题活动课程及文化浸润课程:在主题活动课程实施中,我们开设了素质拓展和兴趣活动课程,尝试走班制,使学生按照自身的兴趣爱好和特长自主选择课程进行学习,学生的个性得到张扬,主动性、创造性得到充分发展,综合素养得到提高。在专题活动课实施过程中,结合节日开展主题活动及月主题活动,落实学校自主德育"八字"目标。在文化浸润课程实施中,我们通过学校环境课程、校史馆课程、家风家训课程及社会文化课程使学生了解学校、家庭和社会的文化并得到潜移默化的感染与熏陶,提高了学生的文化素养,形成了上小学子独有的气质,促进了学生的全面发展。

五、制定基于自主发展的评价指标体系进行多维评价

(一)依据学生培养发展目标,从学校、教师、学生、家长与社会四个方面进行评价。学生评价维度：自主发展、必备品格、关键能力。教师评价维度：自主发展的意识、能力，课程开发及实施的能力。学校评价维度：自主发展教育理念及学生核心素养的落实，课程文化的建设与创新，行政课程领导力。家长与社会的评价维度：家长与社会参与课程开发的参与度和认同度。

(二)进一步完善《上海道小学自主、协商、高效课堂教学评价标准》《学生自主学习习惯评价手册》《自主德育八字评价目标》等开展以新开发的课程内容为主的《课堂自主评价表》《学生成长记录袋》等多元评价。

(三)修订完善《上海道小学教师自主发展指标体系》《上海道小学教师教学工作总结评价表》《上海道小学教师科研工作总结评价表》《上海道小学德育工作总结评价表》，以此调动教师在课程开发和实施工作中的积极性，充分发挥教师在课程建设中的主体性。

(四)依据课程培养目标，制定出层次不同的个性化评价标准，改进评价方法，采取形成性评价、发展性评价和终结性评价相结合的综合性方式，通过评价了解把握真实的信息，比较分析课程是否能够真正改进学生的发展，制定课程设计与实施效果，及时改进课程整合工作。

第四节　结　论

"自主发展教育"课程体系的建构与实施凸显以学生发展为本的价值取向，尊重学生发展规律，从学生发展需要出发，满足学生在教育内容、时间、地点、方式上的相对自由选择，使学生的内在潜质得到充分开发和展示，使学生获得全面、主动、多元、和谐、可持续发展，培养了学生的自主性，从而为学生终生发展奠基。

课程建设成为提升学校品质的推动力，2017年学校荣获全国首届文明校园的称号；2020年获第二届文明校园的称号；语文学科课题研究成果获天津市第六届基础教学成果一等奖；校本课程《机器人》的教学案例获第二十二届全国教师教育教学信息化交流活动基础教育组一等奖；在近两年市、区创优课和一师一优课活动中学校均名列前茅,取得优异成绩。我们围绕学校课程理念,凝练核心素养,经历了学习感悟提升的过程,使我们的教育理念有了新的转变,对于课程文化促进学校品质提升、彰显学校特色有了新的思考。

主要参考文献

(1)张景彪:《素养教育》,清华大学出版社。

(2)褚宏启、张咏梅、田一:《我国学生的核心素养及其培育》,2015(9),当代教育科学杂志编辑部。

(3)王红、吴颖民:《放慢知识的脚步,回到核心基础》.《人民教育》,2015(7)。

(4)顾明远:《核心素养:课程改革的原动力》,《人民教育》,2015(13)。

(5)窦桂梅、胡兰:《"1+x课程"与学生发展核心素养》,《人民教育》,2015(13)。

(6)丰际萍、杜增东、李梓:《学校课程体系建设的研究与实践》,《当代教育科学》,2011(14)。

(7)和学新:《关于建立新的基础教育课程体系的思考》,《吉林教育科学·普教研究》,2001(4)。

附(一)"小海帆"自主发展大课程体系示意图

附(二)"自主发展教育"课程体系图谱

附(一) "小海帆"自主发展大课程体系示意图

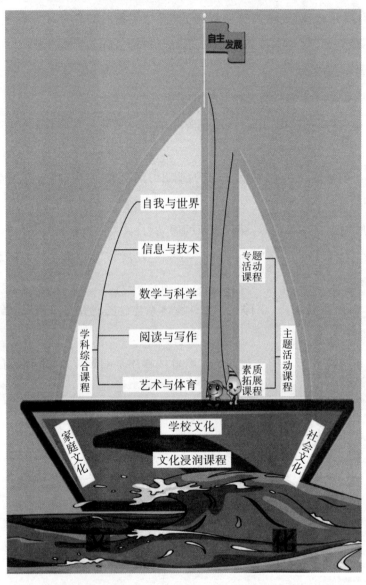

图解:将上海道小学大课程体系寓为一艘帆船,其中文化就如同是载船的大海,是师生成长的滋养和源泉,学校文化、家庭文化、社会文化所构成的文化浸润课程是船体,船上以学科综合课程和主题活动课程为依托的两张帆是课程体系的动能,使上小学子获得前进的动力,小海、小帆作为上小学子的形象大使,牵帆而立,寓意上小学子自主、主动、全面地发展,是当今与未来的主人,整个图寓意着上小的课程体系在自主发展理念的指引下,乘风破浪,扬帆远航。

附(二)"自主发展教育"课程体系图谱

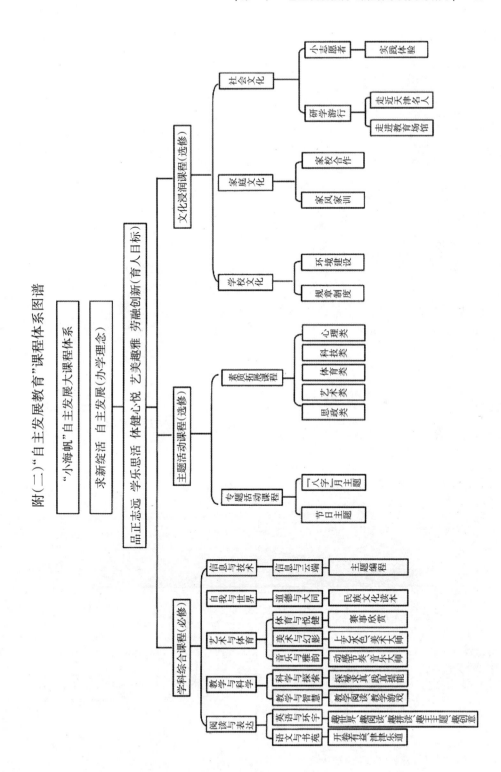

第二章 "学科综合"课程纲要及课例

第一节 "语文综合"课程纲要(必修)

于 梅 毛国莹

一、课程背景

"语文综合"课程是我校"小海帆"自主发展教育课程体系中,学科综合课程"阅读与表达"部分涉及的一门课程。"语文综合"课程包括语文国家课程校本化和语文拓展两部分内容。在学习方式上以自主发展的教育理念为指导,突出协商理念,充分发挥学生学习主动性和创造性,让学生做学习的主人。

国家课程注重的是普适性,但由于地域的不同,学校、学生存在个别差异,难以满足多样化的需要。多年来,我们发现学生在语文学习过程中,存在习作难、阅读量不够、学习方式自主性不强等问题。我们以问题为导向,对国家课程校本化做了初步探索,进行了"小学语文单元主题整合协商教学"的研究。根据语文教材单元主题编排的特点,整合单元内容及课型,充分发挥教材单元主题的功能,初步解决了学生习作难的问题,探索取得了一定的成果。

为了更好地促进学生发展,在语文学习过程中,围绕扩大学生课外阅读量,使学生乐于表达、善于表达,进行了语文拓展课程的研究与开发。通过开设拓展课程帮助学生更好地阅读与表达,实现学生语文素养的提升。同时,通过对国家课程校本化及学科拓展课程的实施,体现了办学的特色。

二、课程目标

(一)思想教育目标

1.在语文学习过程中,使学生受到优秀作品的感染和激励,追求美好的理想。

2.加强思政教育,对学生进行热爱祖国、热爱中国共产党、热爱社会主义的思想教育,树立正确的人生价值观。

3.认识中华文化的丰厚博大,培养学生家国情怀,学习中华优秀传统文化,汲取民族文化智慧,激发民族自豪感。

4.培养学生健康的审美情趣,发展个性,培养创新精神和合作精神。

(二)学科素养目标

1.热爱汉字能识会写:学会汉语拼音;能说流利的普通话;能主动运用各种方法识字,认识至少3500个左右常用汉字;能正确、工整、美观地书写汉字,并有一定的速度;具有辨析字义的能力,能在具体语言环境中恰当运用汉字。

2.大量阅读勤于积累:默读有一定的速度。学习浏览,能根据需要搜集信息。具有良好的语感,注重增加自己的语言积累。能借助工具书阅读浅易文言文,背诵优秀诗文至少160篇(段),六年阅读总量至少达到145万字。发展感受和理解的能力,初步学会运用多种阅读方法,读懂各类文章,具有初步的独立阅读的能力。体会作品的情感,受到感染和激励。学习鉴赏文学作品,初步具有文学素养。在阅读中初步认识中华文化的丰厚博大,吸收人类优秀文化的营养,汲取民族文化智慧,提高自身文化素养。

3.积极运用乐于表达:具有初步日常口语交际的基本能力,学习倾听、表达与交流,能够抓住要点,简要转述。展开合理的想象复述学过的文章,学习创造性地复述。丰富自己的见闻,珍视个人独特感受,积累习作素材。能写纪实作文和想象作文,学习写读书笔记。运用学习过的表达方法和积累的语言进行习作,提高书面语言运用能力,提高修改习作的能力。

4.养成习惯整体提高:具有热爱祖国语言文字的情感。发展思维能力,初步掌握学习语文的基本方法。养成良好的语文学习习惯,增强学习语文的自信心。学会使用常用的语文工具书。能主动进行探究性学习,培养想象力和创造能力,并能在实践中学习和运用语言文字。

三、课程内容

(一)语文国家课程校本化

为了促进国家课程校本化实施,我们进行了"小学语文单元主题整合协商教学"研究,把"习作指导课"与单元其他重点课型整合,形成单元习作训练系列。以解决学生习作困难为主线,根据语文单元主题,整合教材内容,探索出了导读课、通读课、识字课、精读课、略读课、口语交际课、习作评改课、总结评价课等八种课型。同时,在协商理念指导下,总结出了相应的协商教学模式,最大限度地发挥学生学习自主性,满足学生个性学习需求,提高课堂教学效率及学生语文素养。由于进行单元整合教学,每单元可节省1—2课时用于语文拓展课程的学习。

(二)语文拓展课程

语文拓展课程是对国家课程的补充开发,旨在让学生大量阅读,使学生乐于表达、善于表达。围绕"阅读与表达",我们开设的语文拓展课程主要包括"开卷有益""津津乐道"两方面内容。"开卷有益"课程重点通过课外阅读,培养学生阅读习惯,提高学生阅读能力。"津津乐道"课程重点关注学生的语言表达,本着学生人人有话可说的原则,确定课程内容。内容以主题(话题)的形式呈现,选择学生熟悉的生活为素材,促进学生乐于表达、善于表达。

四、课程实施

1.认真落实语文国家课程校本化。根据语文教材单元主题编排的特点,整合单元课型及内容,进行语文单元主题整合协商教学。同时,1—6年级通过实施主题单元整合教学,每个单元节省出1—2课时(全册书共8课时),用于语文拓展课程的实施。

2.制定教学计划。每学期,根据课程目标分别制定语文国家课程校本实施计划和语文拓展课程实施计划,教师要严格按照课程进度计划备好课,上好课。

3.严格落实学校育人目标、学科素养目标。教学过程中以协商理念为指导,以学生为主体,以学生自主学习、合作探究为主要形式,完善学校"小学语文单元主题整合协商教学"八种课型及其教学模式。探索"开卷有益""津津乐道"两类课型的协商教学模式,促进学生自主发展。

4.重视拓展课程的实施。学期初师生共同协商"开卷有益""津津乐道"两门拓展课的内容和安排,认真实施。在实施过程中发现问题,组内及时研究,适当调整。

5.关注反思,撰写课例,提升教师研究能力。每节课后,实验教师应对教学过程中协商理念的实施及学科素养目标的落实进行课后反思,并做到每学期至少写出一个拓展课课例,并进行交流,提升教师的课程研究能力。

6.多种方式邀请家长参与课程实验。通过与家长沟通,了解学生语文学习的需求。开学初,告知家长内容,征求家长的意见或建议;学期末,让家长对本学期的实施提出改进意见。在活动后的评价中邀请家长参与,丰富活动评价形式,提高语文学习的实效性。

7.具体安排如下:

(1)国家课程校本化实施计划:

课型	达成目标	教学模式	具体实施
导读课	学会整体把握单元学习内容,了解单元编排的意图,制定学习目标。培养学生质疑意识,能够大胆提出自己的问题。	把握主题——理清关系——定中心——选素材——协商定标——质疑问难——总结延伸	把握主题——激发学习兴趣,学生自读单元导语,明确本单元的主题。 理清关系——思考围绕主题安排了哪些内容,理清内容之间的关联及与自己学习的联系,理解编者的意图。 定中心选素材——引导学生根据本单元主题及课文内容,完成本单元习作选材和确定中心的任务,分散习作难点。 协商定标——根据单元导语、精读课书后问题、略读课课前提示、口语交际、习作、语文园地等从思政教育和基础、阅读、表达三个方面的语文要素制定目标。 质疑问难——学生根据前面单元的学习,从习作、阅读等方面提出本单元学习的问题。 总结延伸——引导学生总结导读课收获,读单元课文,熟悉语文园地练习。

课型	达成目标	教学模式	具体实施
通读课	落实基础目标,进行阅读能力训练及单元习作提纲的指导。	协商定标——感知内容中心——把握结构——质疑问难——修改提纲——总结延伸	协商定标——根据单元内容,师生协商确定通读课需要达成的学习目标。 感知内容中心——通读课文,概括主要内容,结合单元主题及本单元的课文,初步感知明确中心。 把握结构——通读课文,根据不同体裁,理清段落结构,提升学生阅读各种体裁文章的能力。 质疑问难——鼓励学生从课题、词语、句子、段落、内容等多角度提出问题。 修改提纲——学习单元典型课文的构思方法,进行单元习作提纲的指导和修改。 总结延伸——总结通读课收获,结合语文要素的相关要求预习本单元课文内容。
识字课	培养学生识字、写字能力。激发学生热爱汉字的情感。	协商定标——协商难点——协商记形——互评书写——总结延伸	协商定标——根据识字表和写字表,师生共同确定一个单元需要完成的识字、写字目标。 协商难点——在自主学习后,学生确定识记或书写有困难的字。 协商记形——引导学生共同商讨记忆字形的方法,鼓励学生自己了解汉字构成特点。 互评书写——练习书写汉字,通过在组内展示、评价,进行修改、完善。 总结延伸——引导学生总结识字课收获,鼓励学生利用所学方法自主识字、写字。
精读课	进行本单元重点课文的阅读,落实每一篇精读课文的语文素养目标,落实本单元思想教育目标。	激发兴趣——协商定标——研读悟情——拓展阅读——读写结合——总结延伸	激发兴趣——通过恰当方式,激发兴趣,导入课文的学习。 协商定标——师生根据单元导语、课后问题、语文园地等协商确定精读课学习目标。 研读悟情——开展学习活动,通过多种形式读书,学习课文写法,引导学生感悟课文表达的情感,受到情感熏陶。 拓展阅读——通过阅读另一篇文章,巩固所学方法,升华情感。 读写结合——通过说话或写话练习,运用所学方法,练习写自己习作中的一个片段,或修改习作,表达自己的情感,落实单元语文要素。 总结延伸——引导学生从语文素养目标和思想教育目标等方面总结收获,鼓励学生将所学方法自主运用到课外阅读和习作中。 说明:在教学中,根据单元阅读、写作训练的要素,采用"211"课堂教学策略(即精选一个训练点,进行 20 分钟的文本内容设计,10 分钟拓展阅读设计,10 分钟读写结合设计)。做到一课一得,学以致用。

课型	达成目标	教学模式	具体实施
略读课	培养学生自主阅读能力。	协商定标——协商学法——合作探究——拓展阅读——总结延伸	协商定标——根据单元导语、自读提示等,师生协商明确学习目标。 协商学法——根据课文特点,回顾精读课的方法,协商确定本课书学习方法。 合作探究——运用精读课所学的阅读方法,自主学习单元略读课,并通过小组学习活动,共同完成学习目标。 拓展阅读——拓展与主题相关的阅读篇目,进行习作片段练习,升华情感。 总结延伸——引导学生总结收获,继续练习运用精读课所学方法自主阅读,完成习作片段。
口语交际课	培养学生倾听、口语表达等能力。	协商定标——协商话题——协商策略——交际评价——总结延伸	协商定标——根据口语交际内容,师生共同确定学习目标。 协商话题——阅读文本内容,协商确定交际话题及交际形式。 协商策略——根据交际话题,协商研讨,共同列出交际提纲,为发言做准备。 交际评价——创设情境,在小组或班内进行交流,引导学生从倾听、表达能力两方面进行评价。 总结延伸——总结自己的收获,将课上习得的能力运用到日常交际中。
习作评改课	培养学生运用祖国语言文字的能力,提高学生的习作评价能力和修改习作的能力。	总结引领——协商定标——典型引路——探究方法——自评自改——互评互改——总结延伸	总结引领——教师以图表等形式总结本单元习作选材、立意、结构、表达等方面习作方法落实情况。 协商定标——引领学生根据教师的总结,共同确定习作评改目标。 典型引路——根据目标及本次习作情况,选择典型学生习作材料,学生评议优势、不足。 探究方法——根据优势和不足,研讨修改方法。 自评自改——自主修改习作。 互评互改——小组交流修改的习作,相互评价,提出修改建议,共同修改。 总结延伸——引导学生根据习作情况进行评价,将课上学到的习作方法自觉运用到日常写话和今后的习作中。

课型	达成目标	教学模式	具体实施
总结评价课	对单元学习进行总结评价。	回顾定标——自查自评——互帮互助——汇报交流——验收评价——总结延伸	回顾定标——师生回顾本单元的学习目标。 自查自评——梳理本单元自己的学习内容,根据单元学习目标进行自我及小组单元评价。 互帮互助——通过自我评价及小组评价,找出自我学习的优势和劣势,互相学习,取长补短。 汇报交流——各小组在班中交流本单元学习收获,明确下一单元需要努力的方向。 验收评价——进行单元知识能力的反馈评价。 总结延伸——总结本单元学习收获,明确下一单元学习需要提升的目标,带着任务开始新单元的学习。

五、拓展课程实施建议

(1)"开卷有益"课程内容及课时安排。

年级目标	内容	课时（节）
一年级: 1.能读简单的绘本故事,通过封面了解故事的名字。 2.能通过阅读,了解故事主要讲了谁的什么事,并能讲给他人听。 3.课外阅读总量不少于1万字,藏书不少于25本。 二年级: 1.能读短小的童话故事,通过封面了解书名和作者。 2.能通过阅读,了解故事主要内容,能把自己感兴趣的故事情节讲给同学听。 3.课外阅读总量不少于1.5万字,藏书不少于50本。 三年级: 1.能读成语、寓言等故事,通过目录推测故事内容。 2.能读懂故事内容,了解小故事告诉我们的大道理。 3.课外阅读总量不少于9万字,藏书不少于75本。 四年级: 1.能读有主题的故事集,通过作者简介、前言、序言、后记等内容,初步了解整本书的主要内容。 2.能准确地找出最使自己感动的内容,能有感情地读给其他学生听,并交流自己的感悟。 3.课外阅读总量不少于11万字,藏书不少于100本。 五年级: 1.学会阅读章回体小说,能读懂整本书的主要内容。 2.抓住主要内容理清书中人物之间的关系,能根据情节了解人物形象,明确主要事件要表达的情感。 3.课外阅读总量不少于20万字,藏书不少于125本。 六年级: 1.能够学会阅读长篇小说,能了解创作的社会背景。 2.能较准确地把握主人公的人物形象,做出较正确的评价,能与同学交流感受。 3.课外阅读总量不少于30万字,藏书不少于150本。	第一次活动:起始课 1.了解开设"开卷有益"拓展课的意义。 2.协商明确本学期活动安排。 3.协商明确本节课目标。 4.小组汇报藏书情况和自己的图书架的情况。 5.统计全班阅读情况。 6.交流大家感兴趣的书目,并进行推荐。 7.协商确定本学期指定书目。 8.协商制定评价要求,设计评价表。 9.明确下次活动阅读书目及读书要求。	1

续表

年级目标	内容	课时(节)
	第二次活动:指定书目读书情况汇报 　1.协商明确本节课目标。 　2.回顾读整本书的要求。 　3.在小组内按各年级读书要求,交流阅读指定书目的情况。 　4.全班读书成果汇报,进行评价。 　5.小组汇报读书和藏书的情况。 　6.班内推荐好书,筛选、指导,为下次活动做准备。 　7.总结延伸:总结本节课目标达成情况;布置下次活动内容。	1
	第三次活动:自主读书情况汇报 　1.协商明确本节课目标。 　2.再次回忆整本书的读书要求。 　3.小组汇报:①藏书情况②读书进度③每人重点汇报一本书的读书收获。 　4.全班汇报,进行评价。 　5.总结延伸:总结本节课目标达成情况,按读书要求继续读书,扩大阅读量;布置下次活动内容。	1
	第四次活动:活动总结课 　1.协商明确本节课目标。 　2.读书情况交流:①藏书情况(照片、录像)②读书进度和体会。 　3.填写评价表。 　4.总结延伸:总结本节课目标达成情况,协商假期读书活动安排。	1
说明:各年级根据目标,按照四次活动的具体内容实施。		

（2）各年级课外阅读参考书目（此内容根据时间变化也可能有所变动）。

年级	时间	分类	阅读书目
一年级（4本）	上学期（2本）	文学	《吃黑夜的大象》
		文学	《萝卜回来了》
	下学期（2本）	文学	《我有友情要出租》
		文学	《团圆》
二年级（11本）	上学期（3本）	文学	《没头脑和不高兴》
	下学期（8本）	文学	《小巴掌童话》
三年级（6本）	上学期（3本）	文学	《中国古今寓言》
		文学	《中国神话故事集》
		文学	《成语故事》
	下学期（3本）	文学	《推开窗子看见你》
		人文社科	《林汉达中国历史故事》
		文学	《孙悟空在我们村里》
四年级（6本）	上学期（3本）	文学	《宝葫芦的秘密》
		文学	《小布头奇遇记》
		自然科学	《昆虫漫话》
	下学期（3本）	文学	《盘中餐》
		文学	《狼王梦》
		人文社科	《刘诗兴爷爷给孩子讲中国地理》
五年级（8本）	上学期（3本）	文学	《俗世奇人》
		文学	《父亲》
		文学	《母亲》
	下学期（5本）	文学	《城南旧事》
		文学	《西游记》（商务印书馆新课标必读版）
		文学	《水浒传》（商务印书馆新课标必读版）
		文学	《红楼梦》（商务印书馆新课标必读版）
		文学	《三国演义》（商务印书馆新课标必读版）
六年级（6本）	上学期（3本）	人文社科	《抵御外辱——中华英豪传奇》
		文学	《童年河》
		文学	《寄小读者》
	下学期（3本）	文学	《今天我是升旗手》
		文学	《呼兰河传》
		人文社科	《习近平讲故事：少年版》

(3)"津津乐道"课程内容及课时安排。

年级目标		内容	课时
一年级 1.声音洪亮。 2.能按要求说一两句通顺、完整的话。 3.会听,能重复老师和同学的话。 4.乐于发言。	上	1.我说我 介绍自己的姓名、特长、兴趣爱好,可以为班集体做什么。 2.学前趣事 讲一讲自己在上学前经历的最有趣的事。 3.找秋天 说说秋天的特征,或说一处地方秋天的景色,介绍秋天丰收的果实、农作物等。 4.认识新朋友 介绍自己在班集体中认识的新朋友,名字、优点、两个人一起做的快乐的事情。	4
	下	1.过年啦 说说过年期间都有哪些节日,每个节日有什么特殊的习俗,读一读与过年相关的童谣。 2.找春天 可以以一处为例,说说春天的特征,介绍一处地方春天的景色,也可以从整体上说春天来了万物发生的变化。 3.劳动最光荣 介绍自己在学校或是在家里学会的一项劳动技能,讲讲学习中的成功与失败,说说自己在劳动中的感受。 4.我们都是好朋友 夸一夸自己的好朋友,比一比谁的好朋友多,讲一讲和好朋友之间的故事。	4
二年级 1.声音洪亮。 2.能按要求通顺、完整、有条理地说几句话。 3.倾听,能对同学的发言做简单的评价。 4.积极参与。	上	1.说说我的班级 给自己的班级起一个好听的名字,说说理由;说说自己班级的优势与不足,说说怎样改进。 2.我爱家乡的海河 介绍海河周围的美景,自己了解的海河故事传说等内容。 3.我爱家乡的桥 介绍家乡桥的名字、在哪条河上、特点,讲讲桥的故事。 4.暑假,你好 从学习、读书、出游等方面对暑假生活进行规划。	4

年级目标		内容	课时
	下	1.春节趣闻 介绍春节的传说和各地有趣的民俗。 2.你帮我,我帮你 讲一讲同学之间互相帮助的小故事。 3.我是家里小主人 说说自己帮父母做家务的内容和感受。 4.学会谦让 讲一讲自己了解到的古人、名人谦让小故事,说说自己和同学及其他同学之间谦让的事情。	4
三年级 1.声音洪亮。 2.能按要求具体地说一段话,在表达中能运用好词佳句。 3.倾听,能就不明白的地方提出问题。 4.乐于参与,大胆发言。	上	1.校园好风景 介绍学校的美丽景色,说说在学校看到的乐于助人的好事情,谈谈在学校生活的感受。 2.八月十五月儿圆 说说八月十五的来历、传说、习俗,分享与家人共度中秋节的感受。 3.手拉手,向前走 分享在学校中与同学相处时发生的事情,如互帮互助、为班级服务、帮助需要帮助的同学等。 4.逛公园 介绍天津的一个公园,介绍公园历史、建造特点;拍下美景,与同学分享交流自己逛公园时看到了什么,想到了什么。	4
	下	1.四季花开 说说天津市市花是什么,简单介绍;我们的家乡每个季节都开什么花,每种花代表了什么;向大家介绍最喜欢的花,说说喜欢的理由,可以说说自己种花的趣事。 2.我爱小动物 说说自己最喜欢什么动物,向大家介绍,可以介绍动物的外形、吃食时的样子,和自己玩耍时的情景。 3.快乐六一 说说在学校怎样过六一儿童节;家长带着自己怎样过儿童节;自己了解的某个地方的儿童是怎样过儿童节的。 4.诚实的好孩子 讲与诚实相关的故事;我们怎样做一个诚实的孩子;说说自己做错了改正的事情。	4

续表

年级目标		内容	课时
四年级 1.能准确表达自己的感受,声音适度。 2.能围绕主题,从几方面进行具体表述,在表达中适当地运用修辞方法。 3.倾听,能提出不同的意见进行商讨。 4.积极发言,敢于发表自己的观点。	上	1.我的快乐假期 回忆假期,说说去过哪些有趣的地方、经历了哪些有趣的事;讲讲自己在假期做得最了不起的事情。 2.中国名人故事会 选择中国名人故事,借助手卡讲述故事。 3.心中的榜样 说说自己身边的榜样,把他作为榜样的原因,以及如何向其学习。 4.真诚交友 谈谈怎样认识朋友,如何与朋友相处,还可以讲讲和朋友之间的小故事。	4
	下	1."春联"知多少 介绍与春联相关的知识,讲有趣的春联故事,说说自己过年走亲访友时看到的春联,尝试自己写春联。 2.我们去踏青 说说踏青去了哪里,参加了哪些活动,踏青时要注意哪些问题,等等。 3.趣味劳技 说说自己参加劳技活动时所学习的内容,有何收获,也可以讲讲其中发生的趣事。 4.我知礼仪 说说自己知道的礼貌用语,学习使用礼貌用语展开对话。	4
五年级 1.能根据表达的需要,运用适当的语气、语调。 2.围绕主题,能从几个方面分清主次地进行表达。 3.倾听,在听他人说话时认真、耐心,能抓住要点,进行点评。 4.积极发言,乐于交流。	上	1.从"五大道"路过 说说自己是什么时候从"五大道"路过的,最喜欢哪处风景,了解了哪些故事。 2.我爱祖国山和水 介绍祖国最美丽的一个地方,可以讲讲当地的传说,说说自己见到美景时的感受。 3.明月几时有——赏诗会 介绍自己最欣赏的一首中秋节的诗词,说说喜欢的理由。 4.天津名人 介绍天津涌现出的各行各业的名人,讲一讲天津名人的故事。	4

续表

年级目标		内容	课时
	下	1.学习雷锋好榜样 说说雷锋的故事,身边有哪些像雷锋一样的人值得自己学习,如何成为一个"小雷锋"。 2.清明祭英烈 介绍爱国英雄,讲爱国故事。 3.扶贫攻坚战 介绍扶贫英雄,讲一讲扶贫的故事。 4.遵纪守法的好少年 说说什么样的行为是遵纪守法的行为,自己在日常生活中如何做到遵纪守法。	4
六年级 1.能围绕具体话题展开交流,分点说明,有理有据。 2.围绕主题,能从几方面分清主次、生动地进行表达。 3.倾听,能准确把握他人的观点,能正确分辨观点是否有道理,理由是否充分。 4.积极参与讨论,乐于发表观点。	上	1.好样的,我的国! 结合近期祖国的法治、科技、文化等方面的发展,围绕"好样的,我的国"进行演讲,表达自己对祖国的热爱之情,比一比谁能围绕着中心,举例翔实,表达自己充沛的感情。 2.共享美好生活 说说从哪里感受到生活的美好,结合具体的事例、现象、场景,把自己对美好生活的喜爱或向往表达清楚。 3.天津"艺三绝" 说说天津"艺三绝"分别是什么,选择一种,详细地介绍"艺三绝",有实践经历的同学可以讲一讲与之相关的故事,或自己做风筝、放风筝、买泥人、捏泥人,看年画、买年画、画年画的经历。 4.中国的脊梁 说说自己对于"中国的脊梁"的理解,讲一讲"中国的脊梁"的感人故事,说一说自己如何做才能成为"中国的脊梁"。	4
	下	1.家乡的风俗 说一说自己的家乡在哪里,家乡的风俗有哪些,选择最喜欢的风俗展开介绍。 2.诗人小传 说一说自己最喜欢的诗人是谁,他是哪个朝代的诗人,他的代表诗作有哪些,讲一讲他有趣的小故事。 3.辩论会 "手机给小学生带来的利与弊" 观看辩论的视频,了解辩论的流程和方式,在组内结合辩论的主题,结合自己的立场,进行辩论。班内派出代表,结合自己的立场,进行限时辩论。 4.上小因我而骄傲 回顾自己的小学生活,梳理自己的成长和成绩,在组内说一说自己的收获和成长,例如自己的学习情况,自己发展的才艺,取得的成绩等,再说一说自己的感受。	4

注:以上语文拓展课程的活动内容仅供大家参考,各班级可在此基础上创生个性化的课程内容。

六、课程评价

评价的目的是为了促进学生语文素养的提高,改进教师教学,完善课程设计,优化教学过程。课程的评价应准确、真实地反映学生的学习水平和学习状况,全面落实课程目标。

(一)国家课程校本实施的评价

1.评价内容:国家课程校本化评价除了认真落实上级每学期末的学习水平检测,学校还进行校本化评价,关注学生自主学习习惯培养。(见我校一至六年级自主学习习惯评价手册)

2.评价方式:坚持评价的多元化、民主化原则。多元化指做到家、校结合,学生、教师、家长都参与评价。民主化指学生个人、小组都是主要评价者。

(二)语文拓展课程的评价

1.评价内容:学校制定了"开卷有益"和"津津乐道"评价标准。(评价表附后)

2.评价方式:坚持评价自主性、激励性原则。自主性主要体现在学生是评价主体。激励性主要体现教师用多种形式鼓励学生爱读书、多读书、读好书,鼓励学生乐表达、善表达、会倾听。主要评价形式有:集章活动、评选读书小博士、小书虫等。(评价例表附后)

语文学科拓展课程评价

"开卷有益"评价表

评价目标		评价标准	三星评价
1.喜欢阅读 2.扩大阅读量	一星:达标	喜欢阅读,能完成本年级指定阅读书目。	
	二星:优秀	能自主阅读,在完成本年级指定阅读书目的基础上,自选阅读整本书1—2本。	☆ ☆ ☆
	三星:读书小博士	自主阅读各类读物,完成本年级指定阅读书目,并自选阅读整本书3本以上。	
3.有藏书习惯	一星:达标	有自己的小书架,有自己的藏书。	
	二星:优秀	会整理自己的小书架,有丰富的藏书(低年级不少于50本,中年级不少于100本,高年级不少于150本)。	☆ ☆ ☆
	三星:小书虫	独立整理书架,根据藏书分类摆放,藏书丰富(低年级50本以上,中年级100本以上,高年级150本以上)。	

说明:

1.根据学生的阅读量进行达标、优秀、"读书小博士"三星评价;根据学生的藏书情况进行达标、优秀、"小书虫"三星评价。

2.第一次活动出示评价表,使学生明确阅读、藏书评价细则;第二、三次活动根据评价表评价标准进行自评;第四次活动完成期末总评。

"津津乐道"评价表

评价目标	奖章类别	争章标准	奖章统计	我想对自己说
学会倾听	善听章	倾听别人发言,能获取有效信息。	（　）枚	
乐于表达	乐道章	乐于在小组、全班参与交流表达。	（　）枚	
善于表达	会道章	能说会道,清楚表达自己的想法。	（　）枚	

说明:开学初,每个孩子一张"津津乐道"储蓄卡。每次活动结束前5分钟小组评价,在个人储蓄卡进行争章记录。期末储蓄卡储蓄(获得奖章)最多的前五位同学,将获得"小小演说家"称号。

"语文综合"拓展课程一:《开卷有益》课例

刘　颖

学科	语文	年级	五年级	执教人	刘颖
课题	指定书目《城南旧事》交流课				

拓展内容分析:

　　《开卷有益》是我校"语文综合"拓展课程,本课是五年级下学期第二课时。本学期,我们根据课标对于五年级学生阅读量的要求,结合学生已有阅读能力和阅读兴趣,指定了林海音《城南旧事》等必读书目。

　　《城南旧事》是著名女作家林海音创作的,以其七岁到十三岁的生活为背景的一部自传体小说集。全书透过英子童稚的双眼,观看大人世界的喜怒哀乐、悲欢离合,淡淡的哀愁与沉沉的相思,感染了一代又一代读者。

　　此书在内容上,是以儿童的眼光看世界,学生读起来比较容易接受,能够较好地激发学生的阅读兴趣。在结构上,此书以英子的成长为线索,将英子童年经历的五个故事集合在一起,是一个完整的整体。指导学生阅读这类作品,旨在提高学生阅读整本书的能力。

学情分析:

　　通过前期《开卷有益》课程的开展,多数学生养成了良好的阅读习惯,掌握了一定的阅读整本书的方法,乐于读书,并乐于与同伴分享自己的读书感受。对于本学期指定的必读书目,大部分学生阅读热情较高,能够落实自己制定的阅读计划,个别学生读书不能做到持之以恒,没有养成每日读书的习惯,或者读书时,只是选择书中自己感兴趣的片段读,未能做到整本书阅读。通过此次读书交流活动,进一步提高学生阅读兴趣,引导学生学会阅读整本书的主要内容。

教学或活动目标:

　　1.引导学生运用读书方法,提高阅读整本书的能力。

　　2.展示阅读收获,激发学生阅读《城南旧事》及其他课外阅读的兴趣,提升学生的语言鉴赏能力,培养阅读习惯,增加阅读量。

教学或活动重、难点:

　　1.引导学生通过小组合作的方式,交流读书方法及读书体会,展示阅读收获。

　　2.激发学生阅读并积累运用语言的兴趣,提升阅读能力。

教学或活动模式:

　　书海泛舟我能行(回顾导入 协商目标)——志同道合乐交流(小组交流 交流汇报 进行评价)——开卷有益显身手(汇报进度)——博览群书我推荐(好书推荐 总结延伸)

教学或活动准备:

　　教师准备:

　　指定书目的相关文字资料。

　　学生准备:

　　1.想要交流分享的相关资料。

　　2.想要推荐给同学的自选书目。

教学或活动过程	意图(学科素养体现)
一、书海泛舟我能行 (一)回顾导入 师:这节课,是我们《开卷有益》课的第二课时。上节起始课中,我们学习了阅读整本书的方法,并要求大家运用学到的方法阅读《城南旧事》这本书,大家读的怎么样了? 谁来进行汇报? 生1:拿到这本书,我先阅读了书的封面,知道了《城南旧事》这本书的作者是林海音,我买的这本书是北京联合出版公司出版的。 生2:我读这本书的作者简介,知道林海音是台湾文学的"祖母级人物",读封面时我还了解到林海音在北京生活了25年,把北京当作她的第二个故乡。 生3:我读目录时发现这本书里共有五个故事,分别是:《惠安馆》《我们看海去》《兰姨娘》《驴打滚儿》《爸爸的花儿落了》《我也不再是小孩子》。 生4:我刚开始读的是第一个故事,我发现里面的主人公有英子、秀贞、妞儿,读完后当我要读第二个故事时,我发现里面的主人公还有英子,于是我推测这几个故事都和英子有关系,于是我就按照顺序读了起来。 生5:我把整本书读完了,我发现每个故事的主人公都有英子,这五个故事是按照时间顺序排列的,于是我把这五个故事的内容串联了起来,就知道了这本书是林海音写的自己从上小学之前到小学毕业的童年经历。 师:同学们说得真不错,我们运用了读封面、读作者简介、读目录、串联法等方法了解了这本书的作者、出版社以及整本书的主要内容。 (二)协商目标 师:那么,这节课你都想做些什么呢? 生1:我想和同学交流阅读《城南旧事》的体会和收获。 生2:我想和大家交流我是运用哪些学到的方法读《城南旧事》这本书的。 生3:我还想为大家推荐一些书。 师:说得真好,除此以外,我们还要与同学交流自己的读书和藏书情况。 下面,我们就带着这些目标,一起走进这节"开卷有益"课。 二、志同道合乐交流 (一)小组交流 师:同学们,你在阅读《城南旧事》这本书时是不是看到了许多令你感兴趣的章节,请你在小组中说说并与大家分享你的阅读收获和体会。 生:小组交流。 师:巡视指导。	引导学生回顾已经掌握的阅读整本书的方法,引导学生养成习惯、整体提高。 与学生协商目标,激发学生的阅读兴趣,引导学生养成习惯、整体提高。 引导学生在小组内交流,加深对内容的理解,引导学生勤于积累、乐于表达。

教学或活动过程	意图（学科素养体现）
（二）交流汇报 　师：谁来与我们分享你最感兴趣的章节，说说你的阅读收获和体会？ 　生1：我想和大家说的是《惠安馆》这个故事，这个故事令我印象最深刻。这个故事的主要人物是英子、秀贞和妞儿。秀贞曾与一个大学生相爱，大学生回家后再也没有回来，秀贞生下的女儿小桂子又被家人抛弃在城根下，生死不明。英子对她非常同情。英子得知小伙伴妞儿的身世很像小桂子，又发现她脖颈后的青记，急忙带她去找秀贞。秀贞与离散六年的女儿相认后，立刻带妞儿去找爸爸，结果母女俩惨死在火车轮下。我觉得秀贞日思夜想，盼了6年，终于找到了自己的女儿，与妞儿相认。读到这里我都替秀贞感到高兴，以为秀贞的"疯"病就快好了，但是她们母女俩当天夜里就被火车轧死了，让我觉得特别心疼。 　师：是啊，除了秀贞外，故事中陌生的大哥哥、兰姨娘、宋妈等人物，她们的命运都是怎么样的呢？ 　生2：她们最后的结局也都不太好，陌生的大哥哥被警察抓起来了，兰姨娘离开了北京，宋妈没了两个孩子，又回到乡下家里了。 　师：是啊，这些人物的命运都带有淡淡的悲剧色彩，这样的安排是偶然的吗？ 　生3：不是，我读书时也发现了这一点，我就记起老师之前说读书时可以查查当时的社会背景，帮助我们理解书中的内容，所以我查了一下《城南旧事》的社会背景。这本书创作的背景是20世纪二三十年代，当时的中国社会动荡不安，外有日本人侵略，内有旧统治者镇压，所以那些进步的青年总是被秘密暗杀，而这个时期人们的观念还很封建，女性的社会地位也很低下，无法掌控自己的命运。 　师：我们再来看一段当时社会状况的视频。联系这样的背景，再回头看这些故事，你有什么样的感受呢？ 　生4：我感觉秀贞的发疯和当时人们的封建思想有关，她已经失去了丈夫，但是因为父母思想保守，认为她生下一个没有爹的孩子，太丢人了，所以把孩子扔掉了，双重打击把秀贞逼疯了，这不是偶然的，而是在封建思想下必然会产生的结果。 　师：是啊，联系了社会背景我们就能知道这是社会的产物，那书中的其他人物呢？她们的命运怎么样？ 　生5：我觉得兰姨娘也是这样，读这本书时，我就对《兰姨娘》这个故事很感兴趣。兰姨娘很小就被卖给了别人，20来岁就嫁给了个60多岁的老头，后来兰姨娘投奔了英子的爸爸，住在英子家。可是英子不久发现爸爸喜欢上了兰姨娘并因此和妈妈产生了嫌隙。为了让妈妈开心，英子设计撮合了兰姨娘和德先叔。不久德先叔与兰姨娘一起离开。	引导学生在全班交流展示，养成勤于积累、乐于表达的习惯。

教学或活动过程	意图(学科素养体现)
生6:我觉得宋妈的命运也很悲惨,《驴打滚》这个故事主要写的就是宋妈,英子九岁那年,宋妈的丈夫来到林家。英子得知宋妈的儿子两年前掉进河里淹死,女儿也被丈夫卖给别人,心里十分伤心,不明白宋妈为什么撇下自己的孩子不管,来伺候别人。后来,宋妈被丈夫用小毛驴接走了。 生7:秀贞、兰姨娘、宋妈,她们都因为是女性,没有什么社会地位,所以像东西一样被人卖来卖去,完全不能选择自己想要的生活,掌控自己的命运。 师:是啊,封建社会时期女性是多么可怜啊!那当时的男性呢? 生8:我觉得不光女性生活悲惨,生活在社会底层的男性也一样,《我们看海去》这个故事讲的就是一个陌生的大哥哥,他为了供弟弟上学,不得不去偷东西。英子觉得他很善良,但又分不清他是好人还是坏人。不久,英子在荒草地上捡到一个小铜佛,被警察局暗探发现,带巡警来抓走了这个年轻人,这件事使英子非常难过。那位陌生的大哥哥之所以犯下错误,被警察带走,不是因为本性是坏人,而是因为他要供弟弟上学,是无可奈何的选择。 师:老师也觉得这个陌生的大哥哥人不坏,很值得同情,但是采用偷盗的方式供弟弟上学这种做法是错误的。其他同学还有想说的吗? 生9:我还觉得最后一个故事《爸爸的花儿落了 我也不再是小孩子》中,革命青年被残酷镇压了,许多人都被杀害了,这个结局也反映了当时社会非常混乱,统治者想杀谁就杀谁,而生活在社会底层的人民随时都有可能被抓、被杀,他们的生活很悲惨。 师总结:同学们的感受越来越深刻了。《城南旧事》中,林海音以儿童视角来映照成人世界的哀伤和悲苦,揭示了旧社会底层劳动人民的悲惨命运。了解作品背后的时代背景,可以帮助我们更加深刻地体会作品的含义。 师:你还对哪些情节感受最深呢? 生10:文中让我印象最深的有这样一段话"他说的话,我不太懂,但是我觉得这样一个大朋友,可以交一交,我不知道他是好人,还是坏人,我分不清这些,就像我分不清海跟天一样,但是他的嘴唇是厚厚墩墩的。"这段话是出自《我们看海去》这个故事,这是英子与这个大哥哥第一次见面的场景,我觉得这段话写的很真实,只有6岁左右的英子当然分不清楚他是好人还是坏人,但是却说出了自己的直观感受——觉得这样一个大朋友,可以交一交。我感觉这里的语言很朴实。 生11:我在读到这里时也有一些感受,读到这里我觉得英子非常善良、天真。第一个故事中大人们把秀贞当成疯子、傻子,而英子却不明白为什么称这位姑娘为"傻子",还和她交上了朋友。在这个故事中,英子又和这位实为小	注重对阅读方法的指导,提高学生的阅读能力和水平。

教学或活动过程	意图(学科素养体现)
偷的陌生大哥哥成为了朋友。在成人眼里,小偷是坏人,但在英子眼里,他却是个可以交朋友的人。他一个人养活着母亲和弟弟,偷东西也是为了让弟弟念书。当他被抓时,大人觉得解恨,而英子却非常难过。所以我觉得英子很善良,很天真。 　　师总结:是啊,在世俗眼光的蒙蔽下,成年人往往无法看到潜藏在表象下的真善美,而儿童用天真无邪的目光来观察世界,能看到疯子、小偷这些被成人排斥的人身上人性的光辉,使小说的主题进一步加深。 　　关注主人公身上这些看似与世俗眼光相互矛盾的情节,可以帮助我们进一步体会故事的内涵和意义。 　　(三)进行评价 　　师:刚才同学们分享了这么多,你认为大家的读书情况怎么样? 谁来评一评? 　　生1:我认为A同学借助社会背景理解故事内容的方法很好,他在读书时就想到了用这种方法,而我在读书时就没想到这种方法,我应该向他学习。 　　生2:我认为B同学读书读得很认真,他能关注到里面具体的一段话,发现林海音写作的语言特点,朴实无华,说明他读书非常细致,这种态度很值得大家学习。 　　生3:我认为C同学在读书时用心感受,他的感悟很深,他联系了社会背景,以及书中最后一个故事所写的很多青年都被镇压了的内容,体会到像有志之士这样的青年一样,凡是生活在当时社会底层的人命运都很悲惨,这是社会和时代造成的,而我却没想到这点,今后在读书的过程中,我也应该学习他这样用心去体会。 　　三、开卷有益显身手 　　汇报进度 　　师:《城南旧事》这本书,大家读得都不错。这学期我们还安排阅读了新课标必读版《三国演义》《水浒传》《西游记》《红楼梦》这四本指定书目,大家读得怎样了? 你的藏书量是否增加了? 在小组中和同伴一起分享吧。 　　生:小组交流分享。 　　师:哪个组派代表说一说。 　　生1:除了《城南旧事》这本书,我还按照读书计划读完了《三国演义》和《水浒传》这两本书。《西游记》我读到了第七回——八卦炉中逃大圣 五行山下定心猿,《红楼梦》暂时还没开始读。目前,我的阅读量达到了55万字。 　　大家看,(出示照片)这是我的小书架,这学期,我的藏书量由上学期的130本,增加到了150本,后面我还要继续充实我的小书架。	注重对阅读方法的指导,提高学生的阅读能力和水平。 引导学生汇报读书进度,运用多种方式展示自己的藏书情况,激发学生读书、藏书的积极性。 协商推荐书目,激发学生阅读兴趣,促使学生大量阅读、勤于积累、乐于表达、整体提高。

教学或活动过程	意图(学科素养体现)
生2:我对《西游记》和《红楼梦》比较感兴趣,所以除了《城南旧事》外,我按照读书计划先读了这两本书。《三国演义》我读了一多半,已经读到了第八十五回——刘先主遗诏托孤儿 诸葛亮安居平五路。《水浒传》暂时还没开始读。目前,我的阅读量达到了60万字。 我给我的小书架录了一段视频,这学期,我的藏书量由上学期135本增加到了160本。我给我的图书分了类,这一层是工具书,这一层是绘本类和故事集,这一层是章回体的小说。 师:看来大家都能按照读书计划,开展自己的阅读活动,读书量和藏书量都增加了,你们真是爱读书的好孩子。 四、博览群书我推荐 (一)好书推荐 师:在你的小书架中,还有什么书想推荐给同学们吗? 生1:我今天想要给大家推荐的是一套书,叫做《汤小团漫游中国历史系列》,这套书写的是汤小团和他的同学们意外进入了一本书,并因此开始的冒险之旅。书店老板告诉汤小团必须阻止邪恶的"书魔"破坏历史,否则他将永远无法走出书中,历史也将永远消失,于是汤小团和他的同学们穿越到了中国的各个历史时期,并经历着各种冒险。我想把它推荐给大家,因为它不仅会让大家觉得很有趣,而且还会让大家很轻松地就记住了中国历史。 生2:我要给大家推荐的是《这个历史挺靠谱》系列丛书。这套书通俗易懂,作者采用了接地气的语言把中国五千年的历史说得很透彻,篇幅也很短,每天读一段,只需要十多分钟,既不费时又不费神。要想从"三皇五帝"读到鸦片战争只需要小半年的时间。 生3:我想推荐的是《历史其实很有趣儿》这本书,它讲的是春秋时期的历史故事,这本书中最好看的故事是围魏救赵,这个故事讲的是魏国要攻打赵国,赵王就向齐国求救,孙膑去救援。孙膑知道魏国内部空虚,就去攻击魏国的都城,魏军知道后立马撤回,在回去的路上被埋伏的齐军打得几乎全军覆没,孙膑真是太神了。像这样的故事,书里还有很多,我真心推荐大家去读一读这本书。 生4:我想给大家推荐的是沈石溪的《狼王梦》这本书,这本书的情节非常有趣,语言也非常生动,让人一看就陷入其中,百看不厌。我在读这本书的时候就好像成了一匹狼,在浩瀚的尕玛尔草原上捕猎的景象就在你的眼前一样。其中我印象最深的是《魂断捕兽夹》这一章,这一章主要讲述了在冬天,狼群聚在一起捕猎,本来在紫岚的精心培养下可以当上"狼王"的蓝魂儿却因为猎人的捕兽夹丢失了	引导学生总结收获,并积极运用,使学生养成习惯、整体提高。

教学或活动过程	意图(学科素养体现)
性命,这让紫岚心痛不已。读到这章的时候,鹅毛大雪、饥饿的狼群、心痛不已的紫岚、无奈的蓝魂儿、得意的猎人和猎狗好像都浮现在了我的眼前。这本书我已经看了好几遍了,大家也看看吧,大家也一定会喜欢上这本书的。 生5:我想推荐的是《假如给我三天光明》这本书,读了这本书我知道海伦·凯勒在一岁半时患病之后双眼失明,双耳失聪,但是她不向困难低头,后来她去求学,用盲文写作,拼命学习,成功进入了哈佛大学,还学会了英、法、德、拉丁、希腊五种文字,如果你想看看她是一个怎样身残志坚的人,也赶快看看这本书吧。 生6:从小到大,我读的书不是很多,但是有一本漫画书《父与子全集》是我特别喜欢的,所以我想把它推荐给大家。这是德国著名漫画家、幽默大师卜劳恩的不朽杰作,讲述了一对善良、正直、宽容的父子之间280多个生动幽默的小故事。使我们在阅读的同时获得最开怀的笑声,感受到最真挚的真情,同时也为父母和孩子之间架起一座爱的桥梁。 生7:我要给大家推荐的是《麦琪的礼物》,这本书的作者是欧·亨利。我推荐这本书的理由是它反映了下层人民生活的艰难,但是主人公们用善良和纯真的品质互相感染,如果你想知道这其中发生的故事也可以来读读这本书。 生8:我想给大家推荐萧红的《呼兰河传》,萧红用乡亲们纯朴的语言,用家乡朴素的美组成了一本多彩的长篇小说。萧红通过对生活小事的描写,营造了温暖的气氛,表达了对祖父深深的怀念,比如我们学过的《祖父的园子》就出自这本书,每当我读这本书时总能想象到我到乡下姥姥家玩的场景。 生9:我要推荐的是《骆驼祥子》,这本小说讲述的是一个普通的人力车夫祥子,为了实现梦想,经历了许多,最后失去信心,堕落沉沦的故事。这本书的人物个性非常突出,也体现了当时旧社会对底层人民的摧残与迫害。 生10:我要推荐《雾都孤儿》这本书,这本书写的是英国工业革命时期的一个故事,其中"雾都"指伦敦,主人公奥利弗是一个小男孩,也是一个孤儿。作者查尔斯·狄更斯把当时社会情景描写得非常真实。当时伦敦闹瘟疫,地上有许多老鼠,大街上有一半的人都是贼。其中最令我难忘的情节是奥利弗在福利院时,他还想要一碗白粥,结果晚上就被抽打,想知道奥利弗后来是怎么生活的吗?快来读读这本书吧!	

教学或活动过程	意图(学科素养体现)
生11:我要推荐的是《钢铁是怎样炼成的》,这本书塑造了保尔·柯察金的坚韧不拔、顽强拼搏的英雄形象。书中我记忆最深的话是:"人,最宝贵的东西还是生命。生命对每个人只有一次。这仅有的一次生命应当怎样度过? 每当回忆往事的时候,能够不为虚度年华而悔恨,不为碌碌无为而羞耻。"如果你也对这本书感兴趣,那就来读一读吧! 生12:我想给大家推荐的是曹文轩的《草房子》,它讲述的是发生在20世纪60年代初江南水乡的一个动人动情的童年故事,非常贴近我们的生活实际,每次读时都有一种感同身受的感觉。 生13:我给大家推荐的是《如果历史是一群喵》,这本书不仅让我学到了许多十分可靠的历史知识,而且还不是枯燥、乏味的语言。作者采用了生动、形象的漫画,以十二只猫的形象为我们演示了——"历史如同一台戏,你方唱罢我方开"。有时我也会被历史的风云卷入人物的内心世界。我仿佛看到了李世民在杀掉自己大哥时心中的一丝不舍与悲痛,又仿佛看到了重耳在晚年,虽然那时他才三十六岁,但那时的人三十岁就自称老夫了,他重夺王位时内心的喜悦。 生14:我要推荐的是14本《中国历史》,这是一套我最喜爱的书,这套书作者用生动的语言讲述了一个又一个有血有肉,悲欢离合的历史现实,我从7岁就有了这套书,从第1本到第14本,书中的一幅幅插图从上古时期到中华人民共和国成立,作者用一张张插画描述了一个个真实的历史故事,"开天辟地、女娲造人、炎黄子孙、夸父追日、仓颉造字、后羿射日、精卫填海、大逆不道、富丽堂皇、烽火戏诸侯、倾国倾城、管鲍之交、祸国殃民"等等,这些故事都令我印象十分深刻。我们在阅读时不仅能够掌握历史变迁的脉络,同时也能从多元角度获得为人处世的道理。 师总结:同学们推荐了这么多本书,看来大家的涉猎面很广,我还发现咱们班的孩子们都很喜欢读历史书,那在同学们今天推荐的这些书目中,我发现《呼兰河传》和《草房子》像我们今天交流的《城南旧事》一样,都是写童年的事,而且按照一定的线索,把不同的章节串联起来,就成为一个完整的整体。课下,同学们可以选择这种类型的书,继续阅读。 历史类的书中《中国历史》《汤小团漫游中国历史系列》也非常适合大家课下阅读,感兴趣的同学也可去读读,下节课我们再来交流大家的自选书目。	

续表

教学或活动过程	意图(学科素养体现)
（二）总结延伸 师：那么，这节课你们都有了哪些收获呢，谁来说说？ 生1：我与同学交流了许多阅读《城南旧事》的感受。 生2：我通过与同学交流，对《城南旧事》的理解更加深入了。 生3：我真正体验了一次通过查找背景资料，加深对故事内容的理解。 生4：我又知道了许多本适合我们读的书，我要再去充实我的书架。 生4：通过和同学的交流，我觉得自己的读书量和藏书量还有待提高，课下，我想进一步完善自己的计划，提高读书量和藏书量。 师：同学们掌握了阅读整本书的方法，读懂了书中故事的内容，了解了人物形象，体会了作者表达的情感，同时还进一步明确了自己的目标，大家的收获可真不少。 希望同学们可以运用今天学到的这些方法，投入到后续的阅读中去。 下节课，我们一起交流大家的自选书目，期待大家的精彩分享。	

教学或活动反思：

　　本节《开卷有益》课，以协商理念为基础，注重培养学生自主阅读的能力，激发阅读兴趣。

　　首先，关注了学生自主性的培养。本课多处体现了协商意识，如上课伊始便和学生协商了目标，调动了学生学习的积极性。小组合作前，引导学生自由组成小组进行交流、分享。在后面的自选书目推荐中，也采用协商的方式，征求了学生们的建议。整个过程学生乐于表达、积极参与，课堂氛围很融洽。

　　其次，体现了对学生语文素养的培养。协商的模式提高了学生的学习主动性和自主学习能力，培养了学生养成习惯、整体提高的语文素养。小组合作、班级展示的环节，引导学生将自己的想法表达出来，培养了学生乐于表达、勤于积累、积极运用的语文学科素养，真正做到了开卷有益。

　　第三，重视了对阅读方法的指导。在学生的原有基础上，指导学生掌握通过抓主要人物，抓住故事线索，串联故事内容的阅读方法。引导学生学会通过时代背景，加深对故事的理解的方法，以及抓住故事中的矛盾点，进一步体会故事的内涵和意义的方法，切实提高学生的阅读能力和阅读水平。

　　最后，本课的课时容量较大，有部分环节没能让学生说充分，还需进一步调整。

"语文综合"拓展课程二:《津津乐道》课例

刘 畅

学科	语文	年级	二年级	执教人	刘畅
课题		我爱家乡的海河			

拓展内容分析:
《津津乐道》是学校"语文综合"课程中的拓展课,《我爱家乡的海河》是二年级上学期拓展课《津津乐道》中的一课内容,主要是有条理地讲述家乡天津海河沿岸的风景。学生通过游览、绘画、拍照等方式记录海河的景色,并练习有条理地将海河的景色说清楚,在交流互动中提高语言表达能力,同时培养热爱家乡的情感。

学情分析:
1.学生在之前的拓展课程中已养成发言声音洪亮、认真倾听的习惯,同学们能够通过评价反馈自己的倾听效果,同时为发言的同学提出合理建议。
2.学生在语言表达上能通顺、完整地说几句话,但是语言还缺乏条理,需要进一步学习介绍一处景物的方法。通过本次活动,老师在这方面加以指导,帮助学生学会有条理地介绍一处景物。

教学或活动目标:
1.介绍海河的景物特点,表达时声音洪亮,条理清楚,提高语言表达能力。
2.培养认真倾听的好习惯,会抓住要点进行评价。
3.通过整个活动培养学生热爱家乡的情感。

教学或活动重、难点:
重点:介绍时能够做到声音洪亮、条理清楚,倾听的同学能够认真听,抓住要点。
难点:学会有条理地介绍海河的景色,提高语言表达能力。

教学或活动模式:
主题导入——协商定标——交流感悟——展示评价——总结延伸

教学或活动准备:
1.同学们搜集有关海河的资料,收集或拍摄海河风光的照片。
2.老师了解学生收集资料的情况,设计教学课件。

教学或活动过程	意图(学科素养体现)
一、主题导入 师:同学们,上节《津津乐道》课后,我们布置了这节课的任务,大家还记得我们今天要了解的是天津的哪条河吗? 生:海河 师:对,海河是我们天津的母亲河,今天我们就来了解海河,说说海河的美景。 二、协商目标 师:大家想怎样介绍海河的景色? 生:我拍了海河的照片,我想看着照片来说海河的景色。 生:我把海河的景色画下来了,我看着自己的图画来说海河的景色。	

教学或活动过程	意图(学科素养体现)
生:我觉得海河的夜景很美,我想说说海河的夜景。 师:大家说得很好。今天我们就来借助自己的照片或图画有条理地把海河的景色说清楚。 课件出示活动目标: 有条理地将海河的景色说清楚。 师:大家再说一说,我们说话时有什么要求? 生:说话声音要洪亮,要说完整话。 (板书:洪亮、完整) 师:那听的同学又有什么要求呢? 生:听同学发言时要认真,能够重复同学的话。 (板书:会复述) 师:那这节课我们就比一比,这些要求谁都能做到,谁还能学到新本领。 三、交流感悟 (一)教师指导说图 出示海河的图片。  1.说海河的特点 师:大家看,这是咱班杨瀚升拍摄的海河白天的照片,谁想看图说一说海河的景色? 生:海河水非常清澈,一条船从河面上驶过。 师:他说得怎样,谁来评价一下。 生:他的声音洪亮,语句通顺。 师:同学们还有什么建议吗? 生:我觉得海河周围还有很多景物,也应该说一说。 2.说海河周围的景物特点 师:还可以说些什么? 生1:我觉得还可以说说海河上面的天空。 生2:我认为海河两岸的大楼、树木也都可以说一说,因为它们使海河更美了。 师:说得对,让我们来认真观察海河的景色,把图中海河周围的景物说全面。 生:海河水很清澈,一条船从河面上驶过。河上有一座桥,海河四周有许多树。我介绍完了,请同学们为我评价。	指导方法后,让学生运用方法练习表达,培养学生积极运用,乐于表达的好习惯。

教学或活动过程	意图(学科素养体现)
3.按一定的顺序说海河的景物特点 生:你的声音洪亮,介绍了海河边的景物,但是感觉有些乱,也不太美。 师:你评价得很准确,如果我们想把一处景物介绍清楚,应该有一定的顺序。让我们再来看着照片,按照一定的顺序,再来说海河的景物特点吧。 生:海河水清澈见底,一条游轮从河面驶过,船尾泛起了波纹,非常美丽。海河两岸种植着许多树木,郁郁葱葱的,把海河装点得更美了。我说完了,请同学们为我评价。 生:我发现你先介绍了海河河面的景色,再介绍了海河周边的景色,条理很清楚。 师:孙婉珊说得很好,黄思雅评价得也很准确,说明她不仅认真听,而且思考了同学介绍景物时的顺序,值得我们学习。大家想想,我们在说景色时还可以按照什么顺序? 生:从近到远,从上到下的顺序。 师:对,只要我们按照一定的顺序说,就能把景物说得有条有理,说得清楚明白。 (板书:清楚、条理) 师:请同学们拿出自己准备的照片或图片,选择合适的顺序,再练习说说海河的景色,练好后和同桌小伙伴说一说。 (二)学生独立说图 1.学生自由练说 2.同桌互说互评海河白天的景物特点 师:我们请一组同学来互说互评。  生1:我坐在游船上看海河,觉得海河更美了。游船在海河上行驶,阳光洒在河面上,河面上像撒了一层金子。海河游船从天津之眼下驶过,会觉得天津之眼无比巨大,非常壮观。 生2:你乘坐游船看海河,从低处的河面说到高处的摩天轮,很有条理。我和你正相反,我坐在天津之眼上看海河,海河就像一条长长的绸带穿过城市,非常美丽。 	学生经过独立练习、交流合作,不断运用积累过的语言进行表达,在练习中不断提高表达的质量,养成乐于交流、互相评价的表达习惯。 创设情境,鼓励学生用本节课学到的方法继续介绍家乡的河流,激发学生积极运用,乐于表达的交际热情。

教学或活动过程	意图(学科素养体现)
生1:你从高处看海河,也是别有一番风味呀,我也想到摩天轮上去看海河。 3.说海河夜晚的景物特点 师:我们把海河白天的景色说得有条理,说清楚了。我注意到还有些同学说了海河夜晚的景色。 请万茉晗说说海河夜晚的景色。  生:夜晚,海河两岸的建筑都亮起了灯,灯光倒映在海河水里,海河水也变得五颜六色了。我说完了,请同学们为我评价。 生:万茉晗先说了海河两岸的灯光,再说了海河水在灯光下的颜色,把海河介绍得很美丽。 师:你听得很认真,万茉晗使用了从四周到中间的顺序介绍海河的景色,也很有条理。 谁还想说说海河的夜景? 生:夜晚,海河上的天津之眼亮起了紫红色的灯,灯光倒映在海河水中,像给海河戴上了一条水晶项链。我说完了,请同学们为我评价。 生:你的声音洪亮,我觉得你是按从上到下的顺序介绍的海河夜景,很有条理。 师:同学们通过练习,已经能够按照一定的顺序,有条理地介绍海河白天和夜晚的景色了,现在就让我们来做海河的小导游,介绍海河的美景,介绍时也可以加入你了解的有关海河的一些信息。请小导游们在小组里先练一练吧。 四、展示评价 (一)同学们在小组中练习合作介绍海河 交流提示: 1.海河的特点。 2.海河周围景物的特点。 3.海河夜景。	

教学或活动过程	意图(学科素养体现)
4.有关海河的知识信息。 (二)请同学们到台前进行展示 师:小导游们,今天我们将迎接从外地来的小朋友,让我们带领他们去游览我们的母亲河——海河吧。  生1:各位小游客,大家好！欢迎来到我们天津旅游。现在我们站在了海河岸边。海河是我们天津的母亲河,是由北运河、永定河、大清河、子牙河、南运河五条河流汇合而成的。大家看海河景色非常美丽,河水四周高楼林立,绿树成荫。明媚的阳光照耀着河面,波光粼粼。 生2:大家看,一条观光船正从清澈的河面上驶过,船后泛起一道白色的浪花。让我们一起登上游船欣赏海河两岸的美景吧。 生3:海河又叫沽河,最终流入渤海。海河两岸有许多高大的建筑,大家看,如果站在高楼的最顶端,是不是都能摸到天啦?真是高耸入云啊！咱们这次游览的终点有一个巨型摩天轮,是我们的"天津之眼",坐在高处看海河你会看到一条美丽的绸缎。一会儿下船后大家也可以登上摩天轮从高处欣赏海河的美景。	

教学或活动过程	意图(学科素养体现)
生4:现在出现在眼前的大桥是金钢桥,海河干流就是从金钢桥下开始的,长76公里。现在是白天,大家看到的景色已经很美了。但是海河的夜景更加迷人。华灯初上、喷泉齐放,那两岸若明若暗的灯光倒映水中,宛如绚丽的彩霞,人在水上游,船在画中行。 我们组介绍完了,请同学们为我们评价。 (三)指名评价 生1:你们组的同学声音都很洪亮。 生2:你们不仅介绍了海河的景色,还介绍了一些其他的信息,使我们更了解海河了。 生3:赵健凯和张绍晴在介绍海河美景时,能按照顺序说,很有条理,把海河的景色介绍得很美。 五、总结延伸 师:这节课同学们介绍了海河的许多方面。最值得称赞的是同学准备充分,汇报时做到声音洪亮,表述清楚、有条理,使自己的语言表达能力有所提高。 同学们也来说说自己这节课的收获吧。 生1:这节课上,我欣赏到了海河的景色。我知道了介绍景色的时候要按一定的顺序来介绍,这样介绍很有条理。 生2:我知道了海河干流是从金钢桥下开始的,全长76公里。	

教学或活动过程	意图(学科素养体现)
生3:通过同学们的介绍,我更了解家乡的海河了,周末我要和爸爸妈妈一起坐游船游海河,我要向他们介绍海河。 　　…… 　　师:同学们的收获真不少,不知同学们有没有注意到海河上横跨着各种各样的桥梁,这些桥梁各具特色,而且每一座桥都有一个故事。周末同学们可以再游海河,并了解一下关于海河桥梁的故事。	

教学或活动反思:

　　"津津乐道"突出的就是对学生口语表达的训练,老师引导学生按一定的顺序,看着照片介绍海河的景色,使学生学会有条理地说话。学生根据本节课的目标,练习有条理地介绍海河的景色,发言的同学尝试用不同的顺序进行介绍,听的同学通过用心地倾听,发现发言同学的顺序。在这一过程中,学生的听、说能力都得到了提高,同时都充分地展示了自己乐于表达的学科素养。

　　本次活动围绕"家乡的海河"展开,学生在收集材料的过程中,在进行交流的过程中,在汇报展示的过程中,在进行评价的过程中不断加深对海河的了解,从而更加热爱海河,培养了学生热爱家乡、热爱祖国的情感。

第二节 "数学综合"课程纲要

章 虹

一、课程背景

"数学综合"课程是我校"小海帆"自主发展大课程体系中学科综合课程"数学与科学"部分涉及的一门课程。"数学综合"课程包括数学国家课程校本化和数学拓展课程两部分内容。"数学综合"以我校自主发展协商教学理念为指导,重在激发学生学习的主动性和创造性,让学生成为学习的主人。

在多年教学中,我们发现小学数学国家课程教材具有重学习过程、重亲历体验、重学生感悟、重实践操作等显著特点,教材内容弹性大、问题设计贴近生活等显著特点,但教材资源不能完全满足学生和教师的需要。因此,我们在认真研读教材和全面分析学情的基础上,进行了"单元间整合"和"单元内整合"的研究。同时开设了拓展课程:"数学游戏""数学阅读",使教师的教学智慧、潜能得到开发,促进学生数学素养的提升。

二、课程目标

(一)思想教育目标

了解中国数学发展史,促使学生深刻领会,中国在数学领域中对世界的影响,激发学生热爱祖国的思想感情;在数学学习过程中,锻炼学生克服困难的意志,建立自信心,获得成功的乐趣;养成独立思考、乐于合作、善于反思、勇于质疑的学习习惯;形成坚持真理、修正错误、严谨求实的科学态度。

(二)学科素养目标

1.直观想象经验

培养学生借助几何直观和空间想象理解和解决数学问题的能力,不断提升几何直观和空间想象能力,增强运用图形和空间想象思考问题的意识;建立数与形的联系,提升数形结合的能力;感悟事物的本质,构建数学知识结构和认知结构,培养创新思维。

2.数学运算能力

培养学生理解运算对象,掌握运算法则,探究运算方向,选择运算方法,设计运算程序,求得运算结果等能力;能够寻求合理简洁的运算途径解决实际问题;能够通过运算促进数学思维发展,养成程序化思考问题的习惯。

3.数学抽象能力

培养学生学会用数学的眼光观察现实世界,从大量的数学现象中抽取本质,感悟数学思想,发现数学规律,形成数学模型的能力;理解数学概念、方法,能通过抽象、概括去认识、理解、把握事物的数学本质;能在其他学科的学习中主动运用数学抽象的思维方式解决问题。

4.数据分析意识

培养学生对问题做调查研究,收集数据,整理数据,提取信息,通过分析做出判断、获得结论的能力。体会数据中蕴含着信息;学会根据问题背景选择合适的分析数据的方法,体验随机性;提升数据处理的能力,增强基于数据表达现实问题的意识,养成通过数据思考问题的习惯,积累依托数据探索事物本质、关联和规律的活动经验。

5.逻辑推理能力

培养学生用数学思维思考现实世界,提高学生依据已有的知识和经验推演生成新知识的能力;经历合情推理和演绎推理的过程,体会运用推理的方式探索思路,发现结论。

6.数学建模思想

培养学生会用数学模型表达现实世界,能用数学语言来描述实际现象的过程。经历观察、思考、归类、抽象与总结的过程,形成捕捉、筛选、整理信息的能力;能对现实问题进行数学抽象,用数学语言表达问题、用数学知识与方法构建模型解决问题;能够在实际情境中发现和提出问题,针对问题建立数学模型,提升应用能力,增强创新意识。

三、课程内容

(一)数学国家课程校本化

为了落实国家课程,促进国家课程校本化实施,我们开展了"数学课程单元整合教学"的研究。一是"单元间整合教学"即将相同知识类型的单元整合在一起进行教学,以便于知识更好的衔接;二是"单元内整合教学"即调整同一单元内相关内容进行整合教学。在教学实施过程中学生自主协商探究,提高课堂教学效率,提升学生数学素养。

(二)数学拓展课程

数学学科拓展课程中包括"数学游戏""数学阅读"两个部分。"数学游戏"一部分内容是适合小学生活动的国内外著名的数学游戏,另一部分内容是与学生本年级学习水平相适应的,由教师自主创生出的数学游戏。通过数学游戏让学生在趣味化、游戏化的数学学习活动中探索、发现、体验。通过探究和发现感受到有趣有用的数学,同时体会中国古代的数学成就。"数学阅读"包括数学绘本阅读、数学家故事、数学文化阅读、数学资料阅读、数学古题趣题的阅读。其目的是通过阅读数学相关内容,学习数学语言,提高学生数学阅读能力,发展数学思维,使学生获得终身学习的本领。

四、课程实施

(一)为认真落实数学国家课程,根据数学教材单元主题编排的特点,整合单元教学内容,实施数学单元整合教学。整合一、二年级通过对数学教材进行整合,每学期余3—4课时进行数学拓展课。整合三至五年级通过对数学教材进行整合,每学期余出6课时进行数学拓展课。

(二)每学期,根据课程目标分别制定数学国家课程校本化实施计划和数学拓展课程实施计划,教师严格按照课程进度计划备好课、上好课。

(三)严格落实学校育人目标、数学学科素养目标。坚持以协商理念为指导,深化"数学课程单元整合教学"及"自主协商"教学模式的研究,继续探索"数学游戏""数学阅读"两类活动课型的协商教学模式,促进学生自主发展。

(四)组织教师学习相关资料,进行实践。在每节课后撰写反思,积累经验、体会。实验教师总结教学收获,撰写成功教学案例。

(五)邀请家长参与课程实验。向家长与学生提供相关材料,采用与家长共同调研、共同参与、共同评价等多种形式与家长沟通。

(六)坚持实施好《数学自主学习习惯评价表》,将学习习惯的培养渗透到每一节教学课中。

(七)具体安排如下:

1.国家课程教材校本化课时调整安排:

年级	国家课程教材内容及规定课时原课时		内容整合及节省的课时
一年级上册	56课时		4课时
	第一单元《生活中的数》	共9课时	1.将第三单元的"猜数游戏"和"背土豆"整合,原来2课时,整合成1课时。 2.将第三单元的"跳绳"和"试一试"整合,原来2课时,整合成1课时。 3.将第七单元的"古人计数"和"试一试"整合,原来2课时,整合成1课时。 4.将第七单元的"搭积木""有几瓶牛奶""有几棵树""有几只小鸟"整合。原来4课时,整合成3课时。
	第二单元《比较》	共3课时	
	第三单元《加与减(一)》	共17课时	
	《整理与复习》	共3课时	
	第四单元《分类》	共2课时	
	第五单元《位置与顺序》	共4课时	
	第六单元《认识图形》	共2课时	
	第七单元《加与减(二)》	共8课时	
	《数学好玩》	共2课时	
	第八单元《认识钟表》	共1课时	
	《总复习》	共5课时	
一年级下册	52课时		3课时
	第一单元《加与减(一)》	共9课时	1.将第一单元的"买铅笔""捉迷藏""快乐小鸭"整合,原来3课时,整合成2课时。 2.将第三单元的"数花生""数一数"和"数豆子"整合,原来3课时,整合成2课时。 3.将第五单元"采松果""青蛙吃虫子""拔萝卜""收玉米"和第六单元的"图书馆""摘苹果""阅览室""跳绳"整合,原来10课时,整合成9课时。
	第二单元《观察物体》	共2课时	
	第三单元《生活中的数》	共7课时	
	第四单元《有趣的图形》	共4课时	
	《整理与复习(一)》	共3课时	
	第五单元《加与减(二)》	共8课时	
	《数学好玩》	共2课时	
	第六单元《加与减(三)》	共11课时	
	《总复习》	共6课时	

续表

年级	国家课程教材内容及规定课时原课时		内容整合及节省的课时
二年级上册	53课时		4课时
	第一单元《加与减》	共4课时	将第三单元的"有多少点子""动物聚会"与第五、六单元内容整合,原来14课时,整合成10课时。
	第二单元《购物》	共3课时	
	第三单元《数一数与乘法》	共5课时	
	第四单元《图形的变化》	共2课时	
	第五单元《2—5的乘法口诀》	共8课时	
	《整理与复习》	共1课时	
	第六单元《测量》	共5课时	
	第七单元《分一分与除法》	共10课时	
	第八单元《6—9的乘法口诀》	共4课时	
	《数学好玩》	共2课时	
	第九单元《除法》	共4课时	
	《总复习》	共5课时	
二年级下册	62课时		4课时
	第一单元《除法》	共7课时	1.将第三单元"数一数(一)"、"数一数(二)""拨一拨"整合,原来5课时,整合成3课时。
	第二单元《方向与位置》	共2课时	
	第三单元《生活中的大数》	共8课时	
	第四单元《测量》	共3课时	2.将第六单元"练习五"和"认识直角""长方形与正方形""平行四边形"整合,原来4课时,整合成3课时。
	《整理与复习》	共1课时	
	第五单元《加与减》	共11课时	
	第六单元《认识图形》	共7课时	
	第七单元《时、分、秒》	共4课时	3.将第八单元"评选吉祥物"和"最喜欢的水果"整合,原来2课时,整合成1课时。
	《数学好玩》	共2课时	
	第八单元《调查与记录》	共2课时	
	《总复习》	共5课时	
三年级上册	54课时		6课时
	第一单元《混合运算》	共7课时	1.将第一单元"练习一"和"小熊购物""过河""买文具"整合,原来4课时,整合成3课时。
	第二单元《观察物体》	共2课时	
	第三单元《加与减》	共7课时	2.将第五单元"练习四"和"什么是周长""长方形的周长"整合,原来4课时,整合成3课时。
	第四单元《乘与除》	共5课时	
	《整理与复习》	共4课时	3.将第六单元"去游乐园""乘火车"整合,原来2课时,整合成1课时。
	第五单元《周长》	共4课时	4.将第七单元"看日历""试一试"整合,原来2课时,整合成1课时。
	第六单元《乘法》	共8课时	
	第七单元《年月日》	共4课时	5.将第八单元"练习六"和"文具店""货比三家""存零用钱""寄书""能通过吗?"整合,原来7课时,整合成6课时。
	《数学好玩》	共2课时	
	第八单元《认识小数》	共6课时	6.将第四单元"小树有多少棵""需要多少钱"和第六单元"蚂蚁做操"整合,原来3课时,整合成2课时。
	《总复习》	共5课时	

年级	国家课程教材内容及规定课时原课时		内容整合及节省的课时
三年级下册	51课时		6课时
	第一单元《除法》	共11课时	1.将第一单元"分桃子"、"分橘子"整合，原来2课时,整合成1课时。
	第二单元《图形的运动》	共4课时	2.将第一单元"节约""试一试""集邮"整合,原来3课时,整合成2课时。
	第三单元《乘法》	共5课时	3.将第二单元"轴对称(一)""轴对称(二)"整合,原来2课时,整合成1课时。
	第四单元《千克、克、吨》	共2课时	
	《整理与复习》	共4课时	
	第五单元《面积》	共7课时	4.将第二单元"平移和旋转""试一试"整合,原来2课时,整合成1课时。
	《数学好玩》	共3课时	5.将第三单元"队列表演(一)""队列表演(二)""电影院"整合,原来3课时,整合成2课时。
	第六单元《认识分数》	共8课时	
	第七单元《数据的整理和表示》	共2课时	6.将第六单元"练习四"的内容整合到每节课的内容中,原来8课时,整合成7课时。
	《总复习》	共5课时	
四年级上册	63课时		6课时
	第一单元《认识更大的数》	共7课时	1.将第一单元"数一数""认识更大的数""人口普查"整合,原来3课时,整合成2课时。
	第二单元《线与角》	共7课时	2.将第二单元"练习二"和"相较于垂直"、"平移与平行"、"旋转与角""角的度量"整合,原来7课时,整合成6课时。
	第三单元《乘法》	共7课时	
	《整理与复习》	共3课时	
	第四单元《运算律》	共8课时	3.将第三单元"卫星运行时间""试一试""多少名观众"整合,原来3课时,整合成2课时。
	第五单元《方向与位置》	共7课时	
	第六单元《除法》	共11课时	4.将第六单元"参观花圃"与"试一试"整合,原来2课时,整合为1课时。
	第七单元《生活中的负数》	共2课时	5.将第六单元"秋游"与"试一试"整合,原来2课时,整合成1课时。
	《数学好玩》	共4课时	
	第八单元《可能性》	共2课时	6.将第一单元"结绳计数"与第三单元"神奇的计算工具""有趣的算式"整合,原来3课时,整合成2课时。
	《总复习》	共5课时	

年级	国家课程教材内容及规定课时原课时	内容整合及节省的课时
四年级下册	56课时	6课时
	第一单元《小数的意义和加减法》 共10课时	1.将第一单元"小数的意义（一）""小数意义（二）""小数意义（三）""试一试"与第三单元"小数点搬家""试一试"整合，原来6课时，整合成4课时。
	第二单元《认识三角形和四边形》共7课时	
	第三单元《小数乘法》 共7课时	2.将第一单元"比身高"和"试一试"整合，原来2课时，整合成1课时。
	《整理与复习》 共3课时	
	第四单元《观察物体》 共4课时	3.将第二单元"三角形内角和""试一试"整合，原来2课时，整合为1课时。
	第五单元《认识方程》 共8课时	
	《数学好玩》 共4课时	4.将第三单元"买文具"、街心广场"包装""蚕丝"整合，原来4课时，整合成2课时。
	第六单元《数据的表示和分析》 共8课时	
	《总复习》 共5课时	
五年级上册	61课时	6课时
	第一单元《小数除法》 共11课时	1.将第一单元"人民币兑换""试一试"整合，原来2课时，整合成1课时。
	第二单元《轴对称和平移》 共5课时	2.将第二单元"轴对称再认识（一）"和"轴对称再认识（二）"整合，原来2课时，整合成为1课时。
	第三单元《倍数与因数》 共7课时	
	《整理与复习》 共3课时	3.将第二单元"欣赏与设计"和"练习三"整合，原来2课时，整合为1课时。
	第四单元《多边形的面积》 共8课时	4.将第四单元"平行四边形""三角形面积"和"梯形面积公式"整合，原来为5课时，整合成4课时。
	第五单元《分数的意义》 共14课时	
	第六单元《组合图形的面积》 共3课时	5.将第三单元"2、5的倍数特征""3的倍数特征""找因数""找质数"与第五单元"找最大公因数""最小公倍数"整合，原来6课时，整合成4课时。
	《数学好玩》 共3课时	
	第七单元《可能性》 共2课时	
	《总复习》 共5课时	
五年级下册	56课时	6课时
	第一单元《分数加减法》 共5课时	1.将第一单元"折纸""试一试"整合，原来2课时，整合成1课时。
	第二单元《长方体（一）》 共6课时	2.第二单元"长方体的认识""试一试"整合，原来2课时，整合成1课时。
	第三单元《分数乘法》 共9课时	
	《整理与复习》 共3课时	3.将第三单元"分数乘法（一）"与"分数乘法（二）"整合，原来成4课时，整合成2课时。
	第四单元《长方体（二）》 共8课时	
	第五单元《分数除法》 共6课时	4.将第六单元"分数除法（一）"分数除法（二）"整合，原来为3课时，整合成2课时。
	第六单元《确定位置》 共2课时	
	第七单元《用方程解决问题》 共3课时	
	《数学好玩》 共3课时	5.将第二单元"展开与折叠"与数学好玩单元"有趣的折叠"整合，原来2课时，整合成1课时。
	第八单元《数据的表示和分析》 共6课时	
	《总复习》 共5课时	

2.拓展课程内容及课时安排:

年级	课型与名称	内容	课时
一年级上册	数学游戏 天天飞棋	(1)游戏准备:点数为1—5的20张扑克牌,一套飞行棋。 (2)两人游戏,每人每次任意抽取2张扑克牌,将2张牌的点数相加之和,作为飞行棋飞行的步数,进行游戏。 (3)哪一方的棋子先走到终点为胜利。	1课时
	数学游戏 扑克游戏(一)	(1)游戏准备:点数为1—10的扑克牌40张。 (2)每2人为一组。先把扑克牌洗好,听老师口令分别按数字、图形、颜色把扑克牌进行分类。一人分类,另一人计时,用时少者为胜,再角色互换。 (3)三局两胜。	1课时
	数学游戏 扑克游戏(二)	(1)游戏准备:点数为1—10的扑克牌40张。 (2)两人游戏,两人分别取一张牌,先比大小,谁大谁对两张牌进行加法计算。算出正确结果就得到这两张牌,算错则另一人得到扑克牌。 (3)最后获得牌数多的人获胜。	1课时
	数学游戏 扑克游戏(三)	(1)游戏准备:点数为1—9的扑克牌36张和1张"10"。 (2)拿一张"10"放在桌面中间做主牌,并将剩余的牌分为两摞,正面朝下摆放好。两方同时各摸一张牌,牌面朝上。(如上图) (3)双方抢答,看到牌面上的数,用点数大的牌加10,变成十几,再减去较小的数。先答对者得到两张牌,答错不得牌,同时答对,则一人一张牌。 (4)最后牌数多的获胜。	1课时
一年级下册	数学游戏 大富翁	(1)游戏准备:棋盘,骰子,20道计算题。 (2)每人在棋盘上根据骰子上的数字前进,行进到印有"机会"字样的格子里要进行计算。 计算正确的加10分。 (3)其中一人行到终点则游戏结束,分别计算总分,总分高的获胜。	1课时
	数学游戏 棋乐无穷	(1)游戏准备:井字棋棋盘(纸质),红、蓝笔。 (2)两人对弈,一方红笔画"○",另一方蓝笔画"×"。 (3)首先使三个子连成一条直线(即三连子)的一方获胜。	1课时
	数学游戏 填数游戏	(1)游戏准备:九宫格图。 (2)两人一组,同时在9个格子里填写空缺的数字,使每一横行、竖列都没有重复的数字,并且和相等。 (3)率先在9个格子里正确填完空缺数字的同学获胜。	1课时

年级	课型与名称	内容	课时
二年级上册	数学游戏 小小竞拍员	(1)游戏准备:知道确切价格的书包、笔、铅笔盒、手机等物品。 (2)教师出示一个商品,学生报价根据教师说出的"多得多""多一些""少得多""少一些""差不多"等提示语修改报价。 (3)先猜到商品正确价格的同学为胜。	1课时
	数学游戏 5个王后	(1)游戏准备:1个围棋棋盘,5枚棋子。 (2)先在棋盘任意位置摆放5个棋子,作为"王后"。在规定时间内,2人对弈。每人每次可以向下、向左,或者沿对角线向左下方移动1枚棋子,移动步数自定。 (3)如果移动后,两个棋子位于同一个方格,则两者都会被取走。取走最后一个棋子的人获胜。	1课时
	数学阅读 长度单位大家族	(1)阅读数学绘本《长度单位大家族》。 (2)学生先自读,老师指导读,在阅读中学生了解中国古代使用的长度单位及测量工具。了解统一度量衡的必要性。 (3)在交流中发现这些古代的度量单位和我们现在度量单位也有着一定的关系。 (4)学生运用收集的资料简要介绍现在国际上通用的长度单位。	1课时
	数学阅读 人民币的故事	(1)阅读数学故事《以物换物》《秦始皇统一货币》《纸币的诞生》。 (2)在阅读中发现在过去不同地区使用不同货币,人们生活很不方便,体会统一货币的必要性。 (3)阅读《人民币的诞生》,介绍不同面额人民币反面的风景。介绍《人民币上的毛泽东头像》的故事。 (4)介绍《压岁钱的来历》及我们怎样使用压岁钱。	1课时
二年级下册	数学游戏 切蛋糕	(1)游戏准备:蛋糕图片纸,铅笔、直尺。 (2)在规定时间内让学生在"蛋糕"上画线,表示切蛋糕。 (3)用切得的块数减去切的刀数,得数为此学生的得分,得分最高的学生获胜。	1课时
	数学游戏 数数字100	(1)两人游戏,双方各说1到10中的任一个数,将这两个数相加的和作为第三个数。 (2)一方任意说一个数,并将这个数与第三个数相加,作为第四个数;另一方再任意说出一个数,并将这个数与第四个数相加,作为第五个数。 (3)以此类推,哪方先相加到100哪方获胜。	1课时
	数学阅读 交通世界	(1)阅读数学绘本《交通世界》。 (2)学生自读,然后指名读。在阅读中学生了解各种交通工具的发展历史。 (3)学生自主发现其中有关的数学信息,提出数学问题。 (4)出示视频指导学生阅读有关交通世界的拓展知识。	1课时

年级	课型与名称	内容	课时
	数学阅读 九宫格的秘密	(1)阅读《河图洛书》《大禹治水》,初步了解九宫格的来历。介绍中国古代著名数学家杨辉研究幻方的成就。 (2)在阅读中引导学生自己发现九宫格中数字排列的特点,发现九宫格的秘密。	1课时
三年级上册	起始课	(1)了解本学期国家课程教学内容和要求,以及整合安排。 (2)明确国家课程学习目标和了解自主学习习惯评价表的内容和方法。 (3)明确拓展课程的内容、意义和目标。 (4)明确拓展课程的评价内容和方法。	1课时
	数学游戏 算24点	(1)游戏准备:准备一副扑克牌,从中抽去大、小王,剩下52张。 (2)4人一组进行游戏,任意抽取4张牌,用加、减、乘、除(可加括号)把牌面上的数算成得数为24,方算赢。 (3)赢者把牌给输者,谁手里牌完全没了,算最终赢者。	1课时
	数学游戏 玩转数阵图	(1)游戏准备:不同关卡的空数阵图。 (2)4人一组进行闯关游戏。按要求把数字填入〇里,使每条线上的数之和相等。 (3)在每一关中,最短时间内完成且结果正确的同学就赢得此关胜利,记1分。闯过所有关卡,核算总分,总分最高者是最终赢者。	1课时
	数学阅读 古人测量有妙招	(1)阅读数学资料《古人测量方法》。 (2)学生自主阅读,在阅读中了解古人测量方法。 (3)分析比较古人和我们所采用的测量方法的异同和优缺点。	1课时
	数学阅读 我是小小旅行家	(1)自读数学绘本《小小旅行家》。 (2)在研讨中能提取有关乘车工具速度、景点路程长短等信息。 (3)引导学生运用书中的信息,研究解决生活中实际问题的方法。	1课时
	总结课	(1)对照开学初制定的目标进行总结。 (2)对照三年级自主学习习惯评价表进行评价。 (3)学生依据数学游戏、数学阅读课程评价内容进行评价。 (4)假期每人选2篇数学阅读材料自主阅读。	1课时

年级	课型与名称	内容	课时
三年级下册	起始课	(1)了解本学期国家课程教学内容和要求,以及整合安排。 (2)明确国家课程学习目标和了解自主学习习惯评价表的内容和方法。 (3)明确拓展课程的内容、意义和目标。 (4)明确拓展课程的评价内容和方法。	1课时
	数学游戏 开心玩数独	(1)游戏准备:九宫格数独卡片。 (2)2人或4人一组进行游戏,在数独卡片的空白格中填上1—9的数字,使得每行、列、宫里的数字都不重复。 (3)用时最短、结果正确的为赢。	1课时
	数学游戏 华容道	(1)游戏准备:三国华容道。 (2)2人或4人一组进行游戏,利用2个空平面移动,不许把棋子重叠,也不许跨过任何棋子。 (3)用最少的步数把曹操移到出口的同学获胜。	1课时
	数学阅读 城市之旅	(1)自主阅读数学绘本《城市之旅》。 (2)在老师的帮助下,提取有关的数学信息。 (3)能运用找到的数学信息解决生活中的实际问题。	1课时
	数学阅读 游乐园	(1)阅读数学绘本《游乐园》。 (2)自主阅读有关游乐园的资料。 (3)在老师的帮助下,提取有关周长的数学信息。 (4)在以后的学习中,学习运用周长的知识解决其他图形周长的问题。	1课时
	总结课	(1)对照开学初制定的目标进行总结。 (2)对照三年级自主学习习惯评价表进行评价。 (3)学生依据数学游戏、数学阅读课程评价内容进行评价。 (4)假期每人选2篇数学阅读材料自主阅读。	1课时
四年级上册	起始课	(1)了解本学期国家课程教学内容和要求,以及整合安排。 (2)明确国家课程学习目标和了解自主学习习惯评价表的内容和方法。 (3)明确拓展课程的内容、意义和目标。 (4)明确拓展课程的评价内容和方法。	1课时
	数学游戏 玩转魔方1 (二阶魔方)	(1)游戏准备:二阶魔方。 (2)复原二阶魔方。 (3)用时少的获胜。	1课时

续表

年级	课型与名称	内容	课时
	数学游戏 玩转魔方2 （三阶魔方）	(1)游戏准备：三阶魔方。 (2)指定任意颜色的一个面作为复原面，将此面复原。 (3)用时少的获胜。	1课时
	数学阅读 大数时代	(1)自主阅读数学日记《大数时代》。 (2)在阅读中独立提取数学信息。 (3)交流同学们搜集到的大数信息。 (4)学生能够用数学的眼光发现生活中的大数据，并能对数据进行分析。	1课时
	数学阅读 自然灾害	(1)自主阅读数学绘本《自然灾害》。 (2)学生独立阅读从中找到数学信息，并分析这些数据与信息。 (3)交流学生收集的相关资料，提出应对自然灾害的建议。	1课时
	总结课	(1)对照开学初制定的目标进行总结。 (2)对照四年级自主学习习惯评价表进行评价。 (3)学生依据数学游戏、数学阅读课程评价内容进行评价。 (4)假期每人选2篇数学阅读材料自主阅读。	1课时
四年级下册	起始课	(1)了解本学期国家课程教学内容和要求，以及整合安排。 (2)明确国家课程学习目标和了解自主学习习惯评价表的内容和方法。 (3)明确拓展课程的内容、意义和目标。 (4)明确拓展课程的评价内容和方法。	1课时
	数学游戏 玩纸魔方	(1)游戏准备：空白纸魔方。 (2)4人一小组开始游戏。规定时间内，在空白的纸魔方中，填上数字1—8。 (3)通过折叠，将4个相同数字折入一个田字格内积1分，积分最高的选手获胜。	1课时
	数学游戏 密铺游戏	(1)游戏准备：若干张正三角形、正方形、正五边形、正六边形、正八边形纸片。 (2)任意选取图形进行密铺。 (3)在规定时间内，最快密铺且用到的图形种类最多学生获胜。	1课时
	数学阅读 建筑物中的图形	(1)阅读数学绘本《建筑物中的图形》。 (2)学生独立阅读，发现三角形和半球形是最坚固的图形，并进行交流。 (3)运用数学眼光来寻找生活中相关的建筑。 (4)学生对建筑物中的图形能用数学思想做出合理的解释。	1课时

年级	课型与名称	内容	课时
	数学阅读 铺地锦	(1)阅读数学读本《铺地锦》。 (2)在独立阅读后,学生能正确提取数学信息。 (3)交流数学阅读中介绍的列表格求积方法。 (4)能够与现在的竖式计算进行比较,找到相通的数学算理。	1课时
	总结课	(1)对照开学初制定的目标进行总结。 (2)对照四年级自主学习习惯评价表进行评价。 (3)学生依据数学游戏、数学阅读课程评价内容进行评价。 (4)假期每人选2篇数学阅读材料自主阅读。	1课时
五年级上册	起始课	(1)了解本学期国家课程教学内容和要求,以及整合安排。 (2)明确国家课程学习目标和了解自主学习习惯评价表的内容和方法。 (3)明确拓展课程的内容、意义和目标。 (4)明确拓展课程的评价内容和方法。	1课时
	数学游戏 质数拍拍手	(1)八人一小组开始游戏,大家轮流依次报数(1—100),当报到质数时拍手表示,没拍手的学生淘汰出局,游戏继续进行。 (2)报到数字100时,还未被淘汰出局的同学获胜。	1课时
	数学游戏 明7暗7	(1)八人一小组开始游戏,大家轮流依次报数(1—100)。 (2)当报到7、17、27……时,要说"过",当报到7的倍数:14、21、28……时要说这个数的下一个数,也就是15、22、29……出错的学生淘汰出局,游戏继续。 (3)报到数字100时,还未被淘汰出局的同学获胜。	1课时
	数学阅读 神奇的数字黑洞	(1)阅读数学故事《神奇的数字黑洞》。 (2)学生在规定时间内读完,在小组交流理解数学黑洞及其意义。 (3)理解什么是循环小数,循环小数的分类以及比较循环小数大小。 (4)掌握比较多位数小数的方法。	1课时
	数学阅读 小小航海家	(1)阅读数学故事《小小航海家》,要求有一定速度。 (2)独立了解中国古代伟大的航海家——郑和的事迹,并理解他是如何在没有地图的情况下完成多次海上探险的。 (3)学生在小组交流中发现了可以借助数学知识探索航海家秘密,也就是把当前的时间除以2,把所得的商数对准太阳。 (4)学会巧用表盘定方位。	1课时

年级	课型与名称	内容	课时
五年级下册	总结课	(1)对照开学初制定的目标进行总结。 (2)对照五年级自主学习习惯评价表进行评价。 (3)学生依据数学游戏、数学阅读课程评价内容进行评价。 (4)假期每人选2篇数学阅读材料自主阅读。	1课时
	起始课	(1)了解本学期国家课程教学内容和要求,以及整合安排。 (2)明确国家课程学习目标和了解自主学习习惯评价表的内容和方法。 (3)明确拓展课程的内容、意义和目标。 (4)明确拓展课程的评价内容和方法。	1课时
	数学游戏 做自制纸牌游戏	(1)游戏准备:扑克牌大小的纸片若干张。在纸片的正面和反面写上常用的分数和对应的小数,如:二分之一和0.5、四分之一和0.25。 (2)二人游戏,一人任意抽取一张纸牌,另一人看到数字迅速说出与它大小相等的另一个数字。 (3)说对者胜出,说错者被淘汰。	1课时
	数学游戏 搭纸牌游戏	(1)游戏准备:一副扑克牌。 (2)4人一组合作完成,在规定时间内,将扑克牌想办法搭高。 (3)搭的最高的小组获胜。	1课时
	数学阅读 犯罪现场调查	(1)阅读数学绘本《犯罪现场调查》。 (2)在规定时间内,阅读了解犯罪现场调查的三要素,并能够通过一些图表发现信息。 (3)学生通过小组交流,全班讨论,共同研究了时间、血型、指纹的相关拓展内容,并可以根据图表进行简单的分析。 (4)学生通过阅读学会通过看懂统计图表,根据所给数据,发现数学问题,分析问题和解决问题。	1课时
	数学阅读 四巧板与巧算面积	(1)阅读数学故事《四巧板与巧算面积》。 (2)在规定的时间内独立阅读,能提取相关信息。了解什么是四巧板、完美正方形、完美长方形及其特点。 (3)在小组讨论中掌握巧算面积的方法。	1课时
	总结课	(1)对照开学初制定的目标进行总结。 (2)对照五年级自主学习习惯评价表进行评价。 (3)学生依据数学游戏、数学阅读课程评价内容进行评价。 (4)假期每人选2篇数学阅读材料自主阅读。	1课时

五、课程评价

评价的根本目的是为了促进学生数学素养的提高,改进课程设计,提高教学的针对性、有效性。课程的评价应准确、真实地反映学生的学习水平和学习状况,全面落实课程目标。

(一)坚持评价内容的全面性

国家课程校本化评价除了认真落实上级每学期期末学习水平检测以外,学校还关注学生自主发展学习习惯的培养,制定了一至六年级自主学习习惯评价表(见我校一至六年级自主学习习惯评价手册)。

学校还对数学两类拓展课程制定了相应的评价表(评价表附后)。

(二)坚持评价形式的多样化

采用教师口头评价、书面表扬、视频展播、资料编写、记录数学日记、绘制知识树等形式进行评价。

(三)坚持评价主体的多元化

重视评价的主体由教师、学生、家长相结合。

数学学科拓展课程评价

(1)"数学游戏" 评价表:

年级	评价目标	评价标准	评价等级		
一、二年级	会玩游戏	能在老师的指导下看懂游戏规则,在小组内指导其他同学做游戏。	非常好 涂3个☺	☺	☺ ☺
		通过同学的讲解或者视频的演示清楚游戏规则。	一般 涂2个☺		
		只能在同学的指导下完成游戏。	再努力 涂1个☺		
	积极参与	能主动参与到整个游戏中,在游戏中主动表达自己的想法。	非常好 涂1个☺	☺	☺ ☺
		能按要求参加游戏。	一般 涂2个☺		
		能在同学的要求下参加游戏。	再努力 涂1个☺		
三至五年级	会玩游戏	能独立看懂游戏规则,在小组内指导其他同学做游戏。	非常好 涂3个☺	☺	☺ ☺
		通过同学的讲解或者视频的演示清楚游戏规则。	一般 涂2个☺		
		只能在同学的指导下完成游戏。	再努力 涂1个☺		
	积极参与	能主动参与到整个游戏中,在游戏中主动表达自己的想法。	非常好 涂3个☺	☺	☺ ☺
		能按要求参加游戏,但没有自己的思考与生成。	一般 涂2个☺		
		只能在同学的提醒帮助下完成游戏的步骤。	再努力 涂1个☺		

年级	评价目标	评价标准	评价等级	
	善于反思	能自觉反思游戏的成功与失败,思考游戏中蕴含的数学道理,并记录心得。	非常好 涂 3 个 ☺	☺ ☺ ☺
		能根据教师的提问思考游戏所蕴含的数学道理,并记录心得。	一般 涂 2 个 ☺	
		能根据教师的提问思考游戏所蕴含的一些数学道理。	再努力 涂 1 个 ☺	

拓展课程评价说明:

一、二年级

(1)根据学生理解游戏情况进行评价,分为"非常好""一般""再努力"三个等级。根据学生参与情况进行评价,分为"非常好""一般""再努力"三个等级。

(2)在起始课上每个学生发一张评价表,使学生明确游戏评价标准。每节课进行总结评价,并记录在评价表上;在期末的总结课上根据评价表进行总结。

三至五年级

(1)根据学生理解游戏情况进行评价,分为"非常好""一般""再努力"三个等级。根据学生参与情况进行评价,分为"非常好""一般""再努力"三个等级。根据学生反思情况进行评价,分为"非常好""一般""再努力"三个等级。

(2)在起始课上每个学生发一张评价表,使学生明确游戏评价标准。每节课进行总结评价,并记录在评价表上;在期末的总结课上根据评价表进行总结。

(2)"数学阅读"评价表:

年级	评价目标	评价标准	评价等级	
二、三年级	喜欢阅读	喜欢阅读,能主动阅读本年级共享的全部阅读材料。在数学阅读课上积极主动参与。	非常好 涂 3 个 ☺	☺ ☺ ☺
		能主动阅读本年级共享的部分阅读材料,在数学阅读课上做到认真听讲。	一般 涂 2 个 ☺	
		在老师的引导下能完成本年级指定阅读内容。	再努力 涂 1 个 ☺	
	阅读理解	能独立看懂阅读内容,主动提出数学问题,并能独立解决。	非常好 涂 3 个 ☺	☺ ☺ ☺
		能通过老师的引导理解阅读内容,能提出阅读材料中的一些数学问题。	一般 涂 2 个 ☺	
		能在老师的帮助下,理解阅读内容。	再努力 涂 1 个 ☺	

年级	评价目标	评价标准	评价等级	
四、五年级	喜欢阅读	能完成本年级指定阅读内容,主动查找相关资料。并自选阅读2个以上数学阅读材料。	非常好 涂3个☺	
		能完成本年级指定阅读内容,主动查找资料。并自选阅读1—2个数学阅读材料。	一般 涂2个☺	☺ ☺ ☺
		能完成本年级指定阅读内容。	再努力 涂1个☺	
	阅读理解	能独立看懂阅读内容,较准确地提出数学问题,并能独立解决。	非常好 涂3个☺	
		能通过老师的讲解看懂阅读内容,能初步找出阅读中的数学问题。	一般 涂2个☺	☺ ☺ ☺
		能在老师帮助下,初步理解阅读内容。	再努力 涂1个☺	

拓展课程评价说明:

1.根据学生喜欢阅读情况进行评价,分为"非常好""一般""再努力"三个等级。根据学生阅读理解能力进行评价,分为"非常好""一般""再努力"三个等级。

2.在起始课上每个学生发一张评价表,使学生明确游戏评价标准。每节课进行总结评价,并记录在评价表上;在期末的总结课上根据评价表进行总结。

"数学综合"拓展课程一:《数学阅读》课例

刘金钰

学科	数学	年级	三年级	执教人	刘金钰
课题	游乐园				

拓展内容分析:

　　《数学阅读》是学校"数学综合"课程中的拓展课,《游乐园》是三年级上册《数学阅读》中的一课内容。本节课通过学生自主阅读数学绘本《游乐园》,了解有关游乐园的知识,体验游乐园知识与数学学习的密切联系。并在老师的帮助下提取有关周长的数学信息,探索计算正多边形、不规则图形及拆分、组合图形周长的计算方法,使学生学会知识迁移。利用周长的知识解决生活中的实际问题,同时也是对国家教材中周长内容的补充和拓展。

学情分析:

　　很多学生都去游乐园玩过,他们对游乐园比较熟悉,已经了解一些游乐园的知识,比如一些游乐园的名字(如迪士尼乐园、欢乐谷、方特欢乐世界等)、游乐园里的游乐设施(如过山车、摩天轮、旋转木马等),大部分学生还玩过一些游乐设施。这些有助于本节课的自主阅读。这次数学阅读课在学生学习第五单元《周长》之后,已经掌握了周长的一些知识,知道了什么是周长,总结出长方形、正方形周长的计算方法。但学生对所学的周长知识,还不能主动地与生活实际相联系,在本次阅读活动中,不仅要拓展学生对游乐园的认识,而且还可以感受到用课堂中学习的周长知识,能解决很多生活中的问题。

教学或活动目标:

　　1.通过独立阅读有关游乐园的绘本,理解绘本内容和结构,提高阅读能力。

　　2.在老师的帮助下,从绘本中提取有关周长的数学信息,探究计算正多边形、不规则图形及拆分、组合图形周长的计算方法,提高学生解决问题的能力。

　　3.在阅读过程中,培养学生数据分析意识、发散思维、分析问题的能力、逻辑推理能力及数学建模思想等素养。

　　4.结合游乐园发展的历史,让学生知道虽然我国游乐园建设较晚,但目前我国的游乐事业发展很快,今后会有更多游乐园供大家游玩,提高民族自豪感。

教学或活动重、难点:

　　1.从阅读材料中,了解游乐园的兴起及游乐园的相关设施。

　　2.在老师的帮助下,提取有关周长的数学信息,探究计算正多边形、不规则图形及拆分、组合图形周长的计算方法,体验算法多样化,提高学生解决问题的能力。

教学或活动模式:

　　创设情境——协商定标——初读理解——再读感悟——总结延伸

教学或活动准备:课件、世界地图

教学或活动过程	意图(学科素养体现)
一、创设情境 　师:今天我们来上一节数学阅读课。你们看!(指着黑板上在课前画好的过山车、摩天轮等游乐设施的简笔画和课件)这是什么地方?  　生:游乐园! 　师:对,就是游乐园。(课件出示题目)喜欢到游乐园去玩吗? 　生:喜欢。 　师:这节课我们要阅读《游乐园》这本绘本,一起去畅游游乐园。(板书课题) 二、协商定标 (课件出示绘本封面)  　师:今天我们要读的这本绘本图文并茂,先看看封面,你觉得这本绘本讲的是什么? 　生:讲的是游乐园。 　师:在这次阅读活动中,你想知道哪些有关游乐园的内容呢? 　生1:我想知道游乐园是什么时候建成的。 　生2:我想了解游乐园最早是哪个国家建造的。 　生3:我想了解游乐园是怎么发展的。 　…… 　师:同学们想了解的内容可真不少! 我们除了要了解这些外,还要在阅读中准确地提取数学信息,探究不规则图形周长的计算方法。(课件出示目标)自己小声读一读,本次活动我们要达成的目标吧。 　1.通过独立阅读有关游乐园的绘本,理解绘本内容和结构,提高阅读能力。	通过游乐设施的简笔画和课件,激发学生积极的学习态度和浓厚的学习兴趣,让学生乐于参与阅读活动。 　通过协商,让学生了解本次阅读活动的目的,激发学生参与阅读活动的兴趣,使学生感受到数学与日常生活的密切联系。

教学或活动过程	意图(学科素养体现)
2.在老师的帮助下,从绘本中提取有关周长的数学信息,提高解决问题的能力。 　三、初读理解 　师:我们已经上过数学阅读课了,你们能说说数学阅读课的要求是什么吗? 　生1:我们要知道讲了什么内容。 　生2:要知道讲了几部分内容。 　生3:要把不懂的词语圈出来。 　生4:要找出数学信息。 　师:同学们记得真清楚,在阅读活动中,我们就是要了解下面这些内容,自己小声读一读吧。(课件出示问题) 　1.这本书主要讲了什么内容? 　2.分哪几部分? 　3.哪些词不明白,用笔圈一圈,画一画。 　4.能找到哪些数学信息? 　师:下面我们带着这些问题自主阅读这本书。 　学生自主阅读整本书(10分钟左右) 　师:读完了吗? 谁能按照刚才的阅读要求来说一说?(可以互相补充) 　生1:绘本说的是游乐园的事。 　生2:绘本说了最早的游乐园。 　生3:还说了过山车、骑乘设施。 　…… 　师:同学们阅读得很认真,这本书一共讲了四个方面的内容(课件出示):第一部分是游乐园的总体介绍;第二部分介绍了过山车;第三部分讲的是骑乘设施;第四部分讲了游乐园的规划。从每一部分中,你又读到了什么呢?我们一起再来读一读。 　四、再读感悟 　(一)游乐园的总体介绍 　师:我们来看第一部分,(课件出示三幅图)通过阅读,你知道了什么? 能简单介绍一下吗? 	通过协商,让学生自主回忆进行阅读的要求,带着问题进行新的阅读活动,激发学生参与阅读的积极性。 　通过初步阅读,让学生了解《游乐园》这本书讲了哪几部分的内容,提高阅读能力。

教学或活动过程	意图(学科素养体现)
生:这部分讲了最早的游乐园、游乐园的游乐设施和历史最悠久的游乐园。 师:有什么不明白的地方吗? 生:16世纪是什么时候呀? 师:谁知道"世纪"是什么意思,能给大家讲一讲吗? 生:我知道1世纪是100年。 师:你知道得真多!1世纪确实是100年,16世纪就是从1501年至1600年,今年是2021年,快算算,距离我们现在大约有多少年? 生:按1501年算,就是520年;按1600年算,就是421年。 师:算得又快又准,16世纪距离现在有四五百年之久呢!你看!那么早的时候就有游乐园了,看来游乐园是人们非常喜欢的地方。 师:还有不明白的吗? 生:欧洲在哪呀? 师:谁知道,能给大家介绍一下吗? 出示世界地图,生:(边指边介绍)欧洲位于东半球的西北部,像我们熟悉的英国、法国、俄罗斯等都在欧洲。 师:历史最悠久的游乐园在哪? 生:丹麦 出示世界地图,师:看,丹麦在这儿!它就是欧洲的一个国家。我们都读过《卖火柴的小女孩》《丑小鸭》《拇指姑娘》《小人鱼》等童话故事吧!这些故事的作者就是丹麦作家安徒生。丹麦不仅有历史悠久的游乐园,有世界著名的童话作家,丹麦国旗还是世界上第一面国旗。	通过帮助学生梳理阅读内容、理解不懂的词,更好地帮助学生理解阅读的内容。 结合世界地图和学生熟悉的童话故事,帮助学生了解丹麦这个国家。

教学或活动过程	意图(学科素养体现)
师:游乐园以各种游乐设施吸引着人们前去游玩,摩天轮就是其中之一。第一个摩天轮是哪一年在哪个国家建成的? 　　生:1893年在美国芝加哥建成的。 　　师:减一减,算一算,距今多少年了? 　　生:用2021减去1893,是128年。 　　师:通过阅读,我们了解到游乐园是在四五百年之前、在欧洲发展起来的,美国在128年前就建成了第一个摩天轮。 　　(二)过山车 　　师:在游乐园里,过山车是大家最喜欢的游乐设施之一。(课件出示图片),我们一起来看一看它的发展。   	

教学或活动过程	意图(学科素养体现)
师:通过阅读,你知道了什么? 简单说一说。 生:我知道了美国最早的过山车、第一代过山车和如何建造过山车。 师:美国最早的过山车建于哪一年? 生:1884年 师:到今年经过了多少年? 生:用2021减去1884,是137。 师:还有哪些不懂的地方? 生:在读第一代过山车时,我找到了三个词"颠倒翻转""急速下降"和"快速转弯"。 师:谁能讲讲这三个词的意思? 生:我可以加上动作讲,"颠倒翻转"就是上下、左右变换位置,"急速下降"是飞快地往下冲,"快速转弯"就是特别快地拐弯。 师:请大家和他一起,做一做动作吧。 学生做动作。 生:过山车可以环绕游乐园四周而建,"环绕"是什么意思? 可以凌驾于其他游乐设施或景点之上而建,"凌驾"是怎样建的? 生:我结合图来讲一讲,(边指着图边用手势比画)"环绕"就是绕了一圈,"凌驾"是架在其他游乐设施之上,比其他游乐设施高。 师:快学着他的样子,用手势比划比划。 学生用手势比划。 师:看来,有时候结合图和手势动作,可以帮助我们理解一些词语的意思。 师:为了安全起见,大部分的过山车四周都有安全护栏。这是四家游乐园过山车四周的护栏,它们的周长一样长吗? 你们可以从这里提取信息吗? 怎样提取的?	通过阅读,让学生了解最早的过山车、第一代过山车、过山车如何建造等内容。 引导学生通过做动作,理解一些词语的意思。 帮助学生总结提取信息的方法,培养学生提取信息的能力。

教学或活动过程	意图（学科素养体现）
 生1：题目中说的周长，我就找到图形的周长，想办法进行比较。 　师：看来，我们可以通过找到题目中的关键词来提取数学信息。 　生边演示边汇报：我用平移的方法，把第2个、第3个、第4个护栏的边平移，就会变成和图1一样的长方形，所以它们的周长一样长。 　师：看来，平移是比较图形周长的好办法。 　(三)儿童骑乘设施 　师：第三部分是儿童骑乘设施，什么是"骑乘设施"呢？ 　生：我举例子说一说吧，比如旋转木马是骑着木马玩的；卡丁车、秋千椅是乘坐的，这些就是骑乘设施。  	比较四个过山车护栏周长长短时，将四个图形直观呈现给学生，构建数学问题的直观模型，引导学生探索出用平移的方法解决问题的思路，培养学生直观想象经验。 　通过汇报，让学生了解什么是骑乘设施及其相关的内容。

教学或活动过程	意图(学科素养体现)
 人们坐在飞速旋转的秋千椅中 师:他是怎样理解"骑乘设施"的?对,他用了举例子的方法,这也是一种理解词的好方法。 师:一家游乐园有多处儿童骑乘设施,每一处都用护栏围住,(课件出示图)这次你是怎样提取信息的? 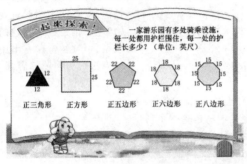 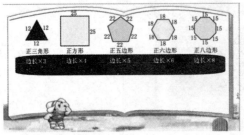 生1:我先找到每个图形上标出的数字,发现每个图形中每条边的长度都相等,比如三角形,3条边的长度都是12英尺;正方形4条边的长度都是25英尺;图3有5条边,长度都是22英尺;图4有6条边,长度都是18英尺;图5有8条边,长度都是15英尺。 生2:你说的我也发现了,我还发现除了图1三角形和图2正方形以外,有几条边就是几边形。你们看!有5条边的就是五边形;有6条边的就是六边形,有8条边的就是八边形。	 在提取信息的过程中,引导学生观察发现正多边形边的特点,即所有边都一样长,继而从正方形周长的计算方法迁移到正多边形周长的计算方法,帮助学生理解数学知识之间的联系,建构知识框架,培养学生的逻辑推理能力。 帮助学生总结提取信息的方法,提高学生提取信息的能力。

教学或活动过程	意图(学科素养体现)
生3:那是不是有10条边就是十边形,有12条边就是十二边形啦! 师:同学们真聪明!你们不但能从图中提取数学信息,还会举一反三了。像这样,每条边都相等的图形是正多边形。你能说出它们的名字,算出它们的周长吗? 生3:我知道!是正三角形、正方形、正五边形、正六边形、正八边形。用边长乘边数就能算出周长了。 师小结:看来,我们找到图中所给的数字,就能提取到我们需要的数学信息;另外,通过观察,我们还能提取一些隐含的数学信息,比如正八边形有8条边,题目中没有直接写出来,而是通过观察发现的。所以仔细观察,也能帮助我们提取有关的信息。 师:提取信息时,你有什么发现吗? 生:英尺是什么? 师介绍"英尺":是以英国和美国为主的少数欧美国家使用的英美制长度单位,1英尺约为30.48厘米。(课件出示尺子图,标出1英尺的长度) (四)游乐园的规划 师:今天的阅读活动,我们了解了很多有关游乐园的内容,所有的游乐园以及里面设施的建造都要精心地规划,才能吸引人们前来。  师:陈和娜塔莎正筹备校园嘉年华活动,下面是活动中各个区域的布局图。图中每个小正方形的边长为5码。(课件出示图画)你会计算每个区域的周长吗?	活动中学生遇到了英美制长度单位"英尺",通过协商,引导学生在实际情境中自主发现这个单位,并提出"英尺是什么?"这样的问题,提高学生自主学习的能力。通过"英尺"和"厘米"两个长度的换算,让学生了解"英尺"的具体长度。

教学或活动过程	意图(学科素养体现)
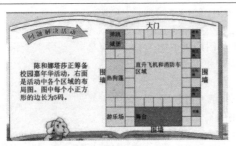  师:从题目中你又有什么发现吗? 生:"码"是什么? 师介绍"码":以英国和美国为主的少数欧美国家使用的英美制长度单位,1码约为91.44厘米。(课件出示尺子图,标出1码的长度)	活动中学生遇到了英美制长度单位"码",通过协商,引导学生在实际情境中自主发现这个单位,并提出"码是什么?"这样的问题,提高学生自主学习能力。同时,通过"码"和"厘米"两个长度的换算,让学生了解"码"的具体长度。
请你以码为单位,算一算其中一个区域的周长,同位互相说一说。 学生自主选择其中一个区域的周长进行交流,同位互相评价。 师:一起来探索!直升机和消防车区域要分成两个区域,周长有什么变化?把糕点摊和饮料摊合并成一个区域,周长有什么变化?你能快速地说一说想法吗? 生1:直升机和消防车区域分成两个区域,长没有变,宽变成了原来的一半。 生2:把糕点摊和饮料摊合并,就变成了一个长方形,长是原来的2倍,宽不变。 师:看来,周长的知识在我们的生活中应用得非常广泛,应用周长的知识,可以解决生活中的实际问题。 五、总结延伸 师:你喜欢这次阅读活动吗?有哪些收获?	探索拆分、组合图形的周长时,帮助学生构建数学问题的直观模型,探索解决问题的思路,培养学生直观想象能力。

教学或活动过程	意图(学科素养体现)
生1:我知道这本绘本讲了四部分,分别是游乐园的总体介绍、过山车、骑乘设施和游乐园的规划。 　生2:我学会怎样进行数学阅读了,先看讲了一件什么事,再看看有哪几部分,然后理解不懂的词语,最后从绘本中提取数学信息。 　生3:我知道题目和图中给出的数字就是数学信息,还可以通过观察从图中找到一些隐含的信息。 　生4:我知道了可以用周长的知识解决生活中的问题。 　…… 　师:看来同学们的收获有很多,通过今天的数学阅读,我们了解了游乐园发展的历史,虽然我国游乐园建设较晚,但目前我国的游乐事业发展很快,今后会有更多游乐园供大家游玩。我们的国家经历了从站起来到富起来,再到强起来的历史性飞跃,作为一个中国人,我们应该感到骄傲,感到自豪! 在今天的阅读中,我们还运用周长的知识解决了一些游乐园中的数学问题,课下同学们也可以学着运用周长的知识解决生活中的一些实际问题。像《游乐园》这样的阅读绘本还有很多,同学们课下可以自己到书店去看一看,读一读。	

教学或活动反思:

　1.激发阅读兴趣。选取贴近学生生活实际的绘本,以游乐设施简笔画和课件引入,极大地调动了学生阅读的主动性,激发了他们的阅读兴趣,积极参与到阅读活动之中。

　2.注重协商,自主阅读。师生协商,共同制定学习目标;初步阅读时,通过协商,让学生带着问题边阅读边圈画不懂的词句;阅读感悟时,协商引导学生自主想办法去解释不懂的词句;提取信息时,协商后让学生自主选择合适的方法提取信息解决问题……在协商中,学生在老师的引导和帮助下,掌握了阅读和提取信息的方法,阅读能力、理解能力、提取信息的能力、解决问题的能力都得到了提高。

　3.重视思政教育。本次阅读活动结合游乐园发展的历史,让学生知道虽然我国游乐园建设较晚,但目前我国的游乐事业发展很快,今后会有更多游乐园供大家游玩,提高民族自豪感。

　本课不足之处:由于时间有限,绘本中还有一些内容没有进行阅读,应该让学生把所有的内容读完,对游乐园有一个更全面更深入的了解。

"数学综合"拓展课程二:《数学游戏》课例

范彤彤

学科	数学	年级	一年级	执教人	范彤彤
课题			"棋"乐无穷		

拓展内容分析:
　　《数学游戏》是学校"数学综合"课程中的拓展课,《"棋"乐无穷》是一年级下册《数学游戏》中的一课内容。在一年级上册中,学生接触的棋类游戏——天天飞棋,初步了解下棋的基本要求。本节课让学生进行"井字棋"的游戏,在游戏中了解井字棋的来源、规则。在多次对弈中逐步掌握游戏技巧,形成初步的逻辑推理能力。

学情分析:
　　一年级的学生具有简单的逻辑思维能力,能学着有条理地表达自己的想法。而且他们有初步的规则意识,能够按照游戏规则与同伴比赛。一年级学生喜欢游戏比赛,所以对下棋很感兴趣。"井字棋"这种游戏比较简单,很容易理解与操作。班中也存在少数同学接触过"井字棋"这种游戏,他们会分享更多的经验带动其他同学进一步思考。

教学或活动目标:
　　1.了解井字棋的历史,认识井字棋的规则,能和同伴共同玩井字棋。
　　2.经历猜测、尝试、调整的推理过程,体验推理的乐趣。
　　3.在游戏中培养学生良好的规则意识。引导学生要胜不骄傲,败不气馁,在失败中向其他同学学习,总结教训。

教学或活动重、难点:
　　1.了解井字棋的历史,认识井字棋的规则。
　　2.理解井字棋的游戏技巧。
　　3.从游戏活动中锻炼初步的逻辑推理能力。

教学或活动模式:
　　创设情境——协商定标——游戏体验——总结延伸

教学或活动准备:学习单、红笔、蓝笔

教学或活动过程	意图(学科素养体现)
一、创设情境 　　师:同学们,今天的数学游戏课,我们一起来玩"棋"乐无穷这个游戏。看到这个名字,你想到了什么? 　　生1:我会想到象棋。 　　生2:我想到了围棋和五子棋。 　　生3:我觉得今天的游戏会和棋类有关。	引出课题,明确学习内容,激发学生学习兴趣。

教学或活动过程	意图(学科素养体现)
二、协商定标 师:正如大家所想的,今天我们要玩一种棋——井字棋(贴板书)。关于井字棋你想了解它的哪些方面呢? 生1:井字棋是什么样子的? 师:也就是井字棋的形式。(贴板书:形式) 生2:我想知道关于井字棋怎么玩? 师:也就是井字棋的规则。(贴板书:规则) 生3:我想知道为什么会有井字棋? 师:也就是井字棋的历史。(贴板书:历史) 生4:我想了解如何获胜? 师:也就是井字棋的技巧。(贴板书:技巧) 师:游戏就有输赢。老师希望同学们能在失败后向他人学习,总结教训;获胜后不骄傲,不断进步。(指板书)这就是我们的学习目标,一起读一读。 生齐读。 三、游戏体验 (一)了解来源 师:让我们先来了解井字棋的形式吧!(播放课件) PPT出示下图: 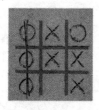 师:观察棋盘,谁来说说,为什么叫井字棋? 生:因为棋盘上有两条横线和两条竖线,形成"井"字,所以叫井字棋。 师:是这样吗? 同学们,我们一起来写一写"井"字。 (学生用手指写"井"字。) 师:棋盘确实像个"井"字。那么井字棋是怎么来的呢? 让我们一起来看一看吧。(播放视频) 视频出示:井字棋是古埃及人发明的一种适合两个人对垒的游戏。也是人类历史上最早使用纸和笔来玩的游戏。因为这款游戏简便、有趣,深受世界各国人们的喜爱,1952年,这个游戏还被设计成了一款电子游戏,成为已知的第一款电子游戏。 师:通过看视频,你知道了什么? 生1:我知道了埃及人发明了井字棋。 生2:我知道这是两个人的游戏。	明确本节课的学习目的,激发学生学习的主动性。 引导学生形成规则意识和积极的胜负观。

教学或活动过程	意图(学科素养体现)
师:没错,井字棋就是埃及人发明,后来不断演进的双人游戏。 (二)理解规则 师:好啦,了解了井字棋的来源,那井字棋又有怎样的规则呢? (课件出示规则) (1)游戏准备:井字棋棋盘(纸质)、红、蓝笔。 (2)两人对弈,一方红笔画"×",另一方蓝笔画"○"。画"×"的一方先走。由石头、剪子、布决定谁先走。 (3)首先使三个子连成一条直线(即三连子)的一方获胜。 师:大家都知道规则了吗? 记一记。 (课件出示范例) 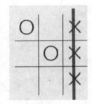  师:同学们,看看谁赢了? 你怎么看出来的? 生1:第一个×赢了,因为×竖着形成了三连子;第二个也是×赢了,它横着形成了三连子。 生2:最后一个○赢了,因为○斜着形成了三连子。 师:同学们,只要能首先形成三连子就获胜了。 师:在游戏之前,我们一起看看这两个同学是怎么游戏的。(播放学生下棋的录像。录像显示,生1用×,先走。生2用○,后走。双方每次落一子,最后生2先形成了三连子,获胜。) (三)体会规则 师:了解了这么多井字棋的知识,你想不想自己动手试一试呢? 请拿出课前准备好的红笔和蓝笔我们先和同桌试着玩三局,熟悉一下规则。在游戏的过程中看看有没有什么问题。 (学生2人一组游戏,教师巡视,发现:有的组对规则理解得很快,并且能有意识地考虑对方的意图,考虑后面好几步。而有的组没有进行思考,盲目地走,盲目地堵,甚至不知输赢。于是录制视频,用来后面与同学分享交流。)	通过视频,以耳目一新的形式使学生了解了井字棋的来源。 以图的形式,直观展示出获胜的条件,打破了学生对赢的形式固有认识,即横着或者竖着连成三连子就是赢,忽略了斜着形成三连子也可以。这也使学生思维更加严谨。

教学或活动过程	意图(学科素养体现)
(四)分享经验 师:同学们,经过实际操作,有几个组出现了问题,我们来请他们说一说。 生1:我不明白我和我同桌都形成三连子了,但是到底谁获胜了? 不可能都获胜了吧? 师:我们一起看看他们的下棋过程(播放视频)。 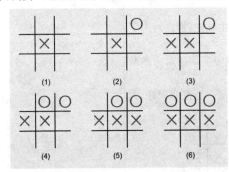 师:大家觉得谁赢了呢? 生:生1赢了,因为是他首先形成的三连子。 师:也就是说谁首先形成三连子才算赢。 师:我们再来看看另外一组的下棋视频。根据他们下棋的过程,谈一谈你的感受。(视频内容如下图) 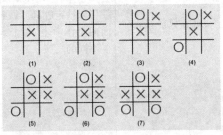 生2:我看到画"×"的同学第一步是走在中间的。 师:你认为第一步走中间好不好? 生2:我觉得好。 师:其他同学觉得呢? 生3:我也认为第一步应该走中间。因为走中间的话实际上就会在横、竖、斜共4条线上都占上一子。 师:我们发现把棋子画在中间,相当于在横、竖、斜多个方向上都占有一子。所以我们无论观察自己还是对方,都要尽量多个方向的考虑。(板书:多个方向考虑)可是,经过计算机测算,井字棋的第一步最好下在角里,这是为什么呢? 我们先把这个问题存进问题银行,课下大家在玩的过程中思考一下。	 学生共同研究棋局,可以让学生提高逻辑推理能力。 老师引导学生思考第一步走哪里,使学生体会做事情要想一举多得,就要多方面地考虑。

续表

教学或活动过程	意图(学科素养体现)
生4:我觉得如果对方有两个连子,就要堵在第三颗子的位置上。(如上图中的第4步) 生5:我也发现了,因为如果不堵住对方,那么对方下一步就能形成三连子,咱们就输了。 师:我们要注意防止对方取胜,就要先堵住对方的两连子。(板书:堵住对方的两连子) 师:同学们,这个○走完之后,×走的一步棋非常好,大家看。 师:你们有什么发现? 生6:我发现下面×一定会获胜。因为(边说边指)○走左面一条线的中间,×就走右下角。反之,○走右下角,×就走左面一条线的中间,总之都是×获胜。 师:也就是说,×形成了两处两连子,对方只能堵住一处。所以,×必胜。 师:按照这种思路,大家想想这盘棋,如果该你下,把×画在哪对你最有利呢?(学生2人一组,在学习单上尝试几局) 师:同学们,谁到前面来说说你想怎么走? 生7:将×先走左下角那里,使得与他对弈的同学无论走哪,他都可以获胜。	在全班讨论之前,让学生动手实践几局,再使制造两处两连子的同学到讲台前展示自己的思考过程,这样同学们才会真正体验到形成两处双连子就可以锁定胜局。做到了课堂面向全体学生,每个人都得到了不同的发展。

教学或活动过程	意图(学科素养体现)
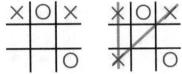 师:为什么生将×走在左下角? 生8:因为他制造了2处两连子。所以不论当○堵在第一竖列的中间还是棋盘的中间,只要下一步×走在这两条直线的另一处上就可以获胜了。 师:同学觉得呢? 生9:我们只要多创造两连子就可以提高获胜的概率。 师:分析得好! 我来记下你的话。(板书:多创造两连子) (五)评出胜者 师:相信在我们尝试、讨论、总结以后,你们的水平都有所提高了,我们来进行一次全班的比拼。比拼分为两个环节。(PPT出示比赛规则) 比赛规则: 1.同桌两人为一组玩3局,三局两胜选出组内的获胜者。 2.请前后两个组的获胜者为一组比赛,刚才两个组的暂时落后者为裁判。再玩3局,三局两胜。 3.最后的获胜者是本节课的"游戏之星"。 (学生分组活动,最后比出"游戏之星") 师:同学们,你们玩得开心吗? 生:开心! 四、总结延伸 师:你们玩得这样高兴,愿不愿意把你的感受或取胜的经验和大家分享一下呢? 生1:我认为要从横、竖、斜三个方向上考虑问题,尽量多制造两连子。 生2:我知道了要先确认对方是不是有两连子,如果有要堵住对方两连子。 生3:我知道如果可以创造出多处两连子对方一定就输了。 生4:我觉得井字棋特别好玩,大家下课也可以玩。 生5:我发现如果两个人都认真在玩,很可能会平局…… 生6:我们要下一步,想三步。 师:同学们说得真好! 除了你们说的,老师还发现同学们在游戏中都做到了遵守规则,而且取得胜利的同学没有骄傲,暂时失败的同学也没有灰心,反而在积极总结经验。你们真棒! 其实,还有一种棋与我们今天玩的井字棋很类似,就是我们中国人发明的五子棋。五子棋比井字棋要复杂,但也能让我们更聪明。下节课我们就来玩这个游戏。	学生体会无论做什么事情,都要提前想好后面产生的影响,做好计划。 提出中国的五子棋,激发学生继续学习的主动性。

教学或活动反思：

本节课的成功之处：

1.注重激发学生学习的主动性。"井字棋"作为一种比赛类的游戏,对于一年级学生很有吸引力,能促进学生主动学习。采用师生共同协商制定学习目标,激发学生主动性;运用视频的手段介绍游戏来源及规则,使学生尽快融入游戏;在初次游戏时,老师有目的地录制一些学生的游戏过程,师生共同协商游戏策略,凸显学生学习的主动性。整个游戏学生主动参与,学生玩得快乐,并且玩有所得。

2.培养学生的逻辑推理和规则意识。教师引导学生充分理解规则,遵守规则,培养学生建立规则意识。本节课的设计难度由浅入深,学生由不会玩、随意玩到有策略地玩,体现了他们逻辑推理能力的不断提升。

3.本节课注意引导学生养成胜不骄傲、败不气馁的品质。一年级学生很少有与他人比赛的情况,所以教师提示学生游戏就会有输有赢,要有平常心,在失败中向其他同学学习,总结经验,借此机会向学生传递积极正向的价值观。

本节课的不足：

因为时间有限,在协商定标和理解游戏来源及规则上用了较多时间,致使我们只做了一次全班比赛,学生没有玩得尽兴。后面还可以利用下节课时间继续玩。

第三节　"英语综合"课程纲要

陶　湘　魏乃越

一、课程背景

"英语综合"课程是我校"小海帆"自主发展教育课程体系中学科综合课程中"阅读与表达"部分涉及的一门课程。"英语综合"课程包括英语国家、地方课程校本化和英语拓展课程两部分内容。"英语综合"以协商教学理念为指导,认真落实立德树人的教育目标,发展学生的核心素养,促进学生的自主发展。

多年来,我校英语教师在教学过程中,发现学生在学习英语中读记新词存在困难,信息提取能力欠缺,对异域文化不够了解,针对以上问题我们对国家课程进行了"小学英语单元主题整合协商教学"的研究。根据英语教材主题单元编排的特点,整合单元课型及内容,充分发挥教材单元主题功能。我们建构了"多元目标英语拓展课程"体系,探索了以趣味英语为教学的"五趣"拓展课程,取得初步的研究成果。

二、课程目标

1.对学生进行爱祖国、爱家乡的教育,培育学生积极的民族情感,激发学生的爱国情怀。

2.对学生进行国际理解教育,培养学生的国际意识。

3.发展听说读写各方面语言技能,培养学生的英语思维,发展学生综合运用英语语言做事情的能力。

4.培养学生的良好品德及行为习惯,理解文化内涵,比较文化异同,形成正确的价值观念和道德情感,具备一定的跨文化沟通和传播中华优秀文化的能力。

三、课程内容

(一)英语国家课程和地方课程校本化

依据《英语课程标准》和小学英语国家课程,我们进行了"小学英语单元整合协商教学"研究,把"实践展示课"与单元其他重点课型整合,形成小学英语从语言基础到语言技能训练系列。解决了学生非母语表达和实践运用。探索出了协商导学课、探究研学课、实践展示课等三种课型。并在协商理念指导下,总结出了相应的协商教学模式,最大限度地发挥学生自主性,满足学生个性学习需求,激发学生学习英语兴趣,提高英语素养。

(二)英语拓展课程

为了提高学生英语学习兴趣,学校开设了"五趣多元目标"英语拓展课程:趣主题、趣拼读、趣世界、趣阅读、趣创意,以"趣"为魂,追求"趣"中育"德"、"趣"中育"智"、"趣"中育"能"的教育教学效果。五趣之间相互独立,相互渗透,相辅相成。

四、课程实施

1.认真落实英语国家课程及地方课程,根据教材单元话题编排的特点,整合单元课型及内容,进行英语单元主题整合协商教学。课程整合后一、二、六年级每单元余出1节课,一学期共余6节课进行英语拓展课;三到五年级每周余1节课,一学期共10课时作为拓展课,并纳入课表。

2.每学期根据课程目标分别制定英语国家课程校本化实施计划和英语拓展课程实施计划,教师认真严格按照课程进度计划备课、上课,落实英语学科素养。

3.不断深入探索有助于学生自主发展的协商教学模式,进行任务驱动下的协商教学策略的研究。

4.关注反思并撰写课例,提升英语教师科研能力。课后教师及时对教学效果、学科素养的落实情况进行反思。实验教师每学期至少完成一个拓展课例,并进行交流。

5.具体安排如下:

(1)国家课程校本化课时调整安排:

年级	国家课程教材内容及规定课时	内容整合及节省的课时
一年级上	24课时	6课时
	第一单元:主题是 My family,共4课时 第二单元:主题是 Fruit,共4课时 第三单元:主题是 Colours,共4课时 第四单元:主题是 School Things,共4课时 第五单元:主题是 Animals,共4课时 第六单元:主题是 Numbers,共4课时	每个单元第一课时单词课和第二课时的童谣课原2课时整合成1课时,每单元节省1课时,全册共节省6课时。
一年级下	24课时	6课时
	第一单元:主题是 Toys,共4课时 第二单元:主题是 Food,共4课时 第三单元:主题是 Drinks,共4课时 第四单元:主题是 My Body,共4课时 第五单元:主题是 Sports,共4课时 第六单元:主题是 Happy Time,共4课时	
二年级上	24课时	6课时
	第一单元:主题是 Toys,共4课时 第二单元:主题是 Shapes,共4课时 第三单元:主题是 Our School,共4课时 第四单元:主题是 My Classroom,共4课时 第五单元:主题是 Subjects,共4课时 第六单元:主题是 Week,共4课时	每个单元第一课时单词课和第二课时的童谣课原2课时整合成1课时,每单元节省1课时,全册共节省6课时。
二年级下	24课时	6课时
	第一单元:主题是 Looks,共4课时 第二单元:主题是 Clothes,共4课时 第三单元:主题是 Weather,共4课时 第四单元:主题是 Vehicles,共4课时 第五单元:主题是 My Home,共4课时 第六单元:主题是 Happy Time,共4课时	

年级	国家课程教材内容及规定课时	内容整合及节省的课时
三年级上	**36课时** 第一单元:主题是 Hello! I'm monkey,共6课时 第二单元:主题是 This is my pencil,共6课时 第三单元:主题是 Look at my nose,共6课时 第四单元:主题是 I have a ball,共6课时 第五单元:主题是 What colour is it?共6课时 第六单元:主题是 I like hamburgers,共6课时	**10课时** 全册书共六个单元,一至五单元,每单元第一课时和第二课时整合成1课时,第三课时和第四课时整合成1课时,每个单元共节省2课时,全册共节省10课时。
三年级下	**36课时** 第一单元:主题是 Let's go to school,共6课时 第二单元:主题是 I'm in Class One, Grade Three,共6课时 第三单元:主题是 This is my father,共6课时 第四单元:主题是 Do you like candy?共6课时 第五单元:主题是 It's a parrot,共6课时 第六单元:主题是 Is this your skirt?共6课时	**10课时**
四年级上	**36课时** 第一单元:主题是 This is my friend,共6课时 第二单元:主题是 What's your number?共6课时 第三单元:主题是 It's a pineapple,共6课时 第四单元:主题是 How's the weather like today?共6课时 第五单元:主题是 I like those shoes,共6课时 第六单元:主题是 I'm tall,共6课时	**10课时** 全册书共六个单元,一至五单元,每单元第一课时和第二课时整合成1课时,第三课时和第四课时整合成1课时,每个单元共节省2课时,全册共节省10课时。
四年级下	**36课时** 第一单元:主题是 Welcome to my new home!共6课时 第二单元:主题是 There are forty students in our class,共6课时 第三单元:主题是 What subject do you like best?共6课时 第四单元:主题是 There are seven days in a week,共6课时 第五单元:主题是 What will you do this weekend?共6课时 第六单元:主题是 Would you like to take a trip?共6课时	**10课时**

年级	国家课程教材内容及规定课时	内容整合及节省的课时
五年级上	**36课时** 第一单元:主题是 We have new friends,共6课时 第二单元:主题是 She looks cute,共6课时 第三单元:主题是 My father is a writer,共6课时 第四单元:主题是 Where do you work?共6课时 第五单元:主题是 Is this your schoolbag?共6课时 第六单元:主题是 It's a grapefruit,共6课时	**10课时** 全册书共六个单元,一至五单元,每单元第一课时和第二课时整合成1课时,第三课时和第四课时整合成1课时,每个单元共节省2课时,全册共节省10课时。
五年级下	**36课时** 第一单元:主题是 Welcome to our school!共6课时 第二单元:主题是 Can I help you?共6课时 第三单元:主题是 We should obey the rules,共6课时 第四单元:主题是 What's wrong with you?共6课时 第五单元:主题是 I'm cleaning my room,共6课时 第六单元:主题是 We're watching the games,共6课时	**10课时**
六年级上	**36课时** 第一单元:主题是 I go to school at 8:00,共6课时 第二单元:主题是 What's your hobby?共6课时 第三单元:主题是 Would you like to come to my birthday party?共6课时 第四单元:主题是 January is the first month,共6课时 第五单元:主题是 July is the seventh month,共6课时 第六单元:主题是 There are four seasons in a year,共6课时	**6课时** 每个单元 Revision 和 fun facts 原2课时整合成1课时,每单元节省1课时,全册共节省6课时。
六年级下	**36课时** 第一单元:主题是 I went to Sanya for my holidays,共6课时 第二单元:主题是 There is a park near my home,共6课时 第三单元:主题是 We are going to travel,共6课时 第四单元:主题是 General Revision 1,共6课时 第五单元:主题是 General Revision 2,共6课时 第六单元:主题是 General Revision 3,共6课时	**10课时**

(2)英语拓展课程内容与实施:

年级	名称(课型)	内容	课时
一年级上	Lesson 1 Let's hold the door for others! 请为他人扶住门! (趣主题)	1.观看校园内同学们走路、开门、见面的视频。 2.英语讨论怎样才是礼貌的、文明的行为。学习短语/词组 "open the door, turn your head, hold the door, close the door"。 3.用英语表达"开门、回头望、扶门、关门"这些动作,并通过活动进行实践。	2
一年级上	Lesson 2 Manners in the classroom. 教室里的规矩 (趣主题)	1.学习绘本故事《大卫,不可以》,给大卫提建议。学习短语/词组 "turn on the light, open the window, pull out the chair, sit down at the desk"。 2.用英语表达"开灯、开窗、拉出椅子、坐在桌前"这些动作,并通过活动进行实践。	2
一年级上	Lesson 3 Clean your desk. 整理你的书桌 (趣主题)	1.看 Tom 和 Tina 的小故事了解应该如何做课前准备。学习短语/词组 "take out your pencil case, take out your book, take out folder, put your bag in the bag"。 2.用英语表达课前准备的相关用语,并通过活动进行实践。	2
一年级下	Lesson 4 In the toilet. 文明如厕 (趣主题)	1.观察一组图片,讨论其中合理的部分和不合理的部分,从而学习什么是讲卫生的好习惯。学习短语/词组 "wet your hands, use the soap, wash your hands, dry your hands"。 2.用英语表达"浸湿双手,使用肥皂,洗净双手,擦干双手"这些动作,并通过活动进行实践。	2
一年级下	Lesson 5 We have good manners. 我们有好习惯。 (趣主题)	1.观看学生 Tom 接待来访客人的视频,学习一系列礼貌用语和行为。学习短语/词组 "wave your hand, open the door, cover your mouth, wipe your nose"。 2.用英语表达"挥手、开门、捂住嘴、擦鼻子"这些动作,并通过活动进行实践。	2
一年级下	Lesson 6 What can you see? 你能看见什么? (趣主题)	1.观察图片并找出其中隐藏的物品,学习仔细观察和描述物品数量。学习短语/词组 "pencil, eraser, ruler, book, pencil case, pen, desk, bag"。 2.用英语表达询问数量及表达数量的方法,并通过活动进行实践。	2
二年级上	Lesson 1 I like being me. 我喜欢成为我自己。 (趣主题)	1.听 Miss Hu 和同学们的对话,理解对话内容。学习词汇:scar, glasses, tooth,能够掌握 "He is tall. He has a small nose. She's short." 等表达。 2.用英语描述人物或动物的外貌,并通过课堂活动进行实践。	2
二年级上	Lesson 2 Keep healthy. 保持健康 (趣主题)	1.观看一组图片,理解 Miss Hu 的指令和建议,学习 "stretch your arms" 等词组。 2.根据英语动作指令做出相应的动作,并通过课堂实践给予他人锻炼的建议。	2

续表

年级	名称(课型)	内容	课时
二年级下	Lesson 3 I have two magic hands. 我有两只魔术手。 (趣主题)	1.看Tony和Dad的小故事了解应该如何做课前准备。学习"cut the paper to the center"等词组。 2.听懂英文的折纸提示语,并通过课堂活动进行实践。	2
	Lesson 4 The rules of ball games. 球类规则 (趣主题)	1.精读绘本故事《我可以》,初步了解各类球类规则。学习"pick up the ball"等词组。 2.听懂三种球类运动的基本动作:"kick the ball, bounce the ball, pass the ball, throw the ball, catch the ball, pick up the ball",并通过课堂活动进行实践。	2
	Lesson 5 Let's help each other out. 让我们互相帮助。 (趣主题)	1.看Tina的小故事,大致了解做家务的内容。学习"put the leftovers in the fridge, take out the trash, wipe the tale"等词组的含义。 2.听懂有关基础家务的英语,并可以根据指令完成相应的任务。	2
	Lesson 6 Good habits before bed. 睡前好习惯 (趣主题)	1.听Fei Fei和妈妈的对话,观察一组图片,了解对话内容。学习用"first, next, then, last"描述事情的先后顺序。 2.用英语表达自己睡觉前的准备活动,并在课堂活动中实践。	2
三年级上	Lesson 1 "A"拼读规则 (趣拼读)	1.观看字母A视频,学习含有字母A发音的单词bat, fan, map, mad及歌谣,体会并总结发音规律。 2.阅读一段含有多个字母A单词的文章,能准确拼读,并运用所学单词讨论Which animal do you like?等问题,鼓励学生发表自己的观点。	2
	Lesson 2 "e"拼读规则 (趣拼读)	1.通过头脑风暴关于e字母小游戏,学习含有字母e发音的单词,学习单词hen, well, net, jet, red, ted, ken及歌谣,体会并总结发音规律。 2.阅读一段含有多个字母e单词的文章,能准确拼读其中的单词,并根据读音规律补充所缺单词。	2
	Lesson 3 "I"拼读规则 (趣拼读)	1.观察图片,学习含有字母I发音的单词jig, sit, dig, bin, big及歌谣,体会并总结发音规律。 2.准确拼读,听写与"e"字母相关的符合规律的单词。 3.运用所学单词,说一说在公共场所看演出时要注意的规则,从而逐渐养成讲文明、懂礼貌的行为习惯。	2

年级	名称(课型)	内容	课时
	Lesson 4 "O"拼读规则 (趣拼读)	1.朗读学生已知单词,拼读今天主要学习含有字母O发音的单词Bob, fox, ox, Tom及歌谣,体会并总结发音规律。 2.阅读文章,听音拼写单词。并根据内容讨论What kind of animal do you like best? Why? 鼓励学生发表自己的观点。	2
	Lesson 5 "U"拼读规则 (趣拼读)	1.观看所给图片和提示词,学习含有字母U发音的单词bug, sub, mum, drum, gum, nut, rug, run及歌谣,体会并总结发音规律。 2.正确朗读含有字母U发音单词的歌谣并表演。	2
三年级下	Lesson 6 "AI"拼读规则 (趣拼读)	1.听歌谣 Rain, rain go away. 了解本节课的学习内容字母组合ai发[ei]的音。 2.根据图片所给内容和提示词,请同学分组学习。准确拼读出歌谣We are looking at the train. We are waiting for the train. The train is running on the plain. The train is running in the rain. 3.根据板书提示用英语介绍自己,介绍家庭,家人的工作、朋友、爱好、外貌等。	2
	Lesson 7 "AY"拼读规则 (趣拼读)	1.听 ay 发音小歌谣,体会并尝试拼读小歌谣。Play the guitar, play with May.Play all the time, day by day. 能够准确读出本节课的学习内容字母组合AY发[ei]的音。 2.用学到的发音方法拼读单词birthday, clay spray, play, May及歌谣。 3.通过听录音补全单词的方法,完成阅读练习。Hello, Susan. Lisa's _____ is coming. It's on ____ 20th. ____ I will_____ at home.	2
	Lesson 8 "AE"拼读规则复习 (趣拼读)	1.听 A-E 的发音小歌谣,体会本节课歌谣中单词的发音。Make a cake, near the lake, play a game, behind the gate, fly a kite, don't be late, paint a plate, with my mate.学习字母组合A-E发[ei]的音。 2.观看A-E视频,学习新的单词plane, cake, game, snake, gate, plate及歌谣。 3.学生用学到的自然拼读方法听懂并书写单词,并根据提示分组制定自己组的travel plan。	2
	Lesson 9 "EE"拼读规则复习 (趣拼读)	1.听ee发音小歌谣初步了解本节课的学习内容字母组合ee发[i:]的音。 2.观看ee发音视频,学习拼读新单词green, weed, teeth, sheep, bee。 3.请同学分组讨论,学习新歌谣Don't sleep, lazy sheep. Watch out for the bee. The mole with big teeth. Laughing behind the green weeds. Look. Who is in the tree?	2

续表

年级	名称(课型)	内容	课时
	Lesson 10 "OO"拼读规则 复习 (趣拼读)	1.听一个含有字母组合OO发音的单词的小歌谣。 2.能拼读新单词 goose, pool, balloon, zoo, rooster, kangaroo，总结发音规律，并一起来学习歌谣: Runners are passing by the zoo. The bird is staring at the balloons. The rooster is watching with the kangaroo. The goose is swimming in the pool. 3.学生尝试用含有字母组合 oo 的单词来创编小歌谣。	2
四年级上	Lesson 1 Let's play ball! 我们来打球吧! (趣世界)	1.任选形象的球类图片并尝试用英语表述出来。 2.观看球类视频,小组讨论不同球类文化,以及不同球类运动的相同点与不同点。 3.阅读文本,用所给单词的适当形式填空。 4.PPT呈现中西方运动文化差异,以小组为单位制作思维导图,并用英语描述。	2
	Lesson 2 Good manners 有礼貌 (趣世界)	1.说唱歌谣 Good Manners，头脑风暴有关有礼貌的行为。 2.观看有关学生行为习惯的视频并描述一些礼貌和不礼貌的行为以及如何用英语对公共场所的一些不礼貌行为进行劝阻。 3.绘制 Good Manners 的思维导图,小组讨论。	2
	Lesson 3 Are you okay? 你还好吗? (趣世界)	1.猜谜游戏,寻找本课的主人公 Hye-ji。 2.观察 Hye-ji 图像,预测她悲伤的原因,学习 lost a tooth。 3.对比观察图片,理解生词 scar。 4.带着任务阅读对话内容,获取主要信息,然后将对应的人物外貌特征进行匹配。 5.分小组进行角色扮演。	2
	Lesson 4 Table manners 餐桌礼仪 (趣世界)	1."你演我猜"小游戏,猜测人们日常的餐桌礼仪。 2.自由讨论"你知道哪些餐桌礼仪?"掌握单词、词组:manners, stand, loudly, lower, go ahead, mess，并且拓展更多礼仪行为。 3.阅读文本,判断正误。 4.小组绘制"餐桌礼仪"手抄报并交流分享。	2
	Lesson 5 World animal day 世界动物日 (趣世界)	1.头脑风暴有关"动物"的单词。 2.观看"World Animal Day"的微视频,尝试用自己的话表达"favourite ,cute, clever, festival, protect"的含义和人与动物之间的生态关系。 3.小组分角色扮演不同的小动物,创编具有动物保护意义的小故事并交流评价。	2

续表

年级	名称(课型)	内容	课时
四年级下	Lesson 6 At the table 在饭桌上 (趣世界)	1.观察一组图片,用自己的话谈谈其中有关西方餐桌礼仪的合理和不合理的部分。 2.任选形象的餐桌礼仪图片并尝试用英语表述出来。 3.观看视频,了解"特殊"的餐桌礼仪,按要求回答问题,拓展生活中各式各样的礼仪。	2
	Lesson 7 How are you? 你怎么样? (趣世界)	1.头脑风暴关于"颜色"的词汇,用orange, red,blue等词来表达自己的情绪。 2.阅读文本对话,从原文中找出恰当的词语填空,并拓展表达"感受"的词汇。 3.小组内运用以下句型How are you? I feel (happy). What's wrong? I hurt my... . I think you should...描述自己的感觉。	2
	Lesson8 Thanksgiving in America and Canada 美国和加拿大的感恩节 (趣世界)	1.自由讨论有关"感恩节"文化和习俗。 2.观看"美国感恩节"的视频,用所给词的适当形式填空。 3.观看"加拿大感恩节"的视频,判断正误。 4.对比感恩节在不同国家的文化习俗,小组内制作思维导图并交流分享。	2
	Lesson 9 Sports 运动 (趣世界)	1.说唱歌谣Sports。 2.认真观察不同的体育运动图片,用英语描述出来。 3.阅读文本,小组讨论主人公和他的朋友们最喜爱的运动,看图回答问题。 4.学生分角色朗读并评价。	2
	Lesson 10 Lunch boxes 午餐盒 (趣世界)	1.任选形象的饮食图片并尝试用英语表述出来。 2.观看"Lunch Boxes"视频,讨论不同国家多元的午餐类型。 3.阅读文本内容,学习lunch, rice, pork, chicken, bring, own等单词,描述不同国家午餐的饮食文化,判断正误。 4.小组分角色朗读。	2
五年级上	Lesson 1 Missing 失踪 (趣阅读)	1.任选形象的小动物图片并尝试用英语表述出来。 2.认真观察绘本封面,积极思考,猜测故事情节。 3.精读绘本Missing,了解hamster的特点,判断正误。 4.小组角色扮演。	2
	Lesson 2 Gran's new blue shoes 奶奶新买的蓝色高跟鞋 (趣阅读)	1.说唱歌谣The Colors。 2.认真观察绘本封面,思考、猜测故事情节。 3.精读绘本Gran's New Blue Shoes,小组讨论小主人公的愿望,看图回答问题。 4.学生分角色朗读并评价。	2

年级	名称(课型)	内容	课时
	Lesson 3 Looking After Gran 照顾好奶奶 (趣阅读)	1. 自由讨论"What time do you go to bed? Have you ever dreamed something?"。 2. 整体视听绘本故事 Looking After Gran,理解小主人公的梦境,判断正误。 3. 小组复述绘本主要内容并分享感受。	2
	Lesson 4 The Red Coat 红色外套 (趣阅读)	1. 头脑风暴关于"衣物"的词汇。 2. 精读绘本 The Red Coat,从原文中找出恰当的词语填空,并拓展衣物词汇。 3. 小组分角色朗读并展示、评价。 4. 回顾全文,四人一组续编结尾。	2
	Lesson 5 The Moon Jet 飞向月亮的喷气机 (趣阅读)	1. 任选形象的星球图片并尝试用英语表述出来。 2. 自由讨论"How do you go to…",猜测绘本内容。 3. 精读绘本 The Moon Jet,了解"特殊"的交通工具,按要求回答问题,拓展生活中各式各样的交通工具。 4. 发散思维,小组续编结尾并分享。	2
五年级下	Lesson 6 Dragon Danger 巨龙危机 (趣阅读)	1. 头脑风暴有关"龙"的特点和历史典故。 2. 观看"龙"的微视频,引入本课绘本故事 Dragon Danger,理解生词"roar, flap, wing, flew, flame, hid"的含义。 3. 小组分角色扮演,拓展"龙"文化。 4. 小组续编结尾并分享。	2
	Lesson 7 Wet Feet 脚湿了 (趣阅读)	1. "你演我猜"小游戏,猜测人们日常性的活动。 2. 自由讨论"What do you often do on weekends?",寻找"wet feet"的真正原因。 3. 精读绘本故事内容 wet feet,判断正误。 4. 小组绘制本课绘本的手抄报并交流分享。	2
	Lesson 8 Save Budding Wood 拯救布丁丛林 (趣阅读)	1. 任选图片并用英语表述出来。如:woodpecker, creeper, speech, cheer, banner... 2. 两人一组读绘本 Save Budding Wood,回答问题"How did Craig's photos help to save Pudding wood?" 3. 依据框架补充完整句子,并复述文章主要内容。	2
	Lesson 9 Uncle Max Max 叔叔 (趣阅读)	1. 歌谣 My Family,头脑风暴有关家庭成员的词汇。 2. 观看 Max 叔叔的视频并讨论"How do you think of Uncle Max?" 3. 阅读 Max 叔叔个人经历,小组讨论。 4. 四人一组分角色朗读并评价。	2

年级	名称(课型)	内容	课时
	Lesson 10 The old tree stump 老树桩 (趣阅读)	1.任选植物图片并尝试用英语表述。 2.图片呈现主人公遇到的困难,以小组为单位精读故事,用英语描述"老树桩"的强大力量。 3.用所给单词的适当形式填空。 4.全班分成四组角色扮演,为主人公想出更多巧妙的方法并交流分享。	2
六年级上册	Lesson 1 A drama rabbits and lumberjack 戏剧表演:小白兔们和伐木工人 (趣创意)	1.阅读剧本,了解故事内容,学习故事的六要素,学生自由分组准备道具并确定剧本表演需要的演职人员。 2.学生学习剧本,回答问题:①What happened in the forest? ②What should the rabbits do to stop the lumberjack? 3.学生互相评价剧本表演。	2
	Lesson 2 A drama I am not a puppet. 戏剧表演:我不是一个木偶 (趣创意)	1.阅读剧本,了解故事内容,学习故事的六要素,学生自由分组准备道具并确定剧本表演需要的演职人员。 2.学生学习剧本,回答问题:What's puppet's world like? 3.学生互相评价剧本表演。	2
	Lesson 3 Let's make our mind maps about winter. 让我们一起制作关于冬天的思维导图 (趣创意)	1.唱歌谣I like winter. 2.阅读文本并回答问题:①Are Taotao's friends in the same season? ②What's the difference among these three cities? 3.从天气、穿衣等多方面总结"冬季"特点,绘制导图。	2
六年级下册	Lesson 4 Let's make a schedule for the weekend. 让我们一起制作周末的行程图 (趣创意)	1.学生阅读文本,回答问题:①How often does Taotao water the plants during this week?② How often does Taotao feed the goldfish during this week? 2.学生结合问题,展开交流。 3.绘制周末行程流程图。	2

续表

年级	名称(课型)	内容	课时
	Lesson 5 Let's make a map of world famous places. 让我们制作世界著名景点的手绘地图(趣创意)	1.观看介绍世界著名景点的视频。 2.呈现自由女神像、大本钟、天坛、悉尼歌剧院等世界著名建筑及介绍交流所得所感。 3.讨论 What is your favorite place?表达自己的观点。 4.手绘景区地图。	2
	Lesson6 Table manners. 餐桌礼仪 (趣创意)	1.观看关于文明举止的视频。 2.阅读文本,回答问题:①What does the man do? ②What do you think of it? 3.梳理逻辑关系制作思维导图。	2

五、课程评价

评价的根本目的是为了真实地反映学生的学习水平、发现学生学习潜能、促进学生英语素养的提升,全面落实课程目标。

1.国家课程校本化评价。除了认真落实每学期期末的终结性评价外,还注重上海道小学生自主学习习惯的评价,评价的方式采取自评、小组评、家长评相结合的方式,关注学生自主学习习惯培养。(见我校一至六年级自主学习习惯评价手册)

2.英语拓展课程的评价。"五趣"评价内容坚持评价自主性、激励性原则。自主性主要体现在学生是评价主体,绘本阅读数量、说唱韵律、内容选择和活动形式都由学生自己评价。激励性主要体现教师用多种语言鼓励学生多读绘本,鼓励学生乐表达、善表达、会倾听。主要评价形式有:口头、书面、视频、资料、集星活动、评选讲绘本"小达人"等。

英语学科拓展课评价

一、二年级"趣主题"评价表

评价内容		评价标准	星级评价
课堂情景表演	一星:达标	能够用肢体语言或简单英语表达教材内容。	☆
	二星:良好	能够用准确的英语,配合动作等表演教材内容。	☆ ☆
	三星:优秀	能够用准确的英语,配合动作等表演教材内容,并在此基础之上有改编。	☆ ☆ ☆

说明:
1.根据学生课堂情境表演,在期中和期末各进行一次达标、良好、优秀评价,运用自评、小组评的三星评价,发放漂亮的卡通图片,粘贴在指定位置。
2.开学初第一次活动课时出示此表,向学生说明评价标准;之后每学期期末进行一次评价总结,公布评价结果。
3.一年级第二学期开展参与评价。

三年级"趣拼读"评价表

评价内容		评价标准	三星评价
1.喜欢拼读	一星:达标	喜欢拼读,能够掌握字母和字母组合的发音。	☆
2.学会见词能读	二星:优秀	能自主拼读,能够将发音规律运用到单词中,特别是一些不认识也能够拼读出来。	☆ ☆
3.运用规律,听音能写	三星:拼读小能手	熟练掌握拼读规律,能够利用拼读规律读出单词,并按照发音写出单词拼写,做到"见词能读,听音能写"。	☆ ☆ ☆

说明:
1.根据学生的拼读能力分别在期中和期末进行两次评价,分设达标、优秀、拼读小能手的三星评价机制,发放相关的卡通图片,粘贴在指定位置。
2.在上课开始出示评价表,在下课前完成本课评价,每节课后关注评价情况,期末完成总评。

四年级"趣世界"评价表

评价内容	评价标准		三星评价
1.喜欢"趣世界"教材	一星:达标	喜欢趣世界教材,能读本年级的趣世界小短文。	☆
2.扩大阅读量	二星:优秀	能自主阅读,在完成本年级趣世界小短文的基础上,再自选其他小阅读短篇。	☆ ☆
3.有自主阅读习惯	三星:小达人	自主阅读其他绘本读物。独立整理书架,根据英文读物内容分类摆放,藏书较丰富。	☆ ☆ ☆

说明:
1.根据学生的阅读量和读有所得情况进行三星评价:达标、优秀、阅读小达人,评价卡片粘贴在指定位置。
2.第一次活动出示评价表,使学生明确阅读细则;第二、三次活动根据评价表评价标准进行自评;第四次活动完成期末总评。

五年级"趣阅读"评价表

评价内容	评价标准		四星评价
1.喜欢阅读	一星:达标	喜欢阅读,能完成本年级指定阅读绘本。	☆
2.扩大阅读	二星:良好	能自主阅读,感受阅读的乐趣,有阅读兴趣。在规定的时间内专心阅读,能与人交流读后感受。 在阅读中能联系上下文和自己的积累推想词句的意思,能质疑并展开讨论。	☆ ☆
3.读有所得	三星:优秀	有较强的课外阅读意识,能自觉安排时间进行课外阅读,有收藏图书资料、参与读书活动的习惯。 学习浏览,能根据要求选择有关读物和收集有关信息。能阅读和鉴赏中外名著,感受形象,体验情感,形成个人兴趣爱好,丰富自己的精神世界。	☆ ☆ ☆

说明:
1.根据学生的阅读量和读有所得情况进行三星评价:达标、优秀、阅读小达人,评价卡片粘贴在指定位置。
2.第一次活动出示评价表,使学生明确阅读细则;第二、三次活动根据评价表评价标准进行自评;第四次活动完成期末总评。

六年级"趣创意"评价表

评价内容		评价标准	四星评价
1.喜欢制作	一星:达标	喜欢手抄报(思维导图)的制作,能完成本年级指定的思维导图内容。 有自己的手抄报,有自己的手抄报集锦册。	☆
2.提升创新能力	二星:良好	能自主完成手抄报(思维导图)的制作,感受制作的乐趣。 在规定的时间内专心完成创意任务,提升学生的英语语言综合运用能力。	☆ ☆
3.学有所得	三星:创意小能手	能自觉安排时间进行手抄报制作及英语短剧的编排,有较强的观察能力、分析能力、收集、整理、运用信息能力及创造能力。 学会欣赏,学会分析,收集并整理。能形成个人兴趣爱好,丰富自己的精神世界。	☆ ☆ ☆

说明:
1.每次制作完成后,进行展示评价,分设三星评价:达标、优秀、制作小能手,评价卡片粘贴在指定位置。
2.在上课开始出示评价表,在下课前完成本课评价,每节课后关注评价情况,期末完成总评。

"五趣"评价说明:

1. 根据学生的集星量进行达标、良好、优秀三星评价。

2. 第一次活动出示评价表,使学生明确评价细则;第二次活动根据评价表评价标准进行自评;期末进行综合评价。

"英语综合"拓展课程一:《趣主题》课例

李 捷

学科	英语	年级	一年级	执教人	李捷
课题			We have good manners. 我们有礼貌。		

拓展内容分析:
　　《趣主题》是学校"英语综合"课程中的拓展课之一,学习对象是一二年级的学生。本节课是《趣主题》第一册第五课 We have good manners,其内容旨在帮助一年级的学生在生活场景中使用文明礼貌用语,养成良好行为习惯。
　　本课教材结合天津新蕾出版社的《快乐英语》第一册第一单元"My family"中有关问候的歌谣歌曲的内容,整合外研社出版的《新维度英语》第一册第五课"Cover your nose"中的内容编写。引导学生在学校时无论是在门口,或是在楼道里,还是在教室内都要使用文明礼貌用语,举止大方有礼貌。

学情分析:
生活体验:
　　我执教的是一年级的学生。他们刚刚开始小学的生活,还不太适应,不懂得在公共场合应该如何礼貌待人;希望通过本课学习、讨论,学生们可以礼让他人,体会到礼让他人是对人有礼貌的文明行为。
语言能力:
　　一年级的学生刚上学不久,对英语学习的兴趣很浓,能听懂简单的课堂用语,能够用单词、词组或简单句子表达自己的想法,但英语语言储备有限。在本活动课前学生已经掌握词组"wave your hand""open the door""cover your mouth"和对话内容"Morning!""After you!""Thank you!""No problem!""Sorry!"学生不熟悉新知"wipe your nose"中"wipe"这个词的含义,学生将在老师引导下学习并表演。

教学目标:
　　1. 复习短语"wave your hand""open the door""cover your mouth"和句式内容"Morning!""After you!""Thank you!""No problem!""Sorry!"学习短语"wipe your nose"。
　　2. 学生能在适当环境下正确运用"Morning!""After you!""Thank you!""No problem!""Sorry!"等文明礼貌用语;了解并恰当表现"wave your hand""open the door""cover your mouth""wipe your nose"等行为举止,逐渐养成良好行为习惯。

教学重、难点:
　　1. 学生能在适当环境下正确运用"Morning!""After you!""Thank you!""No problem!""Sorry!"等文明礼貌用语;了解并恰当表现"wave your hand""open the door""cover your mouth""wipe your nose"表示行为举止的短语,使其成为文明礼仪行为。
　　2. 学生能在情境中使用文明礼貌用语,彰显良好礼貌行为。

教学模式:
　　复习表演—协商约定—实践探究—巩固运用—总结延伸

教学准备:视频,图片,PPT

教学或活动过程	意图(学科素养体现)
一、复习表演 1. 唱歌谣 T: Morning, boys and girls. 师:早上好,孩子们。 Ss: Morning, Amy! 生:早上好,Amy 老师。 T: Good! Let's be good manners children. OK? 师:让我们成为有礼貌的孩子。好不好? T: Look! Many teachers are here. Let's chant for the teachers. OK? 师:看,有许多老师在这里。我们给他们唱歌谣好不好? Ss: OK! Ooze from your nose, 生:好的! 流鼻涕了, can get on your clothes. 穿上衣服。 So cover your nose, 盖住你的鼻子, that's how it goes. 事情就是这样的。 T: Very good! 师:非常好! 2."你说我做"的游戏 T: A game for you. "Simon says" OK? Ready? 师:送给你们一个游戏——你说我做。好不好? 准备? Ss:Go! 生:开始! T: Wave your hand. 师:挥手。 Ss: Wave my hand. 生:挥手。 T: Cover your mouth. 师:盖住你的嘴。 Ss: Cover my mouth. 生:盖住我的嘴。 T: Cover your ears. 师:盖住你的耳朵。 Ss: Cover my ears. 生:盖住我的耳朵。 T: Wipe your nose. 师:擦你的鼻子。 Ss: Wipe my nose. 生:擦我的鼻子。 T: Wipe your nose. 师:擦你的鼻子。 Ss: Wipe my nose.	师生问候,创设积极的英语学习氛围。通过歌曲的欢快节奏及韵律,消除学生紧张心理,激发学生英语学习热情。 学生们通过和老师互动 Simon says 的游戏,既复习了已经学习过的相关短语,又渗透了本课的新的学习内容,从听、说、做三个方面让学生初步感知 wipe your nose 这个词组的含义。

教学或活动过程	意图(学科素养体现)
生:擦我的鼻子。 T: Cover your nose. 师:盖住你的鼻子。 Ss: Cover my nose. 生:盖住我的鼻子。 T: Wipe your nose. 师:擦你的鼻子。 Ss: Wipe my nose. 生:擦我的鼻子。 T: Good job! 师:做得真好! 3. 复习表演 T: Look, we have talked them before. (教师呈现PPT)They are "Guess the phrases. / Let's chant. / Make up a new chant. / Make up dialogues." Are you ready to show? 师:看,我们之前讨论过这些。它们是"猜词、唱歌谣、编新歌谣和编对话"。你们准备好表演了吗? Ss: Yes, we are. 生:是的,我们准备好了。 T: Which group wants to show? 师:哪组想来试试? Ss: Our group! 生:我们组! (学生两人一组,选择上面四个内容之一表演展示。) T: Very good! We chant, play games and perform in groups. We review the phrases and sentences we know. Great! 师:非常好! 我们唱歌谣、做游戏和小组表演。我们复习了我们知道的词组和句子。你们做得真棒! 二、协商约定 T: Today, let's try to be good manners boys and girls, OK? 师:今天让我们试着成为有礼貌的孩子,好不好? Ss: OK! 生:好的! T: Look at this form. There are some phrases and sentences in it. Which one do you know? 师:大家来看一看这个表格。(教师出示表格。)上面是文本中出现的词组和句型。这些内容中你认识哪些?	让学生自主选择喜爱的方式复习旧知,培养学生的自主学习能力和与人合作的协作精神,调动学习热情。 和学生协商好本课的学习目标,激发学生的学习热情,使学生在后续的探究活动中能主动动手动脑、积极体验。

词组	句型
wave your hand open the door cover your mouth wipe your nose	Morning! After you! Thank you! No problem! Sorry!

教学或活动过程	意图（学科素养体现）
S1: Wave your hand, cover your mouth. 生1：挥手、捂嘴。 S2: Open the door, Morning! 生2：开门、早上好！ S3: After you! Thank you! 生3：你先走！谢谢！ S4: No problem! Sorry! 生4：没问题！对不起！ T: Who also knows these phrases and sentences? Put your hands up! 师：谁还会这些词组和句子，请举手！ （全班学生举手） T: Do you know this phrase? 师：这个词组呢？ S1: Wipe your nose! 生1：擦鼻子！ T: Who also know this phrase? Put your hands up! 师：谁还会这个词组，请举手！ （仅有几个学生举手） T: OK! Let's learn it together. How to use these phrases and sentences? Do you know? 师：好的！我们一起学这个词组吧。那你们知道怎么用这些词组和句子吗？ Ss: I don't know. 生：我不知道。 T: That's OK. Let's learn together. 师：没关系，我们一起学吧。 Ss: OK! 生：好的。 T: Look! This is our learning aims. Let's read together. 师：看！这是我们的学习内容。我们一起读读吧！ （师生一起读本课目标。） 1. 我们今天要一起复习短语"wave your hand"，"open the door"，"cover your mouth"和句子"Morning!"，"After you!"，"Thank you!"，"No problem!"，"Sorry!"。一起学习新短语"wipe your nose"。 2. 我们要在一定的情况下说出并表演出上面的语句；因为这些都是良好行为举止，我们要成为有礼貌的好孩子。 三、实践探究 1. 导入新知 T: Today many teachers come to our school. Look, this is Tom. Let's watch a video about him, and then talk about it. 师：今天许多老师到学校参观。看，这是Tom。我们来看看他的一段视频，然后说一说。	

续表

教学或活动过程	意图(学科素养体现)
Ss: OK! 生:好的! （教师播放视频,视频包括两个内容,第一幕:客人们到校听课,一名叫Tom男孩在门口见到客人们热情打招呼,为一同进教室的客人们主动开门,送别时礼貌地挥手告别说再见。  第二幕:Tom感冒了,他忍不住在教室内打喷嚏,对周围同学说sorry,同伴给他纸巾,叮嘱他擦鼻涕。）  T: Is Tom a good boy? Why? 师:Tom是好孩子吗？为什么？ T: Look, these are the pictures from the video. Why is Tom a good boy? Talk in pairs. 师:看,这些是视频中的图片。为什么说Tom是个好孩子？两人一组说一说。 （学生两人一组讨论） Ss:Tom is good. Open the door. Wave the hand. Cover the mouth. Morning!　After you.　Thank you!　No problem! Sorry! 生:Tom是好孩子。他"开门、挥手、盖住嘴",他说"早安。您先请。谢谢。没问题。对不起"。 （教师随着学生说的内容贴出相应图片。） T: You are right. Tom is a good boy. 师:你们回答的很对。汤姆是个好孩子。 2.学习新知 （教师指着Tom打喷嚏的图片问学生） T: What should he do? 师:他应该怎么做？ （教师再次播放视频） Ss: Wipe your nose!	设置与主题相呼应的情境,用看视频及讨论的方式将学生带入熟悉的生活场景,使他们初步感知文明礼貌行为带给自己和他人的积极影响,体会文明礼貌行为的重要性。为学生正确使用文明用语,养成良好文明行为习惯奠定基础。

教学或活动过程	意图(学科素养体现)
生:擦鼻子。 T: Yes, very good! Wipe my nose! 师:是的,非常好! 擦我的鼻子。 Ss:Wipe my nose! 生:擦我的鼻子。 (教师指向学生们的鼻子。) T: Wipe your nose! You should say"wipe …" 师:擦你的鼻子。你们应该说:擦…… Ss: Wipe my nose! 生:擦我的鼻子。 (随后老师用各种动作擦自己的鼻子,学生边做动作边说 wipe my nose) T: Excellent! Now you know the meaning of wipe your nose. 师:太棒了! 现在你们知道"擦鼻子"的意思了。 3. 指令游戏 T: Can you do this in pairs? 师:可以两个人一组练习吗? Ss: Sure! 生:当然可以! S1: Wipe your nose. 生1:擦你的鼻子。 S2: Wipe my nose! 生2:擦我的鼻子。 T: Very good! All of you can speak out this phrase and do the actions. 师:真好! 所有人都能说出这个词组并作出相应动作了。 4. 整体回顾 T: Good job! Tom is a good boy. I think all of you are good boys and girls like him. When you meet teachers you should ... Yes, wave your hand and say... 师:做得好! Tom 是个好孩子。我想大家和他一样都是好孩子。当见到老师时你会……对,挥手,还会说… Ss: Hello! / Hi! 生:你好! (教师贴挥手打招呼的图片。) T: When some teachers want to go into the classroom, you can ... and say... 师:当见到老师要进教室时你会做……还会说… Ss: Hold the door. "After you." 生:扶门。您先请。 (教师贴扶门的图片。) T: When you sneeze in the classroom, you should say... and ... Yes, cover your mouth.	练习巩固短语" wipe your nose",锻炼学生口语表达能力。

教学或活动过程	意图(学科素养体现)
师:当你在教室打喷嚏时你会做……还会说… Ss: Sorry! Cover my mouth. 生:对不起！盖住嘴。 (教师贴打喷嚏盖住嘴的图片。) T: When you ooze from your nose, you should ... Yes, wipe your nose. 师:当鼻涕流出来时你会… Ss: Wipe my nose. 生:擦鼻子。 (教师贴擦鼻子的图片。) T: Well done! Now you know when you can use these phrases and sentences. 师:现在大家知道在什么时候可以说出这些词组和句子。 四、巩固运用 1.拍单词 T: Good! You are good boys and girls! A gift for you. Open it and see. Oh, it's the patting game. Do you know it? I know you like it. 师:真棒！你们都是好孩子。有个礼物送你们。打开看一看。哦，是一个拍单词游戏。你们知道这个游戏吗？我知道你们都喜欢这个游戏。 Ss: Wow! Yes. 生:哇！是的。 T: Who wants to come here? 师:谁想到前面来？ (教师分拍子给选中的学生,然后分别指着大家和两位同学) T: You say, and you pat. OK? 师:你们说,你们拍。好不好？ Ss: OK! 生:好！ T: Ready? 师:准备好了吗？ Ss: Go! 生:开始！ (屏幕上出现的词组全班一起读出来,拍单词的同学抢着拍。) T: Good job! All of you can match the phrases and sentences with the pictures. 师:做得好！所有人都可以把词组、句子和图片匹配了。	在师生互动的基础上教师巧妙引导学生梳理、归纳本节课的知识要点,进一步加深学生对所学短语和句子的理解及其在具体情境下的运用,为下一步的语言应用做铺垫。 通过游戏拍单词,学生在愉快的游戏中巩固前面学过的短语和句子。

教学或活动过程	意图(学科素养体现)
2. 编对话 T: Look at these pictures. Oh, something is missing in the pictures. Look at the first picture. Whom does the boy wave his hand to? What does the boy say? Can you make a guess? 师:看图片,里面有缺失的部分。(教师呈现PPT)看第一幅图。那个男孩在向谁招手? 那个男孩说了什么? 你能猜猜吗? S1:跟朋友说Morning! 生1:跟朋友"早上好!" S2: To mum. Morning! 生2:跟妈妈说"早上好!" S3:To mum. Byebye! 生3:跟妈妈说"再见"。 T: Very good. Can you talk in pairs? 师:非常好。可以两个人一组说说吗?	

教学或活动过程	意图(学科素养体现)
Ss: OK! 生:好的! T: You two, please. 师:请你们两位来说说。 S3: Morning!（wave the hand） 生3:早安!（挥手） S4: Morning!（wave the hand） 生4:早安!（挥手） T:Good！ Can you talk about other pictures like them? 师:很好。大家可以像他们这样说说其他三幅图片吗? Ss: Yes! 生:可以! T:You can choose one or more pictures to talk. Go! 师:你们可以选择一幅或多幅图讨论。开始吧! （学生两人一组讨论,教师巡视指导。） 3．表演小对话 T: Who wants to have a try? 师:谁想来试试? Ss:Our group! 生:我们组! T: Your group, please. 师:你们组请上来吧。 S1: 1 and 2. Morning! After you! 生1:我们说第一幅和第二幅图。早安! 你先走! S2: Morning! Thank you! 生2:早安! 谢谢! T: You do very well. What do you think? 师:你们做得真好。大家说呢? Ss: Good! 生:真好! T: Another groups? Your group, please. 师:其他组呢? 你们组请上来吧。 S3: 3.（sneezed）Sorry, sorry! 生3:我们说第三幅。(打喷嚏)不好意思! S4: That's OK! Bye bye! 生4:没关系! 再见! S3; Goodbye! 生3:再见! T: Well done. What do you think? 师:做得真好。大家说呢? Ss: Good! 生:真好! （教师继续找其他组表演。） T:Great! Now all of you know how to use these phrases and sentences.	通过故事表演锻炼学生们的语言表达和小组合作能力。

教学或活动过程	意图(学科素养体现)
师:真棒！现在你们所有人都会运用这些词组和句子了。 五、总结延伸 (教师分别指着黑板上的图片问学生们。) T: Today, we know… 师:今天,我们知道了…… Ss: Wipe your nose. / Wave your hands. / Open the door. / Cover your mouth 生:擦鼻子、挥手、开门、捂住嘴。 T: Good! I'm sure you can do all these in your daily life. We have good manners! 师:真棒！我相信你们平时也可做到这些。我们都有礼貌! T: Let's talk about these pictures with your friends after class. You can also talk with your parents at home. 师:课下可以和朋友说说这些内容。也可以回家和父母说一说。 Ss: Great! 生:太好了!	总结本节课的目标达成,同时通过作业将本课主题内容延伸到课下,再次促进学生良好行为习惯的养成。

教学反思:

1.趣味性

本节课特别关注一年级小学生的学习兴趣培养,如:充分利用多媒体等教学资源为学生呈现不同的内容,使学生在视觉和听觉上有感悟,产生学习兴趣;还根据学生的年龄特点设计了拍单词等游戏环节,板书色彩鲜艳,吸引学生注意。这些都充分调动了学生们的学习热情,让他们对英语学习产生了浓厚的兴趣。

2.生活性

本课在设计上十分贴近实际,利用老师听课的现实场景为情景,从见到老师打招呼,为一同进教室的老师主动开门,到送别时挥手告别说再见,都是现实中学生会经常遇到的情境。学生在真实情境下学习体会了如何成为一个有礼貌的好孩子。

3.教育性

本节课通过真实的场景设置和语言载体让学生在情境中逐步学会运用礼貌用语,做出礼貌行为;了解了什么是公共场所好行为,知道了如何礼貌待人,懂得了"礼貌待人,快乐你我他"的道理。

4.自主性

通过落实协商理念和协商教学目标,学生在课上主动倾听、积极思考,培养了自主学习能力,在活动中能和同伴用英语语言交流、评论他人行为,加强了口语交际能力,同时通过模拟真实情景表演和编故事,培养了学生的语用能力。

5.不足

执教学生是一年级的学生,语言知识掌握有限,语料不够充足。

"英语综合"拓展课程二:《趣创意》课例

张穆瑶

学科	英语	年级	六年级	执教人	张穆瑶
课题		Let's make our mind maps about winter. 让我们制作介绍"冬季"的思维导图。			

拓展内容分析:
　　《趣创意》是学校"英语综合"课程中的拓展课。*Let's make our mind maps about winter* 是六年级上册拓展课《趣创意》的一课内容,其内容主要是了解更多与冬季相关的信息并结合信息制作多样有趣的冬季导图。
　　本节课教材结合《精通英语》六年级上册第六单元 *There are four seasons in a year* 中 35 课和 36 课内容,整合外研社出版的《新维度英语》第八册第一单元"A cold day"中部分内容编写的教材。拓展内容从季节特征、穿衣、活动等多方面为学生提供了更多与 winter(冬季)相关的知识,引导学生用更丰富的语言介绍季节并了解同一季节不同城市、不同国家的天气特征,开阔视野。

学情分析:
　　经过前期的训练,六年级的学生已经初步学会了通过手绘思维导图进行知识总结的方法,学生们对于这种学习方式非常感兴趣。但是学生在思维导图的运用上,还停留在较简单层面,只能找到核心词和部分分支,在拓展导图的深度和广度上还需要进一步学习。通过本节拓展课,学生可以进一步学会如何拓展导图内容,进而培养学生的思维能力和创造能力。

教学目标:
　　1.通过学习三封信的内容,能够了解冬季不同城市的天气特点、人们活动等,并结合真实情境,学习描述季节的词句并运用 in a sunny mood(愉悦的心情),remind of(想起)等有关活动的词汇与同伴交流对事情的感想。
　　2.通过制作和分享思维导图,学会用思维导图的形式整理和记忆知识点,将零散的思维串联起来,增强思维的逻辑性和创造性,构建完整的知识框架,学会有序思维和表达。
　　3.通过学习本课内容,认识不同城市同一季节的气候不同,感受祖国的幅员辽阔,四季分明,激发对大自然的热爱之情。

教学重、难点:
　　教学重点:通过参与绘制"冬之导图"活动,激发对英语学习的兴趣,培养学生在真实的情境中运用语言,提升语用能力和小组合作能力,达到能够用英语做思维导图的目的。
　　教学难点:引导学生创新思维导图制作思路与形式,感受利用思维导图整理、总结知识带来的趣味性,扩展思维深度与广度。

教学模式:
　　激趣导入—协商约定—探究学习—创意设计—展示评价—总结延伸

教学准备:PPT,信息卡,导图模板

教学过程	意图(学科素养体现)
一、激趣导入 T: Good morning, boys and girls. 师:早上好,男孩们和女孩们。 Ss: Good morning, Ms Zhang. 生:早上好,张老师。 T: Winter is coming. Shall we sing a song about winter? 师:冬季到了。我们来唱一首有关冬季的歌好吗? Ss: OK. 生:好的。 T: Let's sing the song together. 师:让我们一起唱歌。 (教师播放视频。)  [歌词中包括 make a snowman(堆雪人),sweep the snow(扫雪)等有关冬天活动的词。] T: Do you like winter? Would you like to talk about it? 师:你喜欢冬天吗? 提到冬季,你可以谈一谈你想到了什么吗? S1: I like winter. In winter, the weather is cold. 生1:我喜欢冬天。冬天天气很冷。 (教师在黑板贴出 winter 冬季、weather 天气、cold 冷的三个单词。) S2: Winter is the fourth season of the year. December, January and February are in winter. 生2:冬季是一年中的第四个季节。这个季节包含有十二月、一月和二月。 (教师在黑板贴出 month 月份、December 十二月、January 一月、February 二月四个单词。) T: Look, it turns to be a mind map about winter. 师:大家看,老师把大家说的整理成了一幅思维导图。	借助歌曲的欢快节奏及韵律,活跃气氛,激发学生英语学习热情,借助歌曲复习已学内容。通过思维导图形式呈现旧知,帮助学生复习导图绘制的步骤和信息提取的方法,为学习新知,拓展导图内容做铺垫。

Let's sing.(歌词内容)

Winter's here now. Winter's here now.
Get your coats, get your scarves.
Have you made a snowman?
Have you made a snowman?
Socks and boots, woolly gloves.

Winter's here now. Winter's here now.
Shorter days, longer nights.
Shall we go and sweep the snow?
Shall we go and sweep the snow?
Stars are bright, chilly nights.

教学或活动过程	意图(学科素养体现)
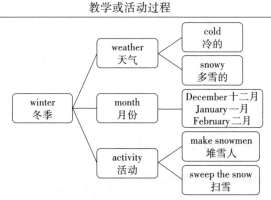 二、协商约定 T: Today, let's try to know more about winter, OK? 师:今天,让我们来了解更多关于冬季的信息,好吗? Ss: OK! 生:好的! T: Look at this form. There are some words, phrases and sentence patterns in the text. What are the key learning points? 师:大家来看一看这个表格。(教师出示表格)上面是文本中出现的词、词组和句型。这些内容中哪些是我们需要重点学习的内容? | 词,词组	句型 | |---|---|
①in a sunny mood	①It reminds me of...
②have to	②be in love with...
③mostly	③It feels like...
④lift the paws	| S1: I think we should learn "in a sunny mood". I don't know the meaning of "mood". 生1:我认为我们应该学习词组"in a sunny mood"。我不知道"mood"的意思。 S2: I think the key learning point is "lift the paws". 生2:我认为需要重点学习的是"lift the paws"。 S3: I want to know how to use "It reminds me…". 生3:我想要知道如何使用句型"It reminds me…" T: Great! Shall we try to expand the mind map about winter? 师:你们说的太棒了! 我们还要拓展有关冬季的思维导图,好吗? S: OK! 生:好的!	师生通过协商,筛选出本节课要重点学习的内容,为进行高效的语言知识学习做准备。教师帮助学生总结本节课的学习目标,引导学生在学习和生活中善于总结学习收获。

winter 冬季 — weather 天气 — cold 冷的 / snowy 多雪的
winter 冬季 — month 月份 — December 十二月 / January 一月 / February 二月
winter 冬季 — activity 活动 — make snowmen 堆雪人 / sweep the snow 扫雪

教学或活动过程	意图(学科素养体现)
T: Look, these are our learning aims. Who'd like to read them for us? 师:大家看,这就是我们的学习目标。(教师出示学习目标)谁来给大家读一读? S4: I'd like to. 生4:我来读一读。 (学生读学习目标) 1.学习文本中的重点词句,了解祖国不同城市冬季的特点,感受祖国的幅员辽阔。 2.整理文本内容,联系旧知,创新冬季思维导图的形式。 三、探究学习 (一)掌握新知 T: Would you like to watch a video about wintertime in Harbin? 师:你们想不想看一段介绍哈尔滨冬季的视频? S: Sure. 生:当然。 (教师播放视频) T: What are the dogs doing in the video? 师:视频中的小狗在做什么? Ss: They are lifting their paws. 生:他们正举着爪子。 T: The lovely dog is running to the Harbin Ice and Snow World. Let's follow it and see. What are they doing? 师:可爱的小狗跑向了哈尔滨冰雪大世界的门口。让我们跟上小狗,看一看人们在干什么? (教师出示图片) Ss: They are skating. 生:他们正在滑冰。 T: Are they happy?	观看视频和观察图片能让学生更直观地理解词汇,在冰雪大世界参观的情境中进行英语词句的学习与练习,激发学生的学习热情。

教学或活动过程	意图(学科素养体现)
师:他们高兴吗? Ss: Yes. 生:是的。 T: Great, we can also say they are in a… sunny mood. How about other people? Let's talk about these pictures with the following patterns. 师:对,我们也可以说他们有着……好心情。冰雪大世界里其他游客在干什么? 大家按照下面的句式,来说一说图片上的内容。 (教师出示句式和图片) He/She/ They is/are _____. He/She/ They is/are _____ in a _____ mood.  Ss: The girl is taking photos. She is in a sunny mood. 生:这个女孩正在照相。她有着好心情。 (学生按照句式描述三幅图的内容) (二)挖掘内涵 教师提出第一个问题: T: What can people wear in Harbin? 师:在哈尔滨的冬天,人们都穿什么? Ss: They can wear gloves and a scarf to keep them warm. 生:他们可以戴手套,围巾来保暖。 第二个问题: T: How do you feel about the wintertime in Harbin? 师:在哈尔滨度过冬季时光,你的感受是怎样的? Ss: I feel… cool/wonderful/great/ nice/ happy…	培养了学生自主阅读文本的能力,学生边读边找关键句,学习获取细节信息的方法。在本环节引导学生表达观点时,学生根据问题运用不同的单词对 winter(冬季)进行评价,提升了学生的表达能力。根据学生的评价鼓励学生探索大自然之美,热爱生活。

教学或活动过程	意图(学科素养体现)
生:我感到很酷/很棒/棒/好/开心… T: Fantastic! Harbin is cold. But if we can observe the nature and enjoy the winter, maybe we can have a nice time. 师:你们说的太棒了！哈尔滨虽然很冷,但是如果我们能认真观察大自然,享受冬季,或许我们会度过一段美好的时光。 (三)探究难点 1.丰富导图 T: You know more about wintertime in Harbin. Shall we add some information to the previous mind map? 师:现在你们了解了更多有关冬季哈尔滨的信息。让我们用这些信息,一起丰富一下刚才的思维导图好吗? Ss: OK! 生:好! (师生在原有导图的基础上,将本文内容进行梳理,完成导图"Wintertime in Harbin冬季的哈尔滨"。) 	引导学生梳理知识,拓展导图内容,形成更全面、丰富的信息网。
2.提炼方法 T: When we talk about winter, we may use this mind map. If we want to make a mind map about "season", what can we talk about? 师:当我们谈论冬季时,我们可以围绕上面这个导图展开交流。如果制作关于"季节"的导图,你们可以从哪方面介绍? S1: We can introduce the weather.	鼓励学生提炼设计导图的方法,总结介绍"季节"的思维导图模板,将所学应用到后面的学习中。

教学或活动过程	意图(学科素养体现)
生1:我们可以介绍天气情况。 S2: I can introduce how to choose the proper clothes. 生2:我可以从服装选择方面介绍。 S3: I can write down what people do in this season. 生3:我可以写下在这个季节人们都做什么。 T: You're right. Look, can we make a mind map with these following factors? 师:你们说得都对。大家看,我们是否可以围绕下面这些方面进行介绍? 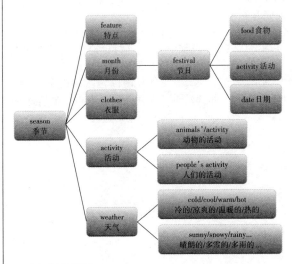 四、创意设计 (一)自主选择,小组阅读 T: The wintertime in Harbin is cold. We have many cities in our country. How's the weather in other cities? There are two letters left. One is about the wintertime in Dali and the other one is about the wintertime in Sanya. Choose one to read and choose the way you read it in groups, clear? 师:哈尔滨的冬季是寒冷的。但是在我们国家有很多城市。这些城市的冬季又是怎样的呢? 这还有两封信,分别是介绍大理的冬季和三亚的冬季。请你们以组为单位,选择一封想要阅读的信,选择你们读的方式,明白了吗? Ss:Clear! 生:明白了! T: You can read it one by one, in pairs or read it together. Let's do it!	 鼓励学生通过小组合作,阅读文本,了解文本内容。这一过程,充分培养了学生自主学习能力与合作能力,锻炼了学生获取主要信息的阅读策略。

教学或活动过程	意图(学科素养体现)
师:你们可以一人一句读文本,两人一组读或者一起读。让我们开始吧! Ss: OK! 生:好的! (二)梳理信息,设计导图 (学生尝试归纳、总结信息,初步绘制导图。教师下组帮助学生解答问题。) (三)启发引导,完善导图 T: I'm sorry for disturbing you. I find that some of you have troubles when you make the mind map. Let's discuss now. Maybe you can get some information from our discussion. What's the difference among these three cities? 师:打扰你们了。我发现有一些同学在做导图过程中遇到了问题。现在让我们讨论一下。也许你能从讨论中受到启发。这三个城市的冬季有什么不同点? S1: The weather is different. In Harbin, it's cold. In Dali, it's warm. In Sanya, it's hot and sunny. 生1:天气是不同的。在哈尔滨,天气冷。在大理,天气温暖。在三亚,天气炎热而且晴朗。 S2: People wear different clothes. 生2:人们穿不同的衣服。 S3: People do different activities. 生3:人们进行不同的活动。 T: Brilliant! Can you get some new ideas? 师:说的真棒! 你们是否有新的想法? Ss: Yes. 生:是的。 T: Let's add more information to the maps. 师:请完善你们的导图。 五、展示评价 T: You've added more information to your mind maps. Now, who'd like to share your mind map with others? 师:刚才大家又完善了导图。现在,哪一组愿意分享导图? Ss: Our Group One wants to show our mind map. 生:我们第一组想要展示导图。 T: Good! Please come to the front. 师:好! 请到前面来。 Ss: This is our mind map about the wintertime in Sanya. It's mostly sunny and hot. People wear sunglasses and shorts. People can play soccer on the beach.	引导学生制作导图,在绘制导图的过程中培养学生有序思维,有序表达的能力。学生可依据自己的喜好,选择各种形式的导图模板,设计导图风格,增添趣味性。 通过讨论,启发学生开拓思维,将知识进行横向对比,丰富导图内容。讨论交流的过程,也是学生相互交流信息,补充信息的过程。 展示导图,讲解导图的过程,培养学生小组合作,表达交流的能力,树立学生用英语交流的自信心。生生间相互评价时,引导学生细心观察,耐心倾听,相互借鉴,养成良好的学习习惯。教师从内容连续性、设计创新性两个角度对学生的思维导图进行激励性评价,引导学生找到本课提升点,发现自身的创造性。

教学或活动过程	意图(学科素养体现)
生:这是我们组的思维导图。它介绍了三亚的冬季。天气大部分的时候是晴朗、炎热的。人们戴太阳镜,穿短裤。人们可以在沙滩上踢足球。 T: Wonderful! Do you like their mind map? What do you think of it? 师:太棒了! 你们喜欢他们组的导图吗? 你有什么看法? S1: I like their mind map. It's about the wintertime in Sanya. It's colourful. 生1:我喜欢他们组的导图。导图介绍了三亚的冬季。导图色彩丰富。 S2: I like it, too. We can learn a lot from their mind map. 生2:我也喜欢。我们可以从他们组的导图中学到许多知识。 S3: Just so-so. I think our mind map is more beautiful. 生3:一般般。我认为我们组的导图更漂亮。 (第2、3、4组也依次展示了名称为:Winter 冬季,Wintertime in Sanya 三亚的冬季,Wintertime in Dali 大理的冬季的思维导图。) T: Good! You all did very well. Today, you all can add more information to your mind maps. And each of your mind maps is special. You even stick some pictures about winter to make your mind maps more beautiful. 师:太棒了! 大家都做的很好,能在导图中拓展了更多的信息。导图各具特色。你们甚至贴上了一些有关冬季的小贴纸,让导图看起来更美观。 六、总结延伸 T: Today we know more about winter. What did you learn today? 师:今天我们了解了更多有关冬季的信息。你们都学到了什么? S1: I know the wintertime in Harbin and the meaning of "in a sunny mood". 生1:我了解了冬季的哈尔滨并且知道了词组"in a sunny mood"的意思。 S2: I find the difference among these cities in winter. 生2:我发现了城市在冬季的不同之处。 T: Cool! Our country has a vast territory with four distinctive seasons. You can go travelling in our country and enjoy the nature during your holidays.	引导学生总结本节课所学,落实学习目标。肯定学生在思维导图制作上的提升与创新,鼓励学生利用课余时间拓展课外知识,将今天所学应用到今后学习中。

教学或活动过程	意图(学科素养体现)
师:真棒! 我们祖国幅员辽阔,四季分明。你可以利用假期在国内旅行,享受大自然。 S3: We know how to make a mind map about season. 生3:我们知道了如何制作有关季节的思维导图。 T: Right. Today we showed the mind map about winter. You designed these mind maps by yourselves. That's very creative. And you can sum more information now, right? 师:说得对。今天我们展示了有关冬季的思维导图。你们独立设计了自己组的导图。这非常有创意。并且你们现在也会总结更多信息了,对吗? S: Yes! 生:是的! T: Great! I am really proud of you. Maybe after class, you can try to make a mind map about 'month' and share it with your friends. 师:真棒! 我真为你们感到骄傲。下课后,你们可以尝试做一做有关"月份"的导图,然后与你的朋友们一起分享。	

教学反思:

成功之处:

突出协商理念。在学习前,师生围绕"学习目标"充分进行协商,确定目标。学习中,学生以小组为单位,自主选择自己感兴趣的内容介绍进行阅读,也选择了阅读方式,如组内一人一句读,两人一组读抑或是一起读等,体现了学生学习的主体性。

体现学习乐趣。本节课注重激发学生的学习兴趣,六年级学生需关注语言综合能力的运用,学生既要不断掌握新知又需随时将相关旧知联系起来,形成知识网。在绘制导图的过程中,学生借助色彩、符号、图像等将所学知识联系起来。这一过程培养了学生的创造性思维,激发了学生联想与创造力。同时,小组之间的交流比拼,鼓励学生取长补短的同时,也让自主学习、信息识记变得更有趣。

凸显创意特色。通过本节课的学习,学生可以结合导图模板,绘制具有自己风格的导图,展示在信息分类整理、设计样式等方面的特色。在这一过程中,学生也锻炼了有序思维、有序表达的能力,拓展了思维的广度与深度,培养了学生创造思维能力和语言表达能力。

注重教育意义。引导学生通过独立阅读、同桌合作、小组活动等方式,主动思考,积极求知,在学习知识的同时,从中了解更多有关冬季的信息,开阔眼界。同时,认识到不同城市同一季节的气候是不同的,深入感受我国国土的幅员辽阔,四季分明,鼓励学生认真观察大自然,从而激发热爱大自然的情感。

不足之处:

本节课可以在绘制导图的环节,再鼓励学生拓展更多内容,联系四、五年级知识,鼓励学生横向、纵向联系旧知,丰富语言表达素材,树立学生对英语学习的自信心。

第四节 "道德与法治综合"课程纲要

范伟敏 李红元

一、课程背景

"道德与法治综合"课程是我校"小海帆"自主发展教育课程体系中学科综合课程中"自我与世界"部分涉及的一门课程。"道德与法治综合"课程包括道德与法治国家课程和道德与法治拓展课程两部分内容。我们力求以协商理念为指导,通过道德与法治课程综合的学习使学生能够关注世界发展、关心国家大事、参与社会活动、具有生活能力、树立良好品行、乐于实践创新。

道德与法治课程目标中提出要将道德与法治教育深植在中华传统文化中,让道德与法治教育有魂、有根,有文化的境脉,有历史的纵深感和厚重感。中华优秀传统文化是中华民族的血脉,是中华民族的根基,是中国最突出的优势,也是中国最大的软实力,中国特色的社会主义建设应植根于中华民族优秀的文化土壤中。但我们综观道德与法治课程,感到其中涉及民族文化教育的内容不够丰富,学生在学习过程中,渴望对中华优秀传统文化有更深入的了解。我校自编的民族文化读本的内容可以满足学生的需求,为此,我们将学校自编的民族文化读本和道德与法治课程整合与扩展,提高学生的核心素养,增强民族自信心,为成为国家今后的建设者和接班人奠定牢固的基础。

二、课程目标

(一)教育目标

遵循教育规律,培养有爱心、责任心、具有良好行为习惯和个性品质的儿童;促进小学生以品德为核心的基本文化素质的全面发展;引导学生将国家与社会的要求融入自己的生活,学会学习,学会生活,学会做人。

(二)学科素养目标

1.关爱自然,有保护生态环境的意识。尊重不同国家和人民的文化差异,具有初步的开放的国际意识。

2.热爱祖国,珍视祖国的历史、文化传统。知道当前党和国家主要领导人,能够通过媒体了解国家大事。

3.乐于参与社会活动,敢于对自己的行为负责。在活动中,能倾听他人的意见,能与他人平等地交流与合作。热心志愿服务,有较强的责任意识。

4.学习料理自己的生活,尽量少给父母添麻烦。关心家庭生活,愿意分担家务,有一定的家庭责任感。了解有关安全的常识,有初步的安全意识和自护自救能力,爱护自己的身体和生命。初步学习正确对待生活中的问题、压力、冲突和挫折。学习自我调节的方法,提高适应能力。

5.礼貌待人,仪表端庄。为人正直,对人真诚。具有宽容、友善、关爱负责的良好品格。

6.在学习、生活及各类实践中,乐于探究创新,喜欢与众不同,敢为人先,具有初步创意思维和实践能力。

三、课程内容

(一)道德与法治课程校本化

为使学生在道德与法治学科的学习中得到更好的发展,根据我校学生学习道德与法治的现状,我们对国家课程进行了校本化的研究。对学科内相关内容进行整合,对有助于提高学生思想道德素养的相关内容进行了拓展,以便于激发学生学习道德与法治的兴趣,增强学生的道德情操、爱国主义情感和民族自豪感。

(二)道德与法治拓展课程

学校"道德与法治"拓展课程是以《道德与法治》国家课程为基础,结合学校自主编辑的《民族文化课读本》的内容,根据1—6年级学生的认知特点,以自主协商活动形式编辑的。其主要目的是通过学生自主参与活动,引导学生在日常生活中,增进对中华传统文化的认识,养成孝老敬亲、礼貌待人、勤俭节约、吃苦耐劳、言行一致、崇尚英雄等传统美德,培养学生对国家、对民族的情感。

四、课程实施

1.认真落实道德与法治国家课程,研读教材。每学期开学前,根据道德与法治教材单元主题编排的特点,确定各年级道德与法治课自身的整合和拓展课内容。整合后1—6年级每学期余出2课时,进行道德与法治拓展课。

2.每学期,根据课程目标分别制定道德与法治课程校本化的实施计划和道德与法治拓展课程实施计划,教师要严格按照课程进度计划备好课、上好课,落实道德与法治学科素养。

3.落实学校育人目标、学科素养目标。继续探索"拓展课程",探究以协商理念为指导,探究学生自主学习、合作交流为主要形式的活动模式。

4.每学期通过对两节课教学设计的深度研讨,将教师自身的思考、反思与教学实况结合起来,撰写出具体有典型性、研究性和启发性的课例。发现和揭示有意义的问题,并以课例为载体开展教学研究,组织教师讨论和交流,达到借鉴和启发的效果。

5.培养学生的收集资料能力、自主探究能力、合作能力,使学生的内在潜能得到充分开发和展示,帮助学生养成关注世界发展和关心国家大事的习惯。

6.注重与家长多种形式的沟通。以面谈、问卷、会议等多种方式与家长沟通,征求家长对道德与法治拓展课的内容、学习方式的建议,达到家校一致,形成家校合力。

7.具体安排如下:

(1)国家课程校本化实施计划:

年级	国家课程规定的教材内容及课时	内容整合及节省的课时
	国家课程规定32课时	2课时
一年级上册	第一单元《我是小学生啦》 共8课时 第二单元《校园生活真快乐》 共8课时 第三单元《家中的安全与健康》 共8课时 第四单元《天气虽冷有温暖》 共8课时	第一单元将第1课《开开心心上学去》中第1个话题"上学啦,真高兴"和第2个话题"爱新书,爱书包"原有2课时,整合为1课时,节省出1课时。 第四单元将第15课《快乐过新年》中的第3个话题"大家一起过春节"和第4个话题"多样的传统新年"原有2课时,整合为1课时,节省出1课时。

年级	国家课程规定的教材内容及课时	内容整合及节省的课时
一年级下册	国家课程规定34课时	2课时
	第一单元《我的好习惯》　共8课时 第二单元《我和大自然》　共8课时 第三单元《我爱我家》　共8课时 第四单元《我们在一起》　共10课时	第一单元将第4课《不做"小马虎"》中的第1个话题"生活中的'小马虎'"和第2个话题"怎样才能不马虎"原有2课时，整合为1课时，节省出1课时。 第三单元将第10课《家人的爱》中的第2个话题"相亲相爱一家人"、第3个话题"让家人感受到我的爱"原有2课时，整合为1课时，节省出1课时。
二年级上册	国家课程规定32课时	2课时
	第一单元《我们的节假日》　共8课时 第二单元《我们的班级》　共8课时 第三单元《我们在公共场所》　共8课时 第四单元《我们生活的地方》　共8课时	第三单元将第3课《大家排好队》原本2课时，现将"还是排队好""哪些地方要排队"和"怎样排队好"这三个话题结合在一起，用1课时完成，节省出1课时。 第四单元将"我家门前新事多""家乡特色代代传"和"我的家乡会更好"原2课时，整合后1课时完成，节省出1课时。
二年级下册	国家课程规定32课时	2课时
	第一单元《让我试试看》　共8课时 第二单元《我们好好玩》　共8课时 第三单元《绿色小卫士》　共8课时 第四单元《我会努力的》　共8课时	第一单元第3课原本2课时，现将"这里有个'开心果'"和"这时我要怎么办"两个话题结合在一起，用1课时完成，节省出1课时。 第三单元第1课将"我很珍贵""我遭遇了不幸"和"快来帮帮我吧"原本2课时，整合后用1课时完成，节省出1课时。

续表

年级	国家课程规定的教材内容及课时	内容整合及节省的课时
三年级上册	国家课程规定33课时	2课时
	第一单元《快乐学习》　　　　　共8课时 第二单元《我们的学校》　　　　共8课时 第三单元《安全护我成长》　　　共8课时 第四单元《家是最温暖的地方》　共9课时	第二单元将第4课《说说我们的学校》中第1个话题"我们的足迹"和第4个话题"一起画张平面示意图"原有2课时,整合为1课时,节省出1课。 第三单元将第8课《安全记心上》中的第1个话题"平安出行"和第4个话题"安全通行证"原有2课时,整合为1课时,节省出1课时。
三年级下册	国家课程规定34课时	2课时
	第一单元《我和我的同伴》　　　共9课时 第二单元《我在这里长大》　　　共9课时 第三单元《我们的公共生活》　　共6课时 第四单元《多样的交通和通信》共10课时	第二单元 将第7课《请到我的家乡来》中的第1个话题"我的家乡在哪里"和第2个话题"我是家乡小导游"原有2课时,整合为1课时,节省1课时。 第四单元将第13课《万里一线牵》中的第1个话题"神通广大的现代通信"和第3个话题"飞速发展的通信世界"原有2课时,整合为1课时,节省出1课时。
四年级上册	国家课程规定34课时	2课时
	第一单元《与班级共成长》　　　共11课时 第二单元《为父母分担》　　　　共8课时 第三单元《信息万花筒》　　　　共9课时 第四单元《让生活多一些绿色》　共6课时	第二单元将第5课《这些事我来做》中第1个话题"家务擂台赛"和第2个话题"愿做哪种人"原有2课时,整合为1课时,节省出的1课时。 第三单元将第8课《网络新世界》中第1个话题"新世界 很精彩"和第2个话题"新世界 有规则"原有2课时,整合为1课时,节省出1课时。

年级	国家课程规定的教材内容及课时	内容整合及节省的课时
四年级下册	国家课程规定32课时	2课时
	第一单元《同伴与交往》　　共8课时 第二单元《做聪明的消费者》　共8课时 第三单元《美好生活哪里来》　共8课时 第四单元《感受家乡文化 关心家乡发展》 　　　　　　　　　　　　共8课时	第一单元将第2课《说话要算数》中的第1个话题"谁还相信他的话"和第2个话题"那些说话算话的人"原有两课时,整合为1课时,节省出1课时。 第四单元将第11课《多姿多彩的民间艺术》中的第1个话题"民间艺术交流会"和第2个话题"我们这里的民间艺术"原有2课时,整合为1课时,节省出1课时。
五年级上册	国家课程规定32课时	2课时
	第一单元《面对成长中的新问题》 　　　　　　　　　　　　共9课时 第二单元《我们是班级的主人》 　　　　　　　　　　　　共6课时 第三单元《我们的国土 我们的家园》 　　　　　　　　　　　　共6课时 第四单元《骄人祖先 灿烂文化》 　　　　　　　　　　　　共11课时	第一单元将第3课《主动拒绝烟酒与毒品》中第1个话题"烟酒有危害"和第2个话题"毒品更危险"原有2课时,整合为1课时,节省出1课时。 第四单元第8课《美丽文字 民族瑰宝》中第1个话题"丰富多样的文字"和第2个话题"古老而优美的汉字"原有2课时,整合为1课时,节省出1课时。
五年级下册	国家课程规定34课时	2课时
	第一单元《我们一家人》　　共6课时 第二单元《公共生活靠大家》　共8课时 第三单元《百年追梦 复兴中华》 　　　　　　　　　　　　共20课时	第二单元将第6课《我参与 我奉献》中第1个话题"友善相待"和第2个话题"文明有礼"原有2课时,整合为一课时,节省出一课时。 第三单元原来共20课时,第10课《夺取抗日战争和人民解放战争的胜利》中第1个话题"勿忘国耻"和第2个话题"众志成城"原有2课时,整合为一课时,节省出一课时。

续表

年级	国家课程规定的教材内容及课时	内容整合及节省的课时
六年级上册	国家课程规定 27 课时	2 课时
	第一单元《我们的守护者》　　共6课时 第二单元《我们是公民》　　共6课时 第三单元《我们的国家机构》　　共9课时 第四单元《法律保护我们健康成长》 　　共6课时	第一单元第1课原本3课时,现将"法律是什么"和"生活与法律"两个话题结合在一起,用1课时完成,第一课共用2课时,节省出1课时。 第二单元第3课原本3课时,现将"公民身份从何而来"和"认识居民身份证"两个话题结合在一起,用1课时完成,第一课共用2课时,节省出1课时。
六年级下册	国家课程规定 28 课时	2 课时
	第一单元《完善自我 健康成长》共8课时 第二单元《爱护地球 共同责任》共6课时 第三单元《多样文明 多彩生活》共5课时 第四单元《让世界更美好》　共9课时	第一单元第1课原本3课时,现将"尊重自己"和"尊重他人"两个话题结合在一起,用1课时完成,第一课共用2课时,节省出1课时。 第一单元第2课原本3课时,现将"宽容让生活更美好"和"拥有一颗宽容心"两个话题结合在一起,用1课时完成,第2课共用2课时,节省出1课时。

（2）拓展课程实施：

年级	类型（题目）	主要内容	课时
一年级上册	我们都是好朋友 （《民族文化课读本①》）	1.了解我国古代互帮互助、团结友爱的名言警句及其意义,如:"团结就是力量。""人心齐,泰山移。" 2.讲述春秋战国时期友善相处的历史故事:《管仲与鲍叔牙》《将相和》。 3.讲述东汉时期友善相处的历史故事:《孔融让梨》。 4.讲述近现代友善相处的历史故事:《雷锋的故事》《长征——团结友爱的征途》。 5.分享学习故事后的感悟。	1

年级	类型(题目)	主要内容	课时
一年级下册	爱的接力 (《民族文化读本③》)	1.了解我国近现代助人为乐的名言警句及其意义,如:"我愿永远做一个螺丝钉。""为人民服务。""人的生命是有限的,可是,为人民服务是无限的,我要把有限的生命,投入到无限的为人民服务之中去。" 2.讲述东汉时期与人为善、关爱他人的历史故事:《荀巨伯的故事》。 3.讲述近现代与人为善、关爱他人的历史故事:《雷锋的故事》《王杰的故事》《助人为乐的毛泽东》《歌手李琛的故事》。 4.分享学习故事后的感悟。	1
	我们找到了学习的榜样 (《民族文化读本①》)	1.讲述近现代珍惜时间的历史故事:《鲁迅的故事》《身残志坚、拼搏进取的女青年张海迪》。 2.了解我国近现代珍惜时间的名言警句及其意义,如:"时间就像海绵里的水,只要愿挤,总还是有的""时间就是生命,时间就是速度,时间就是力量",并选择自己喜欢的写在书签上。 3.观看"陶侃惜时如金"的视频故事。 4.分享学习故事后的感悟。	1
	爸爸、妈妈、老师,我爱你们! (《民族文化课读本①》)	1.讲述春秋战国时期孝敬父母的历史故事:《戏彩娱亲》《子路负米》。 2.讲述汉代时期孝敬父母的历史故事:《亲尝汤药》。 3.讲述近现代孝敬父母的历史故事:《陈毅探望身患重病的老母》。 4.了解《论语》中孝敬父母的名言警句及其意义,如:"百善孝为先""事父母,能竭其力"。 5.观看二十四孝之一"孝感动天"的视频故事。 6.分享学习故事后的感悟。	1
二年级上册	民族英雄在我心中 (《民族文化课读本④》)	1.讲述抗日战争时期的历史事件:东北抗联、百团大战。 2.学习介绍抗日战争时期的英雄人物:狼牙山五壮士、王朴。 3.分享学习故事后的感悟。	1
	打开曲艺之门,走进曲艺世界(《民族文化读本②》)	1.观看天津地方曲艺形式的录像片段:天津时调、天津快板、京韵大鼓、京东大鼓、相声、评书。 2.学习介绍天津地方曲艺形式的代表人物:王毓宝、李润杰、骆玉笙、董湘昆、马三立、陈士和。 3.学习介绍天津地方曲艺形式的各种乐器。 4.分享学习收获。	1

续表

年级	类型(题目)	主要内容	课时
二年级下册	我爱我家 (《民族文化读本②》)	1.讲述古代历史名人成长的事例:孟母"三迁择邻""断机教子"岳母教子"精忠报国"、杨家将的故事。 2.讲述近现代历史名人成长的事例:宋庆龄、董建华、李嘉诚。 3.分享学习收获和感悟。	1
	珍爱水资源 (《民族文化课读本③》)	1.学习介绍水的一般性质,在生活中的重要作用:《水是什么》《无可替代的物质》。 2.讲述中国水资源匮乏现状。 3.讲述古代五大水利工程:郑国渠、都江堰、灵渠、白渠、隋唐大运河。 4.讲述引滦入津工程。 5.分享自己的节水计划。	1
三年级上册	我是爱校小标兵 (《民族文化课读本③》)	1.学习我校"津门童星":伍卫等七位同学的事迹。 2.分享自己学习的体会。 3.观看《少年英雄的故事》。 4.谈一谈自己的观后感。	1
	遇事有办法 我智勇双全(《民族文化课读本③》)	1.讲述秦朝以前的历史故事:《苏武牧羊》。 2.学习三国时期的历史故事:《赤壁之战》。 3.了解近现代历史故事:《蔡锷护国》《护法战争》《南昌起义》。 4.分享学习故事后的感悟。	1
三年级下册	丰富多彩的天津民间艺术 (《民族文化课读本③》)	1.观看"杨柳青年画"的纪录片。 2.讲述"泥人张"的故事。 3.了解剪纸艺术的历史、特点、寓意、制作工艺等方面的内容。 4.尝试体验制作"年画""泥人"和"剪纸"。 5.交流学习收获。	1
	我与信息网络零接触 (《民族文化课读本③》)	1.讲述我国古代通讯方式的故事:《鱼传尺素》《风筝通信》《竹简传书》。 2.介绍在信息领域做出突出贡献的人物事迹,如百度七剑、丁磊、李国杰、张朝阳和王志东。 3.交流自己学习后的感悟。	1
四年级上册	我爱爸爸妈妈 (《民族文化课读本②》)	1.讲述"岳母刺字""孟母三迁择邻""诸葛亮教子""子路借米孝敬父母""包拯辞官孝母""黄香孝亲"等故事的内容。 2.讲述"为人子、止于孝""百善孝为先"等格言及其含义。 3.给父母写一封信,做一些力所能及的家务等主动关心父母。 4.交流学习收获。	1

续表

年级	类型(题目)	主要内容	课时
四年级下册	征服自然灾害 共建美好家园(《民族文化读本④》)	1.知道地震、山洪、冰雹、干旱、泥石流等常见的自然灾害名称。 2.知道泥石流、沙尘暴等自然灾害发生的原因。 3.总结节约用纸、回收废纸、垃圾分类、变废为宝等保护环境的方法,学会不乱扔垃圾。	1
	美德伴我成长(《民族文化读本④》)	1.讲述"将相和""康熙时大学士张英礼让邻居""张良拾鞋"等古代礼让故事。 2.讲述"晏殊信誉的树立""立木为信""烽火戏诸侯""曾参杀猪"等古代诚信故事。 3.交流讲诚信、知礼让的方法。	1
	我爱家乡名人(《民族文化课读本④》)	1.讲述李叔同、冯骥才、马三立、曹禺、华世奎等天津文化艺术名人的故事。 2.分享并说说自己的收获。 3.欣赏相声《逗你玩》、歌曲《送别》、朗读短文《珍珠鸟》等文艺作品。 4.制作天津文化艺术手抄报,将自己搜集的资料和感受记录在上面并在班级中交流。	1
五年级上册	我们祖国是个大家庭(《民族文化课读本⑤》)	1.了解我国历史上四次民族大融合:秦统一六国、北魏的民族大融合、元朝的民族大融合、清朝统一的多民族国家的巩固。 2.讲述民族融合过程中的历史故事:文成公主进藏、昭君出塞、鉴真东渡日本、郑和下西洋。 3.交流自己学习后的感受。	1
	璀璨的中国医药文化(《民族文化读本⑤》)	1.学习我国医药发展史:殷商时期、秦汉时期、魏晋南北朝、唐代、宋代、明代、中华人民共和国成立以后。 2.讲述我国历史十大名医的生活背景及相关故事:扁鹊、华佗、张仲景、皇甫谧、葛洪、孙思邈、钱乙、朱震亨、李时珍、叶天士。 3.了解我国中医药的世界之最:世界最早的麻醉剂、世界最古的体疗图、世界最古的草药书、世界第一部儿科专著、世界第一部药典、世界第一部传染病专著等。 4.交流学习收获。	1
五年级下册	寻找榜样,感悟精神——我心中的英雄(《民族文化读本⑤》)	1.学习我国古代英雄故事:岳飞精忠报国、戚继光率兵抗倭、民族英雄郑成功、甲午军魂邓世昌。 2.学习我国近现代英雄故事:杨靖宇、刘胡兰、董存瑞、邱少云。 3.讲述和平年代的英雄故事:焦裕禄、钟南山、张伯礼、张定宇。 4.交流学习收获。	1

续表

年级	类型(题目)	主要内容	课时
	激情奥运,感动你我(《民族文化课读本⑤》)	1.分享2022年冬奥会相关资料:北京是奥运史上第一个举办过夏季和冬季奥运会的城市、冬奥会会徽、吉祥物、火炬、主题口号等。 2.制作"我为冬奥会喝彩"主题手抄报,将自己搜集的资料和感受记录在上面并在班级中交流。	1
六年级上册	影响深远的中国古代法典	1.观看《依法治国——从"简"到"典"》《中国民法典——这是,一个百年》视频。 2.讲述中国古代立法、执法的故事。 3.介绍中国古代具有代表性的法典及其历史地位:隋《开皇律》、唐《唐律疏议》、明《大明律》、清《大清律例》等。 4.交流自己的感受。	1
	中国古代法制史上的杰出人物	1.观看《大理寺》纪录片片段。 2.讲述中国古代法制史上杰出人物的历史故事。 3.了解中国古代法制史上杰出人物对法制做出的贡献,如周公、子产、商鞅、萧何、长孙无忌等。 4.交流自己的感受。	1
六年级下册	一方有难,八方支援	1.观看《重兵汶川》片段。 2.分享全国人民共同应对重大突发事件的案例,如5·12汶川大地震、新冠病毒防疫等。 3.分享抗震救灾、逆行支援的感动人物故事。 4.交流自己的感受。	1
	丝绸之路,文明曙光	1.聆听歌曲《丝绸之路》。 2.了解丝绸之路及海上丝绸之路的路线图。 3.讲述古代丝绸之路的相关人物和他们的故事,如张骞、玄奘、鉴真、郑和等。 4.交流自己的感受。	1

五、课程评价

道德与法治课程的评价能够充分了解学生对道德与法治教育目标的达成情况和存在的问题,从而改进课堂教学的设计提高道德与法治教学质量,使学生综合素养得到提高。

(一)评价内容

1.课程目标校本化的内容,在注重对学生课上自主学习效果的同时,重点培养学生良好的学习习惯的养成。为此我们制定了"上海道小学学生自主学习习惯评价表"。(见我校一至六年级自主学习习惯评价手册)

2.拓展课程的评价内容是:从课前资料收集、课上表达、课后实践三方面进行评价。

（二）评价方法

1.坚持形成性和终结性相结合。形成性即课堂教学中的评价和阶段性评价,目的在于注重学生日常学习的效果。终结性即学期末评价。

2.坚持评价的多元化。包括自评、互评、学生、教师、家长评价。

道德与法治学科拓展课程评价

"聪明小达人"评价表(低年级)

评价内容	荣誉称号	评价标准	自评	组评
课前收集	"我能行"小达人	1.能够在课前收集资料。		
		2.能够围绕主题在课前收集相关资料。		
课上表达	"我能说"小达人	1.乐于在组内或班级分享自己收集的资料。		
		2.能够将收集的材料有条理地和同学分享。		
课后实践	"我能做"小达人	1.能够将学到的内容在生活中进行实践。		
		2.能够将学到的内容分享给其他人。		

"践行小达人"评价表(中年级)

评价内容	荣誉称号	评价标准	自评	组评
课前收集	收集小达人	1.能够在课前收集资料。	👍	👍
		2.能够围绕主题在课前收集相关资料。	👍	👍
		3.能够对收集的资料进行一定的整理。	👍	👍
课上表达	讲解小达人	1.乐于在组内或班级分享自己收集的资料。	👍	👍
		2.能够将收集的资料有条理地和同学分享。	👍	👍
		3.在与同学交流的过程中加入自己的想法。	👍	👍
课后实践	实践小达人	1.能够将学到的内容在生活中进行实践。	👍	👍
		2.能够将学到的内容分享给其他人。	👍	👍

"传承小达人"评价表(高年级)

评价内容	奖章类别	争章标准	自评	组评
课前收集	收集小能手	1.能够在课前收集资料。	☆	☆
		2.能够围绕主题在课前收集相关资料。	☆	☆
		3.能够对收集的资料进行一定的整理。	☆	☆
课上表达	小小讲解员	1.乐于在组内或班级分享自己收集的资料。	☆	☆
		2.能够将收集的材料有条理地和同学分享。	☆	☆
		3.在与同学交流的过程中加入自己的感受。	☆	☆

说明:

1.课上发给每个学生评价表,让学生知道评价标准。

2.每次活动结束时,进行评价(先个人,后小组)。按评价标准,做到哪条就在哪条的图案上涂上颜色。

3.期末根据两次活动的评价结果,进行总评,评出各班的小达人。

"道德与法治综合"拓展课程:孝敬父母是美德

李敬伊

学科	道德与法治	年级	四年级	执教人	李敬伊
课题			孝敬父母是美德		

拓展内容分析:
　　《孝敬父母是美德》是《道德与法治综合》课程中的扩展课,是四年级上册拓展课《民族文化课读本》中的一课内容。本课的主要内容是选取了古代《孟母三迁》《子路借米孝敬父母》《黄香温席》的故事以及当代孝敬父母的故事,请同学交流分享,了解故事中的主人公具有的孝敬品德。同时让学生结合之前所学内容和课后实践,分享自己在生活中孝敬父母的视频资料,懂得要主动关心父母,以实际行动孝敬父母,要从现在做起,从点滴做起。

学情分析:
　　《道德与法治》四年级上册第二单元《为父母分担》已经让学生了解和理解父母,体谅父母的辛苦和不易,更加主动地参与家务劳动,为家庭做贡献。同时,也让学生在单元学习后进行了回家的实践活动。学生虽然能够感受父母的爱,能学着管好自己,少给父母添麻烦,但在如何回报父母的爱、做到主动关心父母等方面还是有所欠缺。所以本课将在学生初步感知的基础上,让学生通过搜集分享古代及当代孝敬父母的故事和分享自己怎样孝敬父母的视频等活动,让学生进一步认识到孝敬父母是中华民族的传统美德,对一个人的成长有着重要作用,从而学会理解父母、用实际行动孝敬父母。

教学目标:
　　1.懂得孝敬父母是中华民族的传统美德,进一步理解社会主义核心价值观中友善的内涵。
　　2.知道孝敬父母的美德对人的成长有重要的作用。
　　3.使学生以实际行动践行孝敬美德,培养家庭的责任感。

教学重、难点:
　　教学重点:通过分享古今孝敬父母的事例,懂得孝敬父母是中华民族的传统美德,进一步理解社会主义核心价值观中友善的内涵。
　　教学难点:使学生以实际行动践行孝敬美德,培养家庭的责任感。

教学模式:协商定标——交流分享——实践感悟——总结延伸

教学准备:古今孝敬父母的故事、自己孝敬父母的视频

教学过程	意图(学科素养体现)
一、协商定标 　师:同学们,通过我们之前《道德与法治》课的学习,我们知道了父母的工作非常辛苦,但尽管如此,他们还是把我们照顾得无微不至,我们也在学着去管好自己,少给父母添麻烦,知道了这是孝敬父母的一种体现。同学们,你们知道吗?孝敬父母自古以来就是中华民族的传统美德,今天我们就来上一节拓展课《孝敬父母是美德》,让我们一起齐读课题。	利用学生已知内容,导入新课,明确主题,使教育引导自然展开。

教学过程	意图(学科素养体现)
生:孝敬父母是美德。 师:同学们,你们想通过这节课了解些什么呢? 生1:为什么说孝敬父母是美德? 生2:为什么要孝敬父母? 生3:我们应该怎么样孝敬父母? 师:同学们提到的这些问题正是我们这节课一起讨论的话题,当然我们还要进一步理解社会主义核心价值观中友善的内涵。(出示教学目标)我们一起来看看今天的学习目标吧。一是要通过交流古人孝敬父母的故事,懂得孝敬父母是中华民族的传统美德,也是践行社会主义核心价值观的具体体现。二是要知道孝敬父母的美德对我们的成长起到的重要作用。三是在生活中要学会用自己的实际行动践行孝敬美德,培养自己的家庭责任感。 那接下来,让我们一起开始今天的学习吧。 二、交流分享 (一)介绍古人故事 师:同学们,你们知道吗?中国有句古语"百善孝为先",意思是说,孝敬父母是我们首先要做的事情。课前,老师让大家搜集了一些有关古代孝敬父母的人物或者故事,并且了解一下他们在历史上取得的功绩。那大家都找了哪些古代孝敬父母的故事呢? 生1:子路借米 生2:黄香温席 生3:芦衣顺母 生4:陆绩怀橘 师:那我们就先在小组里分享交流,一会儿请小组代表选取其中一个故事与大家分享,并说说自己的感受。 (师参与小组讨论) 师:看到大家都分享的差不多了,哪位小组代表来给大家讲一讲呢? 生:(站在讲台前,出示"子路借米"图片)我们组想给大家分享的故事叫"子路借米孝敬父母"。子路小的时候家里很穷,长年靠吃粗粮野菜等度日。有一次年老的父母想吃米饭,可是家里一点米也没有怎么办?子路想到:要是翻过几道山到亲戚家借点米不就可以满足父母的这点要求了吗?于是小小的子路翻山越岭走了十几里路从亲戚家背回了一小袋米,看到父母吃上了香喷喷的米饭子路忘记了疲劳。子路为了满足父母的愿望,能够跑到那么远的地方去借米,我们也要学习子路孝敬父母的好品质。	学生自主参与内容、目标的制定,体现学生的主体地位。 通过传统故事的分享,让学生懂得孝敬父母是中华民族的传统美德,需要我们去学习和弘扬。

教学过程	意图(学科素养体现)
师:感谢你们组的分享,组里的其他同学还有什么补充吗? 生:子路也取得了很多成就,他对儒家的贡献、对后代的影响也是很大,而且是"二十四孝"之一,位列十哲,世人称他为先贤。 师:那你们对故事中的哪个内容印象最深? 哪位同学能给大家说一说? 生1:听了这个故事,我觉得子路是一个孝敬父母的人,我们也可以做一些力所能及的小事去关心父母,比如做一些家务,减轻他们的负担。 生2:子路为了满足父母的愿望,能跑到很远的地方去借米,是一个懂得孝敬父母的人,而他的这种美德也让他取得了很多的成就,说明美德对我们成长起到了很重要的作用。 师:是啊,就像同学说的,具备美德会成就一个人的成长,还有想分享故事的小组吗? 生:我想给大家分享的故事叫"黄香温席",在黄香很小的时候,母亲就去世了,之后他对父亲更加关心和照顾。冬夜里,天气特别寒冷,黄香为了让父亲少挨冷受冻,就走进父亲的房间,给他铺好被,还钻进父亲的被窝里,用自己的体温,温暖被窝。街坊邻居都夸奖他,长大后,他不负众望,做了地方官,继续为百姓造福。黄香不仅是一位懂得孝敬父母的人,长大后还能继续为百姓服务,我们要向他学习。 师:听了这个故事,哪位同学给大家说说自己的感受呢? 生1:黄香也是一位懂得孝敬父母的人,他很小就懂得父亲对他的照顾,所以他也懂得回地方亲。 生2:黄香不仅懂得孝敬父亲,长大后他也懂得关心百姓,所以他才能成为让百姓喜欢的地方官。 师:看来懂得孝敬父母的人长大后也能成为一个对人民有用、对大家负责的人。 (二)了解"友善"含义 师:同学们,谁知道社会主义核心价值观24个字?我们一起来背一背吧! 生:富强、民主、文明、和谐、自由、平等、公正、法治、爱国、敬业、诚信、友善。 师:那大家知道其中"友善"的含义吗? 生1:友善就是要有礼貌,待人要亲切。 生2:友善就是要与别人和睦相处,善待自己的朋友。	

教学过程	意图(学科素养体现)
师:是啊,"友善"不仅要求我们要善待朋友,更要善待亲人。为了弘扬社会主义核心价值观,我们从2007年开始评选全国道德模范,今天我们要提到的就是其中的"孝老爱亲模范",(出示模范照片)看看你们认识他们吗? 当然除了他们之外,还有很多人被评为了"孝老爱亲模范"。 下面我们就来看看其中的一个故事,请同学给大家读一读。 生:陈春林的母亲早早去世,没过几年,父亲突发脑梗塞,偏瘫在病床难以动弹。面对父亲的巨额医药费,姐弟俩告别校园,弟弟外出打工,陈春林则留下照顾住院的父亲。后来在老师的帮助下,她重返校园,每天清晨6点,她照顾父亲起床洗漱,还要喂饭喂水,搓背按摩,安顿好父亲后自己再赶到教室学习,中午、晚上也是如此。后面的日子她一边照顾父亲,一边学习,最后以优异成绩考进了理想的大学。 师:故事中的有哪些内容给你留下了深刻印象呢? 生1:我觉得陈春林姐姐很辛苦,每天都早早起床照顾父亲,她是一位懂得善待亲人的人,是一位友善的人,我们应该向她学习。 生2:她是一个有孝敬父母美德的人,她很辛苦,但她还能取得那么好的成绩,说明美德对我们每个人的成长有很重要的作用。 师:是啊,我们都应该向她学习,做一个善待亲人的人。 (三)介绍名人故事 师:(出示图片)大家看这张图片上的人物,知道他是谁吗? 生:朱德。 师:对,他就是我们中华人民共和国的开国元勋——朱德。课下,谁找了朱德爷爷孝敬父母的故事? 生:朱德爷爷从小家境困苦,但他从不畏惧困难,他小时候看到母亲每天干活非常辛苦,就总是会默默地浇水或放牛,农忙时也会在田里帮着母亲劳动,是一个孝敬父母的人。 师:感谢你的分享,朱德爷爷的优秀品质和他母亲的言传身教也是密不可分的。母亲去世后,他把对母亲的爱,升华成对祖国母亲的爱。这种孝敬父母的品质和精神非常值得我们去颂扬和学习。	通过资料的补充,让学生进一步了解孝敬父母的美德对人的成长有重要的作用。

教学过程	意图(学科素养体现)
师:你们再来看看这是谁?	
生:习近平爷爷	
师:那你们了解习近平爷爷吗?	
生1:我知道习爷爷是我们的国家主席。	
生2:我们总称呼他为"习大大"。	
师:对! 习近平主席是我们的国家领导人,他一直都在提倡"尊老",强调"尊老"是中华民族的优良传统。他自己就是一个十分懂得孝敬父母的人。课前,哪位同学找了习爷爷孝敬父母的故事,跟我们分享一下吧。	
生:我找到了,我给大家说一说。当家人为父亲举办88岁寿宴时,当时习爷爷作为一省之长,公务繁忙,实在难以脱身,于是给父亲写了一封深情款款的拜寿信。母亲如今也年过90岁高龄,习爷爷只要有时间就陪她一起吃饭,饭后都会拉着他母亲的手散步,陪她聊聊天。	
师:习爷爷就是这样一位懂得孝敬父母的人,在他的心里不仅有自己的家人,更有人民,他始终抱着一颗为人民做事情的心,把千千万万个家庭的美好生活作为自己的奋斗目标。	
从朱德和习近平爷爷的故事中,我们能感受到他们之所以成为人民领袖,就是因为他们懂得孝敬父母,具备善待他人的美德。希望大家都能向他们学习,孝敬我们的父母,成为一个对社会、对人民有用的人。	
三、实践感悟	
师:孝敬父母并不是一句空话,需要我们从身边的小事做起,我们先来看一则小短片。(播放视频)	
师:这是一则有关孝敬父母的公益广告,这么小的弟弟都知道去孝敬长辈,那作为四年级的大哥哥、大姐姐们肯定也有自己的想法。上节课,老师让同学们利用课余时间去做一些孝敬父母的小事,并拍成了一段小视频,我们一起来看一看吧。	
(在屏幕中播放学生拍摄的视频,观看后请拍摄的同学来说一说)	
师:这段视频是哪位同学拍摄的呢? 请你给大家说说你是从哪方面孝敬父母的。	
生:我觉得我们应该做一个对父母有礼貌,尊敬父母的人。我每天上学前和放学回家后都会主动和爸爸妈妈问好,从父母手中接过东西时也会主动说谢谢。	
师:你真棒! 其他同学也是这样做的吗?	

教学过程	意图(学科素养体现)
生1:我也是这样做的,妈妈每天都会在放学后为我端上一盘水果,我都会和妈妈说谢谢。 生2:我妈妈每天也是这样,我下次不但要和她说谢谢,我也要主动洗水果给他们吃。 师:你们真棒!孝敬父母首先要做到的就是要懂礼貌,这也是我们尊敬父母的表现。那我们再来看看第二段视频,这又是谁的故事呢? 生:这是我在家里帮爸爸妈妈扫地和洗碗的视频,我觉得爸爸妈妈每天工作很辛苦,回到家之后还得做饭、做家务很累,所以我就帮他们做一些我力所能及的家务。 师:你观察到了爸爸妈妈平时的辛苦,还能帮他们做一些力所能及的家务劳动,你的爸爸妈妈一定会感到非常欣慰。哪位同学想说说自己的感受呢? 生1:爸爸妈妈确实很辛苦,他们每天都要起早为我们准备早餐,送我们上学,然后还要辛苦地工作,下班回来还要做家务,我们已经长大了,可以为家里做一些力所能及的家务,帮他们减轻负担了。 生2:我的妈妈是一位医生,她每天都要在医院给病人看病,非常辛苦。疫情比较严重的时候,她为了我和爸爸的安全,没有回家,只能住在医院周围的宾馆里,我很心疼妈妈。所以我也会在家认真学习,做一些力所能及的家务,给他们减轻负担。 师:希望同学们都能向他们学习,从小事做起,学会为父母分担。我们再来看看第三段视频,这是在为父母做些什么呢? 生:这是有一次妈妈发烧了,没精打采的,只能躺在床上休息。于是,我就主动帮妈妈接水、拿药,让妈妈喝完躺下,看妈妈睡着了,我就回到自己的房间继续写作业了。 师:妈妈身体恢复后跟你说了些什么吗? 生:妈妈夸我长大了,是个懂得孝敬父母的好孩子,我为能帮到妈妈感到很开心。 师:你真是个体贴父母、孝敬父母的好孩子啊! 哪位同学来评价一下他的做法呢? 生1:我觉得他是个懂得主动关心父母的人,之前爸爸因为熬夜工作头晕的时候,我也是这么照顾他的。 生2:我也觉得他做的是对的,爸爸妈妈总是这么无微不至地照顾我们,我们也要懂得用行动回报孝敬他们。 师:孝敬父母并不是一句口号,它往往就体现在这些平日里的小事情上。但有时,我们和爸爸妈妈难免会产生矛盾,这时你又会怎么处理呢?	学生自主交流收获,提高学生的活动参与的积极性。

教学过程	意图(学科素养体现)
生:我有一次就和妈妈产生了矛盾。有一段时间,我总用手机玩游戏,视力也有点下降,看东西有些模糊。有一次我正玩着游戏时,妈妈就直接没收了手机,不再让我玩,告诉我总看手机对眼睛不好。我当时有些生气,冲妈妈喊了起来,然后就跑回自己房间了。 师:那你后来冷静下来之后,你又是怎么做的呢? 生:在房间里冷静下来之后,我就有些后悔了,觉得妈妈说的也是对的,长期低头玩手机确实对身体不好,我的眼睛也确实有些模糊了,于是我就向妈妈道歉了,也答应妈妈以后只在周末休息时玩一小会儿。 师:相信很多同学都会在生活中有过类似与父母产生矛盾的经历。其实父母的出发点都是为我们的健康和安全着想。所以当遇到矛盾时,我们也要学会冷静面对,通过沟通解决,而不是一味地顶撞父母,发泄情绪,这也是我们孝敬父母的体现。 四、总结延伸 师:通过这节课的学习,你们有什么收获呢? 生1:我知道了古代孟子、子路和黄香孝敬父母的故事,还了解到了老一辈革命家朱德和习近平主席孝敬父母的故事。 生2:我了解到了全国道德模范陈春林的故事,知道了孝敬父母是中华民族的传统美德,也是社会主义核心价值观中友善的具体体现。 生3:我还知道了孝敬父母对我们成长的重要作用,我也要做一个孝敬父母的人。 生4:这节课通过同学们的分享,我懂得了要主动关心父母,对父母要有礼貌,要做一些力所能及的家务,表达我们对父母的关心和爱。 师:同学们这节课收获的可真多啊!就像同学们说的,我们要学会从一点一滴的小事做起,用一句句亲切的话语、一个个无言的举动,表达我们对父母的爱。希望你能从今天分享的传统故事中,从同学们亲身的实践活动中,传承中华民族的优秀美德,从小用自己的实际行动孝敬父母,践行社会主义核心价值观,做一个品德高尚的好少年。	师生通过回顾总结本课学习收获,进一步提升认识。

板书设计:

孝敬父母是美德

子路借米 ⎫
黄香温席 ⎭ 孝　　中华传统美德

　　　　　　践行社会主义核心价值观

教学反思:

　　本课的成功之处:

　　1.思政教育落到实处。这一课通过让学生搜集并分享古今孝敬父母的事例,让学生懂得孝敬父母是中华民族的传统美德。通过课上的交流分享,让学生了解故事主人公所取得的成就,看到孝敬父母的美德对人的成长起到的重要作用,从而引导学生学习感恩,学习去理解尊敬父母、体谅关心父母,与父母和谐相处,引导学生自发地想要成为一个有孝敬美德的人,学会从现在做起,从点滴做起,树立良好的品行,以实际行动孝敬父母。同时,我还让学生将自己之前课后的实践成果拿到课堂中来,让学生在观看和交流的活动中,了解怎样做才是真正的孝敬父母,培养学生的家庭责任感。

　　2.充分发挥了学生的主体作用。开课伊始与学生共同协商教学内容和目标,激发了学生的学习热情,也充分体现了学生的主体地位。同时也让学生自主进行资料的搜集,完成课后的实践活动并在课堂中进行交流分享,让学生更多地参与到课堂活动中来,培养学生搜集资料和分享交流的能力。

　　本课的不足之处:

　　在本节课的活动中,虽然采取了小组讨论的活动方式,同学们也乐于表达自己的感受和想法,但学生对于美德有助于一个人的成长,或树立正确的社会主义核心价值观上还欠缺理解。我认为我在以后的日常教学中,还要多给学生讨论交流的机会,引导学生充分讨论,高效汇报,将功夫落在平时的教育教学中。

第五节 "音乐综合"课程纲要

于 梅　张 玥　徐 刚

一、课程背景

"音乐综合"课程是我校"小海帆"自主发展教育课程体系中学科综合课程中"艺术与体育"部分涉及的一门课程。"音乐综合"课程包括音乐国家课程校本化和音乐拓展课程两部分内容。"音乐综合"力图改变传统的教学模式,使音乐教学更加贴近学生的生活,激发学生学习音乐的主动性和创造性。

小学音乐教育是小学美育教育的重要组成部分。它对促进学生的全面发展具有重要作用,为使音乐教学更好地挖掘音乐的教育功能,我们进行了音乐国家课程校本化和音乐拓展课程的实验研究。在课程实施中我们以协商理念为指导,不断探索协商教学模式,营造轻松愉快的课堂教学氛围,激发学生学习兴趣,发挥学生的想象力和创造力,开发学生的音乐潜能,培养学生的音乐素养。

二、课程目标

(一)思想目标

在音乐实践活动中,培养学生良好的行为习惯和宽容理解、互相尊重、共同合作的意识及集体主义精神。了解艺术作品及艺术家的爱国情怀。通过音乐作品中所表现的对祖国山河、人民、历史、文化和社会发展的赞美和歌颂,培养学生的爱国主义情感。

(二)学科素养目标

1.喜欢音乐欣赏:对音乐产生兴趣,将参加学习音乐和音乐活动作为获得快乐生活,满足审美需求的一种途径。能通过听取多种体裁、形式、风格的中外名曲,来扩大音乐视野和积累音乐语汇。开启学生的艺术思维,感受到音乐的魅力，提高鉴赏美的能力。

2.乐于音乐表现：在对音乐内容理解、感受的基础上，能够主动地选择和运用恰当的方式创造性地表达音乐作品。

3.能够即兴编创：能够将成语、短句、诗歌或歌词用不同的节奏、速度、力度等加以表现。能够在唱歌或聆听音乐时即兴地做出动作。能将生活经验与音乐作品的表现手段联系起来，由音响感知和情感体验引起自由的想象，采用语言、视频、画面、比较等方式表现。

4.了解多元文化：了解中国少数民族的音乐文化，了解世界上其他国家的音乐文化，让学生对多元的音乐文化能够有所感受。

三、课程内容

（一）音乐国家课程校本化

根据我校学生学习音乐的现状，为使学生在音乐学科的学习中得到更好的发展，我们对国家课程进行了校本化研究。对学科内相关内容进行整合，对有助于提高学生音乐素养的相关内容进行了拓展，以激发学生学习音乐的兴趣，提高学生音乐欣赏的能力。

（二）音乐拓展课程

音乐拓展课程包括"音乐大师""动感节奏"两部分内容。"音乐大师"是让各年级学生每学期重点了解两位国内外知名的音乐大师。使学生能够近距离地欣赏和学习音乐大师的作品和独特的作品风格。了解音乐大师在音乐创作中的感人故事，学习他们在音乐创作中不怕困难，不畏艰险，持之以恒的精神。"动感节奏"是在音乐学习中，通过音乐节奏和旋律，辨别不同的节奏，旋律的高低，快慢、强弱等，让学生感受音乐节奏的美感。

四、课程实施

1.认真落实音乐国家课程，研读教材。每学期开学前，根据音乐教材单元主题编排的特点，确定各年级音乐课自身的整合和拓展课内容。整合后1—5年级每学期余出6课时，6年级余出4课时，进行音乐拓展课。

2.每学期，根据课程目标分别制定音乐课程校本化的实施计划和音乐拓展课程实施计划,教师要严格按照课程进度计划备好课、上好课,落实音乐学科素养。

3.落实学校育人目标、学科素养目标。继续探索"音乐大师"和"动感节奏"两类课型的实施。以协商理念为指导,以学生自主学习、合作交流为主要形式。促进学生自主发展,培养学生音乐素养。

4.每学期通过对一节课教学设计的深度研讨,将教师自身的思考、反思与教学实况结合起来,撰写出具体有典型性、研究性和启发性的课例。发现和揭示有意义的问题,并以课例为载体开展教学研究,组织教师讨论和交流,达到借鉴和启发的效果。

5.在教学过程中发挥教师的自主性,培养学生收集资料的能力、实践能力、欣赏能力。使学生的内在潜能得到充分开发和展示。帮助学生养成良好的音乐学习习惯,促进学生自主性的发展。

6.注重与家长多种形式的沟通。以面谈、问卷、会议等多种方式与家长沟通,征求家长对音乐拓展课程内容、学习方式的建议,达到家校一致,形成合力。

7.具体安排如下:

(1)国家课程校本化课时调整安排:

年级	国家课程规定的教材内容及课时	内容整合及节省的课时
	国家课程规定40课时	6课时
一年级上册	第一单元《好朋友》　　　共5课时 第二单元《快乐的一天》　共5课时 第三单元《祖国您好》　　共5课时 第四单元《聪明的小动物》共5课时 第五单元《爱劳动》　　　共5课时 第六单元《小精灵》　　　共5课时 第七单元《小小音乐家》　共5课时 第八单元过《新年》　　　共5课时	第一单元《你的名字叫什么》《拉勾勾》原来共2课时,现在整合为1课时,节省出1课时。 第三单元《国旗国旗真美丽》《同唱一首歌》原来共2课时,整合后1课时完成,节省出1课时。 第四单元《小青蛙》《野蜂飞舞》原来共2课时,整合后1课时完成,节省出1课时。 第六单元《会跳舞的洋娃娃》《星光圆舞曲》原来共2课时,整合后1课时完成,节省出1课时。 第七单元《法国号》《快乐的小笛子》原来共2课时,整合后1课时完成,节省出1课时。 第八单元《小拜年》《平安夜》原来共2课时,整合后1课时完成,节省出1课时。

年级	国家课程规定的教材内容及课时	内容整合及节省的课时
一年级下册	国家课程规定38课时	6课时
	第一单元《春天》　　　　共4课时 第二单元《放牧》　　　　共5课时 第三单元《手拉手》　　　共5课时 第四单元《长鼻子》　　　共4课时 第五单元《游戏》　　　　共5课时 第六单元《美好的夜》　　共5课时 第七单元《巧巧手》　　　共5课时 第八单元《时间的歌》　　共5课时	第一单元《春之歌》《春风》原共2课时，整合后1课时完成，节省出1课时。《大树妈妈》《郊游》原共2课时，整合后1课时完成，节省出1课时。 第三单元《雁南飞》《数鸭子》原来共2课时，整合后1课时完成，节省出1课时。 第四单元《小象》《大象》原来共2课时，整合后1课时完成，节省出1课时。《可爱的小象》《两只小象》原来共2课时，整合后1课时完成，节省出1课时。 第七单元《粉刷匠》《理发师》原来共2课时，整合后1课时完成，节省出1课时。
二年级上	国家课程规定40课时	6课时
	第一单元《问声好》　　　共5课时 第二单元《幸福的歌》　　共5课时 第三单元《音乐会》　　　共5课时 第四单元《咯咯哒》　　　共5课时 第五单元《童趣》　　　　共5课时 第六单元《跳起舞》　　　共5课时 第七单元《大海的歌》　　共5课时 第八单元《新年好》　　　共5课时	第一单元《夏天的阳光》《早上好》原来共2课时，整合后1课时完成，节省出1课时。 第二单元《彝家娃娃真幸福》《乃呦乃》原来共2课时，整合后1课时完成，节省出1课时。 第三单元《快乐的音乐会》《唢呐配喇叭》原来共2课时，整合后1课时完成，节省出1课时。 第四单元《母鸡叫咯咯》《小鸡的一家》原来共2课时，整合后1课时完成，节省出1课时。 第五单元《打花巴掌》《蜗牛与黄鹂鸟》原来共2课时，整合后1课时完成，节省出1课时。 第六单元《四小天鹅舞曲》《糖果仙子舞曲》原来共2课时，整合后1课时完成，节省出1课时。
二年级下	国家课程规定38课时	6课时
	第一单元《春天来了》　　共5课时 第二单元《难忘的歌》　　共5课时 第三单元《飞呀飞》　　　共5课时 第四单元《美丽的家园》　共5课时 第五单元《快乐的舞蹈》　共6课时 第六单元《兽王》　　　　共6课时 第七单元《跳动的音符》　共6课时	第一单元《春之歌》《春风》原来共2课时，整合后1课时完成，节省出1课时。 第二单元《中国少年先锋队队歌》《都有一颗红亮的心》原来共2课时，整合后1课时完成，节省出1课时。 第三单元《蜜蜂》《蝴蝶》原来共2课时，整合后1课时完成，节省出1课时。 第四单元《吉祥三宝》《我是人民小骑兵》原来共2课时，整合后1课时完成，节省出1课时。《草原就是我的家》《我的家在日喀则》原来共2课时，整合后1课时完成，节省出1课时。 第五单元《加伏特舞曲》《霍拉舞曲》原来共2课时，整合后1课时完成，节省出1课时。

年级	国家课程规定的教材内容及课时	内容整合及节省的课时
三年级上册	国家课程规定40课时	6课时
	第一单元《童年》 共5课时 第二单元《草原》 共4课时 第三单元《好伙伴》 共6课时 第四单元《放牧》 共5课时 第五单元《妈妈的歌》 共5课时 第六单元《四季的歌》 共5课时 第七单元《钟声》 共5课时 第八单元《丰收歌舞》 共5课时	第一单元《捉迷藏》与《摇啊摇》原来共2课时,整合后1课时完成,节省出1课时。 第二单元《赛马》与《我是草原小牧民》原来共2课时,整合后1课时完成,节省出1课时。 第三单元《哦,苏珊娜》与《同伴进行曲》原来共2课时,整合后1课时完成,节省出1课时。 第四单元《牧民新歌》与《草原放牧》原来共2课时,整合后1课时完成,节省出1课时。 第五单元《妈妈》与《妈妈宝贝》原来共2课时,整合后1课时完成,节省出1课时。 第七单元《灵隐钟声》与《钟声叮叮当》原来共2课时,整合后1课时完成,节省出1课时。
三年级下册	国家课程规定38课时	6课时
	第一单元《爱祖国》 共6课时 第二单元《美妙童音》 共5课时 第三单元《我们的朋友》 共5课时 第四单元《春天的歌》 共4课时 第五单元《音乐会》 共5课时 第六单元《牧童之歌》 共5课时 第七单元《老师您好》 共4课时 第八单元《家乡赞歌》 共4课时	第一单元《卢沟谣》与《只怕不抵抗》原来共2课时,整合后1课时完成,节省出1课时。 第二单元《摇船调》与《一只鸟仔》原来共2课时,整合后1课时完成,节省出1课时。 第三单元《猜调》与《杨柳青》原来共2课时,整合后1课时完成,节省出1课时。 第四单元《春》与《春天举行音乐会》原来共2课时,整合后1课时完成,节省出1课时。 第六单元《小放牛》与《荫中鸟》原来共2课时,整合后1课时完成,节省出1课时。 第八单元《梭罗河》与《山里的孩子心爱山》原来共2课时,整合后1课时完成,节省出1课时。
四年级上册	国家课程规定40课时	6课时
	第一单元《歌唱祖国》 共5课时 第二单元《家乡美》 共4课时 第三单元《快乐的校园》 共6课时 第四单元《甜梦》 共5课时 第五单元《童心》 共5课时 第六单元《水上的歌》 共5课时 第七单元《祝你快乐》 共5课时 第八单元《龙里格龙》 共5课时	第二单元《牧歌》与《大雁湖》原来共2课时整合后1课时完成,节省出1课时。 第三单元《哦,十分钟》与《乒乓变奏曲》原来共2课时 整合后1课时完成,节省出1课时。 第四单元《愉快的梦》与《小夜曲》原来共2课时 整合后1课时完成,节省出1课时。 第五单元《山童》与《荡秋千》原来共2课时整合后1课时完成,节省出1课时。 第六单元《水上音乐》与《划龙船》原来共2课时 整合后1课时完成,节省出1课时。 第七单元《幸福拍手歌》与《祝你快乐》原来共2课时 整合后1课时完成,节省出1课时。

续表

年级	国家课程规定的教材内容及课时		内容整合及节省的课时
	国家课程规定38课时		6课时
四年级下册	第一单元《跳起来》	共5课时	第一单元《新疆舞曲》与《土风舞》原来共2课时,整合后1课时完成,节省出1课时。
	第二单元《少年的歌》	共4课时	第二单元《水乡船歌》与《采菱》原来共2课时,整合后1课时完成,节省出1课时。
	第三单元《水乡》	共4课时	第三单元《白桦林好地方》与《红蜻蜓》原来共2课时,整合后1课时完成,节省出1课时。
	第四单元《童年的音乐》	共5课时	第五单元《我爱五指山我爱万泉河》与《森林的歌声》原来共2课时,整合后1课时完成,节省出1课时。
	第五单元《风景如画》	共5课时	第六单元《摇篮曲》弄拉姆斯与《摇篮曲》原来共2课时,整合后1课时完成,节省出1课时。
	第六单元《摇篮曲》	共5课时	
	第七单元《回声》	共5课时	第七单元《友谊的回声》与《回声》原来共2课时,整合后1课时完成,节省出1课时。
	第八单元《向往》	共5课时	
	国家课程规定40课时		6课时
五年级上册	第一单元《朝夕》	共5课时	第二单元《嘎达梅林》与《歌唱二小放牛郎》原共2课时,整合后1课时完成,节省出1课时。
	第二单元《足迹》	共5课时	第四单元《回家》与《可爱的家》原共2课时,整合后1课时完成,节省出1课时。
	第三单元《农家乐》	共6课时	第五单元《思乡曲》与《小村之恋》原来共2课时,整合后1课时完成,节省出1课时。
	第四单元《可爱的家》	共4课时	第六单元《嬉游曲》与《缆车》原来共2课时,整合后1课时完成,节省出1课时。
	第五单元《故乡》	共5课时	第七单元《成雪橇》与《迎来春色换人间》原来共2课时,整合后1课时完成,节省出1课时。
	第六单元《快乐的少年》	共5课时	
	第七单元《冬雪》	共5课时	第八单元《郊外去》与《我们的田野》原来共2课时,整合后1课时完成,节省出1课时。
	第八单元《走四方》	共5课时	

续表

年级	国家课程规定的教材内容及课时	内容整合及节省的课时
五年级下册	国家课程规定38课时	6课时
	第一单元《春景》 共6课时 第二单元《欢乐的村寨》 共4课时 第三单元《飞翔的梦》 共5课时 第四单元《你好！大自然》共5课时 第五单元《京韵》 共5课时 第六单元《百花园》 共5课时 第七单元《爱满人间》 共4课时 第八单元《抗战》 共4课时	第一单元《致春天》与《春到沂河》原来共2课时，整合后1课时完成，节省出1课时。 第二单元《打起手鼓唱起歌》与《巴塘连北京》原来共2课时，整合后1课时完成，节省出1课时。 第三单元《铃儿响叮当的变迁》与《溪边景色》原来共2课时，整合后1课时完成，节省出1课时。 第五单元《要学那泰山顶上一青松》与《京调》原来共2课时，整合后1课时完成，节省出1课时。 第六单元《花之歌》与《对话》原来共2课时，整合后1课时完成，节省出1课时。 第七单元《大爱无疆》与《爱的人间》原来共2课时，整合后1课时完成，节省出1课时。
六年级上册	国家课程规定40课时	4课时
	第一单元《芬芳茉莉》 共6课时 第二单元《悠扬民歌》 共5课时 第三单元《美丽童话》 共4课时 第四单元《京腔京韵》 共5课时 第五单元《赞美的心》 共5课时 第六单元《两岸情深》 共5课时 第七单元《七色光彩》 共5课时 第八单元《赣南民歌》 共5课时	第一单元《茉莉花》(江苏)与《茉莉花》原来共2课时，整合后1课时完成，节省出1课时。 第二单元《小河淌水》与《迪克西岛》原来共2课时，整合后1课时完成，节省出1课时。 第四单元《京剧唱腔联奏》与《包龙图打坐在开封府》原来共2课时，整合后1课时完成，节省出1课时。 第五单元《丢丢铜仔》与《阿里山的姑娘》原来共2课时，整合后1课时完成，节省出1课时。
六年级下册	国家课程规定38课时	4课时
	第一单元《古风新韵》 共6课时 第二单元《月下踏歌》 共5课时 第三单元《屏幕之声》 共5课时 第四单元《美好祝愿》 共4课时 第五单元《快乐的阳光》 共5课时 第六单元《神奇的印象》 共5课时 第七单元《放飞梦想》 共4课时 第八单元《赣南民歌》 共4课时	第一单元《关山月》与《但愿人长久》原来共2课时，整合后1课时完成，节省出1课时。 第二单元《转圆圈》与《我抱着月亮，月亮抱着我》原来共2课时，整合后1课时完成，节省出1课时。 第三单元《龙腾虎跃》与《拍手拍手》原来共2课时，整合后1课时完成，节省出1课时。 第八单元《永远是朋友》与《我们是朋友》原来共2课时，整合后1课时完成，节省出1课时。

（2）拓展课程内容及课时安排：

年级	类型(题目)	主要内容	课时
一年级上册	音乐大师:冼星海	1.师生共同展示课前搜集的冼星海的生平背景资料,知道冼星海是中国近代著名作曲家、钢琴家、爱国音乐家。 2.了解他抗战时期的音乐创作历程。 3.欣赏冼星海1935年毕业回国后的音乐作品《在太行山上》《到敌人后方去》《黄河大合唱》《生产运动大合唱》的片段。 4.欣赏冼星海的其他作品片段。 5.总结本节课的学习收获。课下对自己感兴趣的作品进行进一步的欣赏。	1
	音乐大师:田汉	1.师生共同展示课前搜集的田汉的生平背景资料,知道田汉是剧作家、戏曲作家、电影编剧、小说家、词作家、诗人、文艺批评家、文艺活动家,中国现代戏剧三大奠基人之一。 2.了解他抗战时期的音乐创作历程。 3.欣赏田汉抗战时期的音乐作品《义勇军进行曲》《万里长城》的片段。 4.欣赏田汉的其他作品片段。 5.总结本节课的学习收获。课下对自己感兴趣的作品进行进一步的欣赏。	1
	动感节奏:《小青蛙找家》	1.复习《小青蛙找家》。 2.了解什么是基本节奏型。 3.知道什么是节奏音符。 4.学习基本的打击节奏的方法。 5.感受节奏律动,总结收获。	1
	动感节奏:《跳绳》	1.复习《跳绳》。 2.复习上节课动感节奏的知识了解三角铁的演奏姿势。 3.学习演奏打击乐器三角铁的基本技巧。 4.用拍手的动作感受节奏律动。 5.总结三角铁的演奏姿势和基本技巧。	1
一年级下册	音乐大师:谷建芬	1.师生共同展示课前搜集的谷建芬的生平背景资料,知道谷建芬是当代著名作曲家。 2.了解谷建芬80年代初期的音乐创作历程。 3.欣赏谷建芬80年代初期以爱为主题的音乐作品《年轻的朋友来相会》《那就是我》《绿叶对根的情意》《思念》《烛光里的妈妈》《歌声与微笑》的片段。 4.欣赏谷建芬的其他作品片段。 5.总结本节课的学习收获。课下对自己感兴趣的作品进行进一步的欣赏。	1 1

续表

年级	类型(题目)	主要内容	课时
	音乐大师:潘振生	1.师生共同展示课前搜集的潘振生的生平背景资料,知道潘振生是一个为少年儿童写音乐作品的音乐家。 2.了解潘振生80年代的音乐作品的创作历程。 3.欣赏潘振生80年代为少年儿童创作的音乐作品《小鸭子》《我在马路边捡到一分钱》《好妈妈》《嘀哩嘀哩》的片段。 4.欣赏潘振生的其他作品片段。 5.总结本节课的学习收获。课下对自己感兴趣的作品进行进一步的欣赏。	1
	动感节奏:《两只小象》	1.复习《两只小象》。 2.使学生直观了解3/4节拍的特点。 3.用学生熟悉的歌曲用拍腿的动作律动练习节奏/×× ×/。 4.知道基本打击节奏的律动动作。 5.总结用拍腿的动作律动练习节奏/×× ×/。	1
	动感节奏:《时间像小马车》	1.复习《时间像小马车》。 2.使学生直观了解/×× ××/节奏的特点。 3.唱熟节奏/×× ××/知道打击节奏的基本规律。 4.用学生熟悉的歌曲用拍肩拍手的动作感受节奏。 5.总结知道打击节奏的基本规律。	1
二年级上册	音乐大师:聂耳	1.师生共同展示课前搜集的聂耳的生平背景资料,知道聂耳是一个多才多艺的爱国主义音乐家,是国歌的曲作者。 2.了解聂耳抗战时期的音乐创作历程。 3.欣赏聂耳创作的不同表演形式的音乐作品《金蛇狂舞》《雪飞花》《翠湖春晓》《金蛇狂舞》《卖报之声》《码头工人》。 4.欣赏聂耳的其他作品片段。 5.总结本节课的学习收获。课下对自己感兴趣的作品进行进一步的欣赏。	1
	音乐大师:三宝	1.师生共同展示课前搜集的三宝的生平背景资料,知道三宝是集音乐制作人、曲作者、著名的指挥家为一体的现代音乐家。 2.了解三宝80年代以后的音乐创作历程。 3.欣赏三宝80年代以后创作的音乐作品《亚运之光》《不见不散》《暗香》《你是这样的人》《百年恩来》。 4.欣赏三宝的其他作品片段。 5.总结本节课的学习收获。课下对自己感兴趣的作品进行进一步的欣赏。	1

续表

年级	类型(题目)	主要内容	课时
	动感节奏:《蜗牛与黄鹂鸟》	1.复习《蜗牛与黄鹂鸟》。 2.使学生直观了解 ｜×× ×｜节奏的特点。 3.学生用蜗牛爬的动作感受节奏 ｜ ×× × ｜。 4.用黄鹂鸟的叫声唱熟节奏,练习用拍腿拍手的动作拍击节奏。 5.各组选择不同形式进行展示。 6.总结收获用拍腿拍手的动作拍击节奏。	1
	动感节奏:《洋娃娃和小熊跳舞》	1.复习《洋娃娃和小熊跳舞》。 2.使学生直观了解××× ××× ｜节奏的特点。 3.学生用模仿小熊的动作感受节奏××× ××× ｜。 4.用学生熟悉的歌曲进行练习节奏。 5.各组选择不同形式进行节拍表演。 6总结收获能用动作感受节奏××× × ×× ｜。	1
二年级下册	音乐大师:马思聪	1.师生共同展示课前搜集的马思聪的生平背景资料,知道马思聪是中国第一代小提琴作曲家、音乐教育家。 2.了解马思聪50年代后的音乐创作历程。 3.欣赏马思聪50年代后以民族元素为主题的音乐作品《内蒙组曲》《西藏音诗》《第一回旋曲》《牧歌》的片段。 4.欣赏马思聪的其他作品片段。 5.总结本节课的学习收获。课下对自己感兴趣的作品进行进一步的欣赏。	1
	音乐大师:丁善德	1.师生共同展示课前搜集的丁善德的生平背景资料,知道丁善德是首位灌制唱片的钢琴家、作曲家。 2.了解丁善德1934年之后的音乐创作历程。 3.欣赏丁善德1934年之后儿童音乐作品《节日舞蹈》《捉迷藏》《跳绳》《扑蝶》《郊游》的片段。 4.欣赏丁善德的其他作品片段。 5.总结本节课的学习收获。课下对自己感兴趣的作品进行进一步的欣赏。	1
	动感节奏:《喜鹊钻篱笆》	1.复习《喜鹊钻篱笆》。 2.使学生直观了解 × ××|×– 节奏的特点。 3.学生模仿喜鹊叫声来唱熟 × ××|×–节奏。 4.用学生熟悉的歌曲练习 × ××|×–节奏。 5.各组选择不同形式进行展示。 6.总结收获能准确打击 × ××|×–节奏。	1

年级	类型(题目)	主要内容	课时
	动感节奏:《音乐小屋》	1.复习《音乐小屋》。 2.使学生直观了解 ｜×× 0 ｜节奏的特点。 3.学生用模仿演奏乐器的动作用学生熟悉的歌曲练习唱熟 ｜×× 0 ｜节奏。 4.用学生熟悉的歌曲练习 ｜×× 0 ｜节奏。 5.各组选择不同形式进行展示。 6.总结能准确打击 ｜×× 0 ｜节奏。	1 1
三年级上册	起始课	1.浏览音乐教材,了解内容及要求。明确音乐课整合的内容及目标要求。 2.明确学生自主学习习惯评价的内容和评价方法并进行初评。 3.明确拓展课的意义、内容、目标和要求。 4.明确拓展课的评价内容和方法。 5.布置下节课的任务。	1
	音乐大师:贺绿汀	1.师生共同介绍课前搜集的音乐家贺绿汀的生平资料,了解他是我国著名的作曲家、音乐教育家。 2.了解音乐家贺绿汀的创作历程。 3.欣赏贺绿汀的音乐作品《摇篮曲》。 4.欣赏音乐家贺绿汀抗战时期的音乐作品《牧童短笛》《晚会》《游击队歌》片段。 5.总结本节课的学习收获,课后继续了解音乐家贺绿汀其他方面的内容。	1
	音乐大师:殷承宗	1.师生共同介绍课前搜集的音乐家殷承宗的生平资料,了解他是我国著名的作曲家、钢琴演奏家。 2.了解音乐家殷承宗的创作历程。 3.欣赏殷承宗的音乐作品《平湖秋月》。 4.欣赏音乐家殷承宗不同时期的音乐作品钢琴伴唱《红灯记》、钢琴协奏曲《黄河》片段。 5.总结本节课的学习收获,课后继续了解音乐家殷承宗其他方面的内容。	1
	动感节奏:《草原上》	1.复习歌曲《草原上》,使学生直观了解4/4拍节奏。 2.学生用动作律动感受4/4拍节奏谱/××××/。 3.用学生熟悉的歌曲进行打击节奏训练。 4.各组选择不同的形式进行节奏的表演。 5.总结本节课的学习收获,课后搜集并熟悉三拍子的节奏谱,为下节课的节奏创编做好铺垫。	1

年级	类型(题目)	主要内容	课时
	动感节奏:《捉迷藏》	1.复习歌曲《捉迷藏》,使学生直观了解3/4拍节奏。 2.学生用动作律动感受3/4拍节奏谱/×××/。 3.用学生熟悉的歌曲进行打击节奏训练。 4.各组选择不同的形式进行节奏的表演。 5.总结本节课的学习收获,课后继续思考在原有节奏谱的基础上还可以采用哪些其他形式为歌曲进行伴奏,为下节课继续深入进行节奏训练奠定良好基础。	1
三年级下册	音乐大师:刘天华	1.师生共同介绍课前搜集的音乐家刘天华的生平资料,了解他是我国著名的作曲家、二胡演奏家、音乐教育家。 2.了解音乐家刘天华的创作历程。 3.欣赏刘天华的音乐作品《良宵》。 4.欣赏音乐家刘天华不同时期的音乐作品《光明行》《空山鸟语》《月夜》片段。 5.总结本节课的学习收获,课后继续了解音乐家刘天华其他方面的内容。	1
	音乐大师:华彦钧	1.师生共同介绍课前搜集的音乐家华彦钧的生平资料,了解他是我国近代民族音乐家,在二胡、琵琶演奏技法上有很高的造诣。 2.了解音乐家华彦钧的创作历程。 3.欣赏华彦钧的音乐作品《二泉映月》。 4.欣赏华彦钧不同时期的音乐作品:二胡曲《二泉映月》《听松》《寒风春曲》;琵琶曲《大浪淘沙》《龙船》《昭君出塞》片段。 5.总结本节课的学习收获,课后继续了解音乐家华彦钧其他方面的内容。	1
	动感节奏:《顽皮的杜鹃》	1.复习歌曲《顽皮的杜鹃》,使学生直观了解4/4拍节奏。 2.学生用动作、律动感受4/4拍节奏谱/××××/。 3.用学生熟悉的歌曲进行打击节奏训练。 4.各组选择不同的形式进行节奏的表演。 5.总结本节课的学习收获,课后搜集并熟悉二拍子的节奏谱,为下节课的节奏创编做好铺垫。	1
	动感节奏:《青春舞曲》	1.复习歌曲《青春舞曲》,使学生直观了解2/4拍节奏。 2.学生用动作律动感受2/4拍节奏谱/×× /。 3.用学生熟悉的歌曲进行打击节奏训练。 4.各组选择不同的形式进行节奏的表演。 5.总结本节课的学习收获,课后继续思考在原有节奏谱的基础上还可以采用哪些形式为歌曲进行伴奏,为下节课继续深入进行节奏训练奠定良好基础。	1

续表

年级	类型(题目)	主要内容	课时
四年级上册	音乐大师:施光南	1.师生共同介绍课前搜集音乐家施光南的生平资料,了解他是新中国成立以后我国自己培养的新一代音乐家。 2.了解音乐家施光南的创作历程。 3.欣赏施光南的代表作品《祝酒歌》。 4.再次欣赏音乐家施光南的代表作品《吐鲁番的葡萄熟了》《洁白的羽毛寄深情》。 5.总结本节课的学习收获,课后继续了解音乐家施光南其他方面的内容。	1
	音乐大师:郑小瑛	1.师生共同介绍课前搜集指挥家郑小英的生平资料,了解她是我国第一位女性交响乐指挥家。 2.了解指挥家郑小英的音乐深造过程。 3.欣赏郑小英指挥的音乐作品《蝴蝶夫人》。 4.欣赏指挥家郑小英指挥的其他代表作品《卡门》等。 5.总结本节课的学习收获,课后继续了解指挥家郑小英其他方面的内容。	1
	动感节奏:《龙里格龙》	1.复习歌曲《龙里格龙》,让学生回顾锣鼓打击乐的相关知识。 2.学生用动作律动感受4/4拍节奏谱/××××/。 3.用学生熟悉的歌曲进行打击节奏训练。 4.各组将创编的节奏与肢体律动相配合,选择不同的形式进行节奏的展示。 5.总结延伸。总结本节课的收获,选出自己喜欢的一种打击乐器,进行更加深入的了解,为后续学习做铺垫。	1
	动感节奏:《乒乓变奏曲》	1.复习歌曲《乒乓变奏曲》,让学生回顾变奏曲的相关音乐知识。 2.学生用动作律动感受八分音符、四分音符、十六分音符带给音乐的变化。 3.用学生熟悉的歌曲进行打击节奏训练。 4.各组将创编的节奏与肢体律动相配合,选择不同的形式进行节奏的展示。 5.总结延伸。总结本节课的收获,搜集"变奏曲"风格的乐曲,多聆听。	1

年级	类型(题目)	主要内容	课时
四年级下册	音乐大师:王洛宾	1.师生共同介绍课前搜集音乐家王洛宾的生平资料,了解他是我国著名的民族音乐家。 2.了解音乐家王洛宾的创作历程。 3.欣赏王洛宾创作的代表作品《在那遥远的地方》。 4.欣赏音乐家王洛宾的代表作品《半个月亮爬上来》《在银色的月光下》。 5.总结本节课的学习收获,课后继续了解音乐家王洛宾其他方面的内容。	1
	动感节奏:《采菱》	1.复习歌曲《采菱》,让学生回顾歌曲的相关音乐知识。 2.学生用动作律动感受切分节奏型的特点,学习2/4拍。 3.用学生熟悉的歌曲进行打击节奏训练。 4.各组将创编的节奏与肢体律动相配合,选择不同的形式进行节奏的展示。 5.总结延伸。总结本节课的收获,课后用三角铁、手鼓两种打击乐器继续为歌曲进行适当的伴奏练习。	1
	动感节奏:《森林狂想曲》	1.复习歌曲《森林狂想曲》,让学生回顾回旋曲的相关音乐知识。 2.学生用动作律动感受音乐,复习2/4拍。 3.用学生熟悉的歌曲进行打击节奏训练。 4.各组将创编的节奏与肢体律动相配合,选择不同的形式进行节奏的展示。 5.总结延伸。总结本节课的收获,课下巩固2/4拍的相关知识,搜集其他2/4拍的乐曲进行聆听。	1
	总结课	1.总结国家课程校本化的学习收获,学习曲目更加多元。 2.对自主学习习惯进行评价,师生进行相关的评价。 3.总结拓展课程学习的收获,对课程中学习到的相关音乐知识进行总结。 4.进行拓展课程学习成果的评价,师生共同完成相关的评价表格。 5.课后完成五年级上册相关资料的收集。	1

续表

年级	类型(题目)	主要内容	课时
五年级上册	音乐大师:肖友梅	1.师生共同介绍课前搜集音乐家肖友梅的生平资料,了解他是现代音乐教育的开拓者,是我国著名的作曲家、音乐家。 2.了解音乐家肖友梅的创作历程。 3.欣赏肖友梅的音乐作品《南飞之雁语》。 4.欣赏音乐家肖友梅抗战时期的音乐作品《女子体育》《落叶》《踏歌》。 5.总结本节课四首作品,在表现内容上的学习收获,课后继续了解音乐家肖友梅创作其他经典作品。	1
	音乐大师:阎肃	1.师生共同介绍课前搜集词作家阎肃的生平资料,了解他是我国著名的词作家。 2.了解阎肃的创作历程。 3.欣赏阎肃的作品《红梅赞》。 4.欣赏阎肃的作品《红梅赞》《敢问路在何方》《前门情思大碗茶》《我爱祖国的蓝天》《北京的桥》《长城长》《唱脸谱》。 5.总结本节课在作品旋律上的学习收获,课后继续了解词作家阎肃其他经典作品。	1
	动感节奏:《外婆的澎湖湾》	1.复习歌曲《外婆的澎湖湾》,使学生直观了解4/4拍节奏。 2.学生用动作律动感受4/4拍节奏谱/××××/。 3.用学生熟悉的歌曲进行打击节奏训练。 4.各组将创编的节奏与肢体律动相配合,选择不同的形式进行节奏的展示。 5.总结本节课的学习收获,课后继续思考在原有/××××/节奏的基础上,还可以改编哪些节奏型为歌曲进行伴奏,为下节课深入进行节奏训练奠定良好基础。	1
	动感节奏:《乡间的小路》	1.复习歌曲《乡间的小路》,使学生直观了解拍2/4节奏。 2.学生用动作律动感受2/4拍节奏谱/××/。 3.用学生熟悉的歌曲进行打击节奏训练。 4.了解歌曲基本节奏附点八分音符。在演唱中加入简单声势律动并与音乐相配合各组选择不同的形式进行节奏的表演。 5.总结本节课的学习收获,课后搜集并熟悉2/4的节奏谱,为下节的节奏创编做好铺垫。	1

年级	类型(题目)	主要内容	课时
五年级下册	音乐大师:乔羽	1.师生共同介绍课前搜集词作家乔羽的生平资料,了解他是我国著名的词作家、教育家。 2.了解乔羽的创作历程。 3.欣赏乔羽的作品《我的祖国》。 4.再次欣赏词作家乔羽的作品《人说山西好风光》《刘三姐》《难忘今宵》经典作品。 5.总结本节课的学习收获,课后继续了解词作家乔羽其他广为人知的经典作品。	1
	音乐大师:贝多芬	1.师生共同介绍课前搜集音乐家贝多芬的生平资料,知道他是德国人,是世界著名的作曲家兼演奏家。 2.了解贝多芬的创作历程。 3.欣赏贝多芬的作品《月光》。 4.再次欣赏词作家贝多芬的作品《热情》《月光》《田园》《悲怆》《黎明》。 5.总结本节课的学习收获,课后继续了解音乐家贝多芬创作的经典交响乐进行了解。	1
	动感节奏:《田野在召唤》	1.复习歌曲《田野在召唤》,使学生直观了解拍4/4节奏。 2.学生用动作律动感受4/4拍节奏谱/×××× /。 3.用学生熟悉的歌曲进行打击节奏训练。 4.了解歌曲基本节奏八分音符。在演唱中加入简单声势律动并与音乐相配合各组选择不同的形式进行节奏的展示。 5.总结本节课的学习收获,课后继续思考在原有/×××× /节奏的基础上,还可以改编哪些节奏型为歌曲进行伴奏。	1
	动感节奏:《铃儿响叮当》	1.复习歌曲《铃儿响叮当》,使学生直观了解拍2/4节奏。 2.学生用动作律动感受2/4拍节奏谱/×× /。 3.用学生熟悉的歌曲进行打击节奏训练。 4.了解歌曲基本节奏八分音符。改变歌曲节拍,将创编的节奏与肢体相配合,在演唱中加入简单声势律动并与音乐相配合各组选择不同的形式进行节奏的展示。 5.总结本节课的学习收获,课后继续思考在原有节拍的改编上,还可以改编哪些节拍进行演唱。	1

年级	类型(题目)	主要内容	课时
六年级上册	音乐大师:黄自	1.师生共同介绍课前搜集音乐家黄自的生平资料,了解他是我国著名的音乐家、作曲家,提出了建立"民族化的新音乐"的口号。 2.了解黄自的创作历程。 3.欣赏黄自的作品《长恨歌》。 4.欣赏词作家黄自的作品《七月七日长生殿》《山在虚无缥缈间》。 5.总结本节课的学习收获,课后继续了解音乐家黄自创作的其他经典音乐作品。	1
	动感节奏:《赶圩归来阿哩哩》	1.复习歌曲《赶圩归来阿哩哩》,使学生直观了解拍4/4节奏。 2.学生用动作律动感受4/4拍十六分节奏谱。 3.用学生熟悉的歌曲进行打击节奏训练。 4.掌握歌曲后十六分节奏,反复演唱歌曲旋律。将节奏与音乐相配合。从歌曲的速度、力度、节奏、旋律、歌词上进行创编。 5.总结本节课的学习收获,课后继续思考在原有十六分节奏的基础上,还可以改编哪些节奏型为歌曲进行伴奏。	1
六年级下册	音乐大师:王莘	1.师生共同介绍课前搜集音乐家王莘的生平资料,了解他是我国著名的音乐家。 2.欣赏王莘的作品《歌唱祖国》,了解王莘的创作历程。 3.再次欣赏词作家王莘的作品《党啊,我们离不开你》《信仰》《摘星星》《每人伸出一只手》《推着地球朝前走》。 4.总结本节课的学习收获,课后继续了解音乐家王莘创作的其他经典音乐作品。	1
	动感节奏:《萤火虫》	1.复习歌曲《萤火虫》,使学生直观了解2/4拍节奏。 2.学生用动作律动感受2/4拍节奏谱 / 0× / 。 3.用学生熟悉的歌曲进行打击节奏训练。 4.了解歌曲基本节奏八分休止符。将歌曲节奏进行复习。反复演唱歌曲旋律。将歌曲的速度、力度、节奏、旋律、歌词上进行创编,各组选择不同形式进行节奏展示。 5.总结本节课的学习收获,课后继续思考在原有节奏基础上,还可以改编哪些节奏型为歌曲进行伴奏。	1

五、课程评价

音乐课程的评价能够充分了解学生对音乐教育达成的情况和存在的问题,从而改进课堂教学的设计,提高音乐教学质量,使学生音乐综合素养得到提高。

(一)评价内容

1.国家课程校本化的评价内容,在注重评价学生达成课标要求的同时还注重培养学生自主学习习惯。为此我们制定了"上海道小学学生自主学习习惯评价表"。(见我校一至六年级自主学习习惯评价手册)

2.拓展课程的评价内容,分两方面。主要从"音乐大师""动感节奏"进行评价,分别制定了评价标准。(评价表附后)

(二)评价方法

1.坚持形成性和终结性相结合。形成性即课堂教学中的评价和阶段性评价,目的在于注重学生日常学习的效果。终结性即学期末评价。

2.坚持评价的多样性。口头、书面、视频、资料等。

3.坚持评价的多元化。包括自评、互评、师评。

音乐学科拓展课程评价

"音乐大师"评价表

项目	评价内容	等级			评定结果			
		一	二	三	自评	组评	师评	总结
参与程度	学习积极性高,自主参与学习活动。	优秀	良好	合格				
节奏感知	在感知音乐节奏和旋律的过程中能够辨别节拍的不同,体验二、三、四拍子的律动感受。	优秀	良好	合格				
体验感悟	能够结合所学歌曲、乐曲进行律动,能即兴表演。	优秀	良好	合格				

说明:
1.评价时间:开学初起始课,学生了解本学期"动感节奏"应达到的要求。期末总结课按评价表进行评价,得出最终结果。
2.评价标准:能够达到要求为优秀,基本达到要求为良好,部分达到要求为合格。

"音乐综合"拓展课程一:《动感节奏》课例

徐　刚

学科	音乐	年级	六年级	执教人	徐刚
课题			《赶圩归来阿哩哩》		

拓展内容分析:
《动感节奏》是学校"音乐综合"课程中的拓展课,《赶圩归来阿哩哩》是六年级上册国家课程中的一课,也是《动感节奏》拓展课的内容,通过复习歌曲《赶圩归来阿哩哩》,使学生巩固掌握4/4拍原谱节奏,在感受乐段变化中进行创编活动。其内容主要是通过歌曲原曲节奏为基础,将节奏进行拓展创编,如切分音加入下滑音等节奏创编活动,呈现出同曲异构的形式,从而升华了主题。课后继续思考在原有节奏的基础上,还可以改编哪些节奏型为歌曲进行伴奏,为下节课深入进行节奏训练奠定良好基础。

学情分析:
　　六年级学生,已掌握音乐基础知识。动感节奏的学习则是培养学生更好的节奏感和对节奏创编的能力,针对较复杂的节奏学习掌握和对节奏律动的认知。学生通过五年的音乐课程学习对中国民族音乐有了一些基础,但对于中国民歌节奏上进行改编还是有一些难度,在课程中学生将针对节奏、速度、力度等音乐要素进行自主创编活动。难度在于既不能脱离开音乐所表达的内容,又要对改编后的节奏进行感受与体验,同时还要能够感知节奏的特点,体会旋律的表达。

教学或活动目标:
　　1.能够用欢快、活泼的情绪及轻声高位置的方法演唱歌曲《赶圩归来阿哩哩》。
　　2.教师引导学生从歌曲的节奏、速度、力度、歌词上进行自主创编活动,从而使学生能够感知旋律的特点同时体验音乐的表达。
　　3.通过学生创编演唱,能从各种丰富多彩的音乐体验中感受到彝族少年儿童在赶集归来的路上,欢声笑语的美好场景。激发学生对美好生活的热爱与追求,从而达到弘扬民族艺术的目的,同时培养学生的家国情怀。

教学活动重、难点:
　　教学重点:根据歌曲节奏、旋律、速度、力度进行改编。
　　教学难点:创编后能够完整进行演唱。

教学或活动模式:
　　情境导入—协商约定—探究尝试—总结延伸

教学或活动准备:
　　课前搜集歌曲各种版本的音视频资料

教学或活动过程	意图(学科素养体现)
一、情境导入 师:在本学期,我们学习了中国经典民歌《赶圩归来阿哩哩》接下来我们一起回顾一下这首作品的旋律,听一听老师在演奏中与原曲相比出现了那些变化。 (老师钢琴演奏歌曲旋律,学生感受旋律色彩变化。)	通过钢琴的演奏,使学生感受器乐改编版的歌曲旋律变化,为后面进行自主创编奠定基础。

教学或活动过程	意图(学科素养体现)
生1:在演奏前面的乐段中速度变慢了。 生2:把原谱节奏改变了。 生3:少数民族味道更浓郁了。 师:通过老师的演奏大家回忆起这首歌曲的旋律吗? 生:回忆起来了。 师:接下来,我们将这首歌曲用轻声高位置的唱法再复习演唱一遍。 (弹奏歌曲伴奏) 生:(随琴进行复习演唱) 师:通过大家的演唱,老师感觉我们已经将歌曲的节奏掌握得非常准确了,并且对于声音的控制也非常完美。问一问大家在歌曲出现的几种节奏中最喜欢哪个节奏型? 生1:我喜欢十六分节奏。 生2:我喜欢前十六分节奏。 生3:我喜欢附点八分节奏。	在评价中激发学生的学习兴趣,自主选择喜欢的节奏,为歌曲创编进行铺垫。
二、协商约定 师:大家找的都非常好,这节动感节奏拓展课就是要对《赶圩归来阿哩哩》这首歌进行改编,大家思考怎样改编才能使这首歌曲更加动听? 场景色彩变化更加鲜明? 生1:可以改编歌词。 生2:我可以改编节奏 生3:我觉得可以改变歌曲的速度。 师:是的,刚才大家提供的改编方法正是音乐基本要素中的元素,在创编中还有一项改变歌曲力度。 师:老师将本节课的教学目标梳理了一下,谁给大家读一读。 (出示教学目标) 1.歌曲的节奏、速度、力度、歌词上进行创编。 2.通过歌曲改编,咱们一起感受歌曲的各种变化,轻声高位置地进行演唱。	运用协商定标的方式,使学生成为课堂的主人。
3.通过我们的演唱,从各种丰富多彩的音乐体验中,感受彝族少年儿童在赶集归来路上欢声笑语的美好场景。 生:(齐读目标) 师:那么咱们在改编这首歌之前,需要做哪些准备呢? 生1:再熟悉一下歌曲旋律。 生2:再巩固一下歌曲节奏。 师:接下来,让我们一起将这首作品进行改编吧。 三、探究尝试 1.引导领悟 师:首先,老师将歌曲演唱一遍。注意观察老师歌唱时的状态,聆听老师对民歌味道的把握。 生:(聆听老师演唱,体会味道) 师:大家感觉老师唱得怎么样?	通过教师的引导,培养学生自主探究的能力,为歌曲创编做准备。

教学或活动过程	意图(学科素养体现)
生1:老师演唱得民族味道非常浓郁。 　　生2:老师对歌曲节奏的把握非常精准。 　　师:大家点评的都非常准确。接下来你们可不可以模仿老师自己演唱一遍。 　　(再次演唱)。 　　师:同学们唱得真是越来越棒了。 　　师:在课前,老师归纳了大家搜集的这首歌曲不同版本的视频资料,接下来我们一起听一听艺术家的演绎与我们演唱的原曲有哪些不同。(播放课前学生搜集的歌曲不同版本的视频) 　　(播放黑豹乐队改编的《赶圩归来阿哩哩》) 　　(播放苏都阿洛改编演唱的《赶圩归来阿哩哩》) 　　生1:黑豹乐队唱的速度比较快。 　　生2:黑豹乐队唱得非常劲爆。 　　生3:苏都阿洛演唱得非常轻柔。 　　生4:苏都阿洛演唱时将歌曲节奏给改变了。 　　师:大家聆听得都非常仔细,找出的变化也非常准确。 　　师:接下来让我们就将这首作品进行二度创作。大家想一想音乐基本要素中都有哪些内容? 　　生1:歌词 　　生2:力度 　　生3:节奏 　　2.探究尝试 　　师:是的,看来大家都了解了音乐基本要素的构成元素。首先,我们按乐句将歌曲进行划分。 　　生1:我感觉前四句是一个乐段。 　　生2:后四句可以分为第二乐段。 　　(划分歌曲乐段) 　　师:大家划分的很好,我们将歌曲分成两个部分。 　　师:通过歌词,"日落西山……"我们想从音乐要素的哪项入手进行改编? 　　生1:改编一下它的节奏。 　　生2:改编一下它的力度。 　　师:大家的提议都非常好,接下来我们以小组的形式讨论一下,根据歌词大意改编"舒缓"的前四句。 　　生:(分为4个小组进行讨论) 　　组1:我们可以将前四句的速度变慢。 　　组3:我们可以将前四句每小节第三拍的节奏改变为3。 　　师:好,通过1、3组对速度及节奏的改编,我们尝试着演唱一下。 　　生:随琴轻声演唱。 　　<u>2161</u>　<u>66</u>　3—｜<u>2161</u>　<u>661</u>　3—｜ 　　<u>613</u>　<u>321</u>　2 —｜<u>62</u>　<u>12</u>　6—｜	感受教师声情并茂的演唱,使学生再次对歌曲加深印象,同时能引导学生进行感悟演唱。 　　运用师生互评的形式,激发学生学习兴趣。学生再次演唱,巩固歌唱状态及歌曲节奏。 　　欣赏不同版本的改编使学生开阔视野,为歌曲改编奠定基础。 　　通过划分乐段,使学生条理清晰为改编奠定基础。 　　引导学生根据歌词内容进行改编,使得改编内容有依据。

教学或活动过程	意图(学科素养体现)
师:大家唱得都非常好,通过对旋律速度的改编,大家有什么感受? 　　生1:感觉旋律悠扬了。 　　生2:旋律更美了。 　　师:这样的改编,表现出彝族的小朋友们在赶圩回来的路上喜悦和放松的心情。 　　师:在改编速度和节奏的基础上,加入哪些衬词,能使彝族味道变得更加浓郁? 　　生1:加入衬词"吔"。 　　生2:加入衬词"啊"。 　　(学生讨论自己试唱) 　　师:我们将这两个衬词都加入歌曲中唱一唱。 　　生:随琴分别演唱"吔"和"啊"。 　　师:哪个衬词民歌的味道更浓郁? 　　生:"吔"这个衬词。 　　师:那么,我们看着改编后曲谱的前四句唱一唱。 　　2161　66　3 —｜2161　661　3 —｜ 　　日落　西山　吔　散了　圩啰　吔 　　613　321　2 —｜62　12　6 —｜ 　　欢欢　喜喜　吔　回家　去啰　吔。 　　师:大家演唱得非常好,通过歌词改编有什么感受? 　　生1:改编了衬词,能表现出西南少数民族歌曲的味道。 　　生2:感觉唱"吔"比唱"啊"更容易表达。 　　师:老师感觉已经身在秀美的大山之中。聆听了大家刚才的演唱,感觉彝族的味道还是欠缺一点点,我们将在第三拍和第四拍上怎样改编能使彝族味道更加浓郁? 　　生1:将X节奏再次进行改编。 　　生2:X—节奏的起伏表现不够。 　　生3:我们可以将X加上附点。 　　师:同学们的建议都非常好,那么我们就试一试给X加上附点。 　　2161　66　3. 5｜2161　661　3 —｜ 　　日落　西山　吔　散了　圩啰　吔 　　613　321　2. 3｜62　12　6 —｜ 　　欢欢　喜喜　吔　回家　去啰　吔。 　　生:(随琴轻声演唱改编后的旋律) 　　生:(随琴轻声演唱改编后的旋律) 　　师:大家演唱得非常好,表现出了彝族民歌浓郁的味道。老师感到已经加入了彝族小朋友们回家的队伍中。 　　根据后几段歌词的含义的表达,我们在用这样的速度和节奏显然就不太合适了。请大家思考前四句后几段的旋律我们可以怎样改编?	

教学或活动过程	意图(学科素养体现)
生1:可以将速度变快。 生2:可以将节奏变得更加跳跃。 3.实践体验 师:接下来请大家以小组的形式进行思考、改编。 组1:我们将第三拍改为了切分节奏。 组2:我们加入了八分休止符。 师:(随学生们的改编描述,教师出示乐谱)。 2161 66 033 3.5│2161 661 033 30│ 蜜一样的 啊哩哩 好生活 啰 啊哩 哩 613 321 023 2.3│62 12 025 60│ 花一 样的 啊 哩哩 彝家女啰啊哩 哩。 生:(随琴演唱欢快的第二段歌词) 师:通过大家的这样改编演唱,我们感受到了什么? 生1:节奏跳跃了。 生2:律动感更强了。 师:是的,老师感受到彝族小朋友赶集归来后的喜悦心情,同时也感受到她们对美好生活的向往。 生:歌曲的后四句我们还没有进行改编,我想延续着这种情绪将后四句也变为更加欢快的节奏。 师:那么就让我们还是以小组的形式一同思考,改编后四句内容。 组1:我们为后四句的第二拍加上了八分休止符。 组2:我们将第一拍改编成切分音。 师:随着学生的描述,写出改变后的曲谱。 356 60 356 60│26 56 542 20│ 啊哩 哩 啊哩哩 赶圩 归来 啊哩 哩, 356 60 356 60│63 36 066 60│ 啊哩 哩 啊哩哩 赶圩 归来 啊哩 哩。 师:随琴将激情的后四句试唱一遍。 生:(轻声高位置随琴试唱)。 师:大家改编得非常好,通过对节奏的改编,大家有什么感受? 生1:感觉旋律更跳跃了。 生2:旋律更热烈了。 师:让我们延续着这种情绪,将改编后完整的第二段用欢快的情绪进行演唱。 师:通过咱们今天进行的动感节奏拓展课,我们将这首经典的民歌作品,两个乐段在不同场景的表现中进行了改编。大家觉得改编得满意吗。 生1:通过编使歌曲节奏更加欢快了。	通过改变节奏使学生体会律动的变化掌握切分节奏。

教学或活动过程	意图(学科素养体现)
生2:通过歌词表达使旋律更加优美了。 　师:是的,我们运用了音乐要素中的:速度、节奏、力度及歌词的四项要素将歌曲改编得更加动听。接下来让我们随着伴奏将我们两段改编的内容完整地演唱一遍。 　(前四句段"抒情"后四句"欢快"第二段"热烈") 　生:(随琴进行演唱) 　师:大家唱得都非常投入。通过音乐的表达描绘出了不同的场景气氛,仿佛我们走进了彝族村寨,与彝族小朋友一同分享快乐的喜悦。 四、总结延伸 　师:通过本节课的学习你们有哪些收获? 　生1:我们了解到通过节奏的改编会使同一首歌曲表现出不同的色彩变化。 　生2:通过改变歌曲的速度,可以表现歌曲不同的场景。 　生3:通过不同的力度表现,可以表达出不同的色彩变化。 　生4:加上适当的衬词可以使中国民歌的味道更加浓郁。 　师:是的,通过我们运用这几项音乐元素,使我们感受到同曲异构的不同变化。我相信,大家针对这首作品的改编还会有不同的形式变化,咱们课后思考一下还可以运用哪些手段进行改编,使这首经典作品变得更动听?下节课我们一起再进行探究。	通过完整演唱,使学生感受自主改编的效果,同时激发对音乐学习的兴趣。 　学生总结学习收获。通过回顾几种创编方法,使学生巩固音乐要素的内容,感受同曲异构的变化。同时培养学生对音乐学习的兴趣和热情。 　鼓励学生开发思路,激发学生节奏创编的兴趣。

教学或活动反思:

　1.注重体验、鼓励创编

　课堂中,运用音乐基本要素中的四项元素展开了一系列的创编活动。通过聆听感受、实践体验等课堂活动培养学生的自主学习能力,使学生成为课堂的主人,达到拓展课程的目标要求。运用不同手段使学生巩固歌曲旋律和节奏进行复习。根据六年级学生对节奏的掌握程度,首先引导学生进行聆听老师演奏、模仿老师演唱等课堂活动复习歌曲。学生通过聆听教师的演奏、范唱来进行模仿,并根据歌词的内容表现进行节奏的改编。运用音乐基本要素中的速度、力度、节奏、歌词进行歌曲二度创作,进行一系列的创编活动后感受体验自己的创编成果。

　2.重点突出、层次清晰

　《赶圩归来阿哩哩》这首歌曲速度较快,旋律和节奏较为复杂,所以学生必须牢固掌握基础节奏和歌曲旋律才能进行创编。教师引导学生划分段落,利用音乐基本要素的元素为改编奠定了基础,同时根据歌词内容的表现来进行改编,使学生的编创思路非常清晰。通过钢琴演奏不同场景的色彩变化,引导学生的编创思路,使之通过聆听感受可以自主地进行编创活动。通过声情并茂的演唱,使学生更能体验到改编后的效果。

　3.创编汇总、提升认识

　通过这首经典民歌的改编,更加浓郁地表现出西南少数民族的小朋友对美好生活的向往与追求。感受到改编后歌曲产生的不同变化,体验了同曲异构的作品呈现。感受到中国民族音乐的无穷魅力,使学生的学习兴趣更加浓郁,对民族音乐更加热爱,同时民族自豪感也油然而生。

　本课不足之处:由于课程时间有限,在编创活动中只能将改编后的节奏初步进行演唱,今后会利用其他时间,使其满足学生的需求。

"音乐综合"拓展课程二:《音乐大师》课例

李 唯

学科	音乐	年级	三年级	执教人	李唯
课题	中国近代民族音乐一代宗师——刘天华				

拓展内容分析:
　　《音乐大师》是学校"音乐综合"课程中的拓展课,《刘天华》是三年级下册拓展课《音乐大师》的一课,其内容主要是介绍刘天华的生平、创作经历。他的创作经历体现了不同时期对社会现实的关注和对美好未来的憧憬。他的作品具有活泼欢快、慷慨激昂、曲声悠长、回味无穷的特点,表现了刘天华浓厚的爱国情怀及匠心精神,因此,他被称为中国近代民族音乐一代宗师、二胡鼻祖,为中国近现代民族音乐的发展做出了巨大贡献。

学情分析:
　　我所执教的班级是从一年级时就组成的民乐班。三年来学生经过音乐知识的学习和音乐技能的训练,已经具备了一定的音乐欣赏能力,能够初步了解如何去倾听和分析音乐大师的作品。在本课的学习中感受和体验音乐大师作品的内涵、情绪及作品所表现出的艺术价值是学生领悟的难点所在。因此,我在教学中有针对性地突破难点。

教学或活动目标:
　　1.通过师生共同分享课前搜集的音乐大师的相关资料,使学生从生平、作品、创作历程、情感等层面对音乐大师刘天华进行全面具体的了解。
　　2.通过音乐欣赏,使学生感受刘天华不同时期音乐作品的音乐情绪、音乐风格和音乐内涵,从而进一步提升学生对音乐作品的分析与欣赏能力。
　　3.通过对二胡构造及二胡演奏技法的介绍,使学生了解"中国传统民族乐器——二胡"的改良,从侧面让学生感受音乐大师刘天华的爱国情怀。

教学或活动重、难点:
　　重点:从人物生平、作品、创作历程、情感等层面对音乐大师刘天华进行全面具体的认知。
　　难点:感受民族拉弦乐器二胡的丰富表现力及刘天华不同时期音乐作品的音乐情绪、音乐风格和音乐内涵。

教学或活动模式:
　　情境导入——协商定标——了解感悟——欣赏感悟——欣赏提升——总结延伸

教学或活动准备:胡琴、课件、音响设备及相关资料

教学或活动过程	意图(学科素养体现)
一、情境导入 　师:同学们,欢迎大家和老师一起走进美妙的音乐世界,今天老师给大家带来一首好听的曲子,请大家听一听这首曲子的主奏乐器是什么? 又是出自哪位音乐家之手呢?(播放刘天华《空山鸟语》音频) 　生1:这首乐曲的主奏乐器是二胡。 　生2:这是二胡演奏家刘天华的作品《空山鸟语》。	通过音乐作品的聆听引出本课的主题,激发学生的学习兴趣。

教学或活动过程	意图(学科素养体现)
二、协商定标 　师:我们刚刚聆听的音乐作品片段就出自我国近代民族音乐宗师、二胡鼻祖——刘天华之手。(播放课件,出示刘天华照片)今天拓展课我们就来了解这位音乐家。大家想要了解哪些有关刘天华的内容呢? 　生1:刘天华是哪儿的人? 　生2:刘天华创作了几首二胡曲,为什么会被誉为二胡鼻祖? 　生3:刘天华先生创作的最短的乐曲是什么? 　生4:二胡是民族乐器中的哪一类乐器? 　师:除了大家刚刚谈到的几点之外,我们还要知道刘天华对我国二胡的演奏技法及民族音乐的传承和发展起到了怎样的助推作用。 　师:那么今天我们就带着这些问题和老师一起走近刘天华。请同学们来读一读我们这节课的目标: 　1.从生平、作品、创作历程、情感等层面对刘天华进行全面具体的了解。 　2.感受刘天华不同时期音乐作品的情绪、风格、内涵,提升对音乐作品的理解、欣赏能力。 　3.了解中国传统民族乐器二胡的改良,感受音乐大师的爱国情怀。 三、了解感悟 　1.师生介绍刘天华 　师:课前大家都搜集了很多有关刘天华的资料,那就请大家分享交流一下你对刘天华有哪些了解? 　生1:刘天华字寿椿,江阴城内西横街人。 　生2:刘天华是我国近代杰出的民族器乐作曲家,二胡演奏家,音乐教育家。 　生3:刘天华是刘氏三兄弟(刘半农、刘天华、刘北茂)中的老二。 　生4:在刘天华改良二胡前,二胡只出现在婚丧嫁娶的小乐队里,以及街头卖艺时。当时二胡被一些中国人和外国人所轻视,认为我国的民族乐器是没有前途的。而刘天华先生却立志要把民族音乐推向世界舞台,要与西洋音乐并驾齐驱。为此,他奋发学习,到处求师拜友,艰苦地学习各种民族乐器。同时,他也学习西洋音乐理论,改革二胡及其演奏方法。 　生5:刘天华先后创作了十首二胡曲、三首琵琶曲、二首合奏曲等。并在高等学校开设了二胡专业课,将二胡搬上了独奏舞台。 　2.视频了解刘天华	让学生能够对音乐大师刘天华的生平、作品及对中国民族音乐的贡献有初步的了解。为后续深入了解刘天华音乐作品的深层内涵做铺垫。

教学或活动过程	意图(学科素养体现)
师：大家刚刚从不同的角度分享了你所了解的刘天华。老师也搜集了刘天华的一些视频资料，请同学们观看视频后谈谈自己的感受。(教师播放音乐大师刘天华的视频素材) 生1：通过观看视频我了解了刘天华是如何改良我国民乐记谱法的。 生2：通过观看视频我了解了刘天华在创作经典音乐作品的同时，也在积极推广国乐教育，为我国民族音乐的发展贡献着自己的力量。 四、欣赏感悟 师：在刘天华先生创作的十首二胡曲中，有一首曲子是他所有作品中写作时间最短的，大家知道这是哪一首曲子吗？ 1.学生演奏二胡曲《良宵》 生：这是刘天华的《良宵》。 师：下面就请我们班里的小演奏家来为大家演奏这首二胡曲《良宵》，请同学们欣赏后把自己的感受和大家一起来分享。(学生上台表演) 师：大家听了这首曲子，有怎样的感受？ 生1：这首乐曲节奏平稳、舒缓。 生2：全曲动听，毫不张扬，在舒缓的音乐旋律中让我们感受到了温暖和希望。 师：是啊，这首乐曲在祥和与欢快的氛围中表现出刘天华愉悦的心情。大家知道吗，这首乐曲在创作时还有一个小故事呢？有谁知道这个小故事？ 生：我知道这个小故事，我来给大家讲一讲。90多年前，刘天华邀请音乐界的朋友及学生到他家里过年。室内灯光明亮，屋外辞旧迎新的鞭炮声和孩子们的嬉笑声交织在一起，面对此情此景，刘天华心情愉悦。一是在过去一年里，他创办了"国乐改进社"和《音乐杂志》，标志着他在事业上取得了进展；二是家里来了一些共同筹办"国乐改进社"的朋友和学生。在欢乐气氛的感染下，他产生了灵感，于是边拉琴边记谱，创作完成了二胡独奏曲《除夜小唱》，后更名为《良宵》。该曲是刘天华创作时间最短、也是较易学会的一首二胡曲。 2.学生再听二胡曲《良宵》 师：听了故事，让我们再次听听《良宵》这首乐曲，听后说一说你又有了怎样的感受，或者可以结合我们刚刚听到的故事"情景再现"《良宵》的创作过程。 生1：再次聆听《良宵》让我感受到刘天华先生通过音乐的诉说为我们带来的幸福、宁静而悠闲的除夕之夜。	以民族器乐介绍为依托，在音乐作品的聆听中激发学生对祖国的热爱，及对音乐家刘天华爱国情怀的认知。通过对二胡构造和二胡演奏技法的认知，使学生了解中国传统民族乐器二胡的改良，进而深刻体会刘天华对改良国乐做出的巨大贡献。

教学或活动过程	意图(学科素养体现)
生2:我们想要通过"情景再现"的方式表演刘天华创作《良宵》的过程。(学生上台进行表演展示) 师:大家在初次聆听《良宵》的基础上,通过现场演奏、故事讲述与情景再现,让我们对这首二胡曲又有了更深层次的理解。刘天华创作的二胡小品《良宵》,在二胡最佳的音域内,尽情抒怀,发挥得淋漓尽致,其旋律浑然天成,如山泉自由流淌。这种欢乐没有震耳欲聋的爆竹,没有觥筹交错的宴席,是传统的中国知识分子温文尔雅的相互祝福,满怀希望地憧憬未来,具有典型的中国式特点。 五、欣赏提升 1.了解刘天华对二胡的改良 师:我们刚刚欣赏了刘天华的二胡曲《良宵》。刘天华不但是我国著名的二胡演奏家,而且也是我国民族器乐改良的先行者。大家知道二胡在刘天华的改造下变成了什么样子吗?(教师出示二胡实物并现场演奏乐曲片段) 生1:琴筒用木或竹制成。 生2:琴筒一端蒙以蟒皮,有内外两根琴弦。 生3:琴弓由马尾制成。 生4:听了二胡的音色,我们可以发现它的音色柔和,表现力很丰富,尤其擅长表现细腻的抒情乐段,还可以演奏技巧性很高的华彩性乐段,以及模拟人声、鸟声,甚至打击乐器的声响。 2.欣赏二胡曲《光明行》 师:大家观察得非常仔细。接下来让我们再欣赏刘天华的一首经典二胡曲(播放《光明行》),这首曲子在音乐情绪和音乐风格方面带给你怎样的感受? 生1:这首乐曲让我感受到振奋、激昂、蓬勃向上的音乐情绪。 生2:这首曲子凸显出浓郁的进行曲风格。 师:大家知道这是刘天华的哪首作品吗? 生:《光明行》。 师:请大家思考两个问题,一是《光明行》的旋律为什么如此激昂,二是为什么乐曲采用了二胡曲中少有的进行曲风格? 生1:我觉得这是刘天华先生在探索二胡新的演奏风格。 生2:我觉得旋律中蕴含着刘天华先生的一种强烈的爱国情怀。	通过《光明行》的聆听与分析,使学生充分感受刘天华音乐作品中蕴含的爱国情怀,并在感受乐曲精神内涵的同时,让学生的情感得到进一步的升华,从而更加激发学生对中华民族、对祖国的热爱之情。

教学或活动过程	意图(学科素养体现)
师:大家思考得很认真。《光明行》是刘天华先生1913年的作品。乐曲通过激昂的旋律表达了人们追求光明、渴望社会进步的决心。《光明行》一曲号召民众共同奋起,吹响了追求光明的号角,有很强的社会进步意义,是我国民族音乐中罕见的一首进行曲。它以队列行进步伐律动为乐曲的主要特点;以明亮的大三和弦分解作为旋律的骨干音;以上下四五度交替转调的手法来充分发挥二胡内外弦之间不同音色的对比;以大段落的抛弓和颤弓的技法来描绘无边无际的人潮这样壮观的场面。气势昂扬,象征了觉醒的民众队伍走向光明。	

教学或活动反思:

1.以学生为主体,提升学生的自主学习能力。

在本节课的教学过程中,引导学生如何去聆听音乐作品的内涵,如何去感受音乐作品的艺术价值和时代意义。让学生从刘天华音乐作品的聆听感悟中更好地走进音乐大师刘天华的内心世界。与此同时,我还采用了多样化的教学方式充分调动学生的学习积极性。

2.创设不同形式,加深对音乐作品的理解。

在本节课,我将音乐作品的时代背景和创作历程用讲故事的形式进行教学,让学生结合故事来欣赏刘天华的音乐作品。通过"情景再现"表演环节使学生置身其中,从而更好地感悟大师作品的精神内涵,加深学生对作品的理解。

3.关注人物及作品思想内涵,加强对学生情感熏陶。

在二胡曲《光明行》的欣赏教学环节,我引领学生充分感受刘天华所代表的旧中国知识分子冲破社会黑暗、追求光明与进步的音乐人生,体会刘天华善于改革民族器乐的聪明才智,以及他在中国近代民族音乐中的杰出地位。在音乐作品的聆听感悟中深刻体会刘天华积极向上的乐观精神;变革现实的抱负、理想以及不怕挫折、坚持探索光明和进步之路的信念和意志,从而激发学生的爱国情怀及对我国传统民族音乐的热爱之情。

本课不足之处:在本节课的教学过程中,对音乐大师刘天华如何具体进行国乐推广和国乐教育这个环节还需再进行更充分的讲解,让学生在了解音乐作品内涵的基础上,从这一特殊的领域更好地对刘天华进行系统全面的深层次剖析。

第六节 "体育综合"课程纲要

许 纯 穆 红

一、课程背景

"体育综合"课程是我校"小海帆"自主发展教育课程体系中学科综合课程中"艺术与体育"部分涉及的一门课程。"体育综合"课程包括体育国家课程校本化和体育学科拓展课程两部分内容。

多年来,我校在体育教学中,发现教学方式体现自主性不够,对健康课重视不够的问题。我们以问题为导向,进行了国家课程校本化的初步探索,增加了结合学生实际需要的健康教育内容,使健康课的内容落在实处,取得了一定的成果。为了使体育课程能满足学生自我发展的需求,激发学生的运动兴趣,根据目前学生对体育赛事的关注度不断提升的实际,开设了拓展课"赛事欣赏"。指导学生学会欣赏体育赛事,不仅使学生了解比赛的规则,而且通过紧张、激烈、拼搏的场面,使学生受到激励和感染,激发学生热爱体育的情感,同时学习运动员勇于挑战、敢于拼搏的精神,培养团结合作的能力、豁达乐观的性格,激发学生的爱国情怀。

二、课程目标

(一)思想教育目标

通过体育活动和赛事欣赏激发学生的爱国情怀,培养学生的集体主义品德;在体育活动的体验中,培养学生坚强、自信和勇于面对挫折和困难的精神;在体育活动中,培养学生的合作能力和团结互助的品质。

(二)学科素养目标

1.掌握体育知识与技能:增加对奥林匹克运动知识的了解,掌握运动项目的相关知识;初步掌握简单的科学锻炼方法和技能,发展学生的基础运动能力,形成健康的生活方式;初步具有自主学习、合作学习和探究学习的能力,增强安全意识。

2.形成良好的体育习惯:培养学生运动兴趣,养成能够根据自己的身体状况适度进行体育锻炼的良好习惯。

3.增进身心健康责任感:引导学生积极主动参与体育锻炼,提高适应环境变化的能力,形成关注自身健康的意识和行为;在体育活动和观看赛事时注意调节自己的情绪,规范自己的行为;在团队体育活动中,能较好地履行自己的职责。

三、课程内容

(一)体育国家课程校本化

为认真落实国家课程,体现学校特色,提升学生的体育与健康素养,我们进行了小学"体育与健康"课程的整合研究。

在体育课程改革中,注重对学生进行品德教育。增加了对学生技能达成度的评价与测试,使学生清楚每一个技能的达标标准,能够在每一个单元的练习后提升专项能力和身体素质。

我们还进行了健康课整合研究,以解决学生生活中的实际问题为主线,根据健康课单元主题,整合教材内容,在协商理念指导下,形成了相应的协商教学模式,最大限度地发挥学生自主性,满足学生个性学习需求,提高课堂教学效率及学生健康素养。

(二)体育拓展课程

对体育国家课程整合后节省的课时,进行了体育拓展课程的研究,开设了"赛事欣赏"。"赛事欣赏"的内容是根据学生的年龄特点、兴趣及我国的优势项目等进行选择。让学生了解该项目的兴起与发展及优势国家,我国在该项目中的位置及具体的比赛规则;了解该项目比赛中,中国运动员所取得的佳绩和他们坚持刻苦训练为国争光的感人故事。激励学生以他们为榜样,积极参加体育锻炼,增强体质。

四、课程实施

1.认真落实体育与健康国家课程,在健康课程中增加一些贴近学生实际的健康知识进行国家课程校本化研究,保证每学期有9节室内健康课。并将室外课根据教材的内容适当地整合出4节作为"赛事欣赏"课。

2.每学期,根据课程目标分别制定体育与健康国家课程校本实施计划和体育与健康拓展课程实施计划,教师要严格按照课程进度计划备好课,上好课,落实体育与健康学科素养。

3.落实学校育人目标、学科素养目标。以协商理念为指导,深化"室外体育课""健康整合课"教学模式研究,认真探索 "赛事欣赏"协商教学模式,促进学生自主发展。

4.关注反思撰写课例,提升教师研究能力。每学期通过对"室外体育课""健康整合课"课例的研究总结成功与不足,达到提升认识明确方向改进教学目的。实验教师每学期至少完成一个拓展课例,并进行交流。通过撰写课例和不断地反思,提升教师的课程研究能力。

5.适时邀请家长参与课程实验。通过与家长沟通交流,了解学生对健康教育、赛事欣赏的需求;邀请家长参与评价,检验学生对健康教育以及赛事欣赏目标的达成,提高学习的实效性。

6.具体安排如下:

(1)国家课程校本化实施计划:

课型	目标	教学模式	具体实施
室外体育课	1.能用语言正确描述动作过程。 2.初步学会运动技能,发展身体协调性,增强身体素质。 3.体验活动乐趣,在活动中加强交往与合作,建立良好和谐的人际关系。	收心热身——协商约定——体验发现——引领实践 —— 游戏放松——总结延伸	收心热身——师带领生进行热身活动,活动身体各个关节,预防运动损伤,为后续学习做准备。 协商约定——师生共同协商确定本课学习目标、形式。 体验发现——在通过学生体验的基础上对动作进行示范与讲解,使学生直观了解动作技术,并明确动作过程与注意事项。 引领实践——教师引领学生尝试自主学练,教师巡视指导;请优生示范,学生再做练习改进动作,通过实践完善动作。 游戏放松——根据本课内容,安排小组游戏活动,使学生体验活动乐趣,同时增强学生团结合作意识,教师带领学生在音乐伴奏下进行放松活动,放松身体肌肉,舒缓愉悦心情。 总结延伸——师生总结本课学习目标达成的情况,布置下次课任务。

课型	目标	教学模式	具体实施
健康整合课	1. 了解健康知识,增进学生身体健康责任感,增强学生珍视生命的意识。 2. 培养学生搜集、整理、筛选信息的能力及动手操作和表达能力。	激趣导入——协商约定——展示引领——实践感悟——总结延伸	激趣导入——教师通过播放图片或视频,使学生明确本课主题。 协商约定——师生共同协商确定本课学习目标、形式。 展示引领——教师出示本节课的相关视频、实物资料,引领学生理解并提升认识。 实践感悟——通过多种形式实践感悟学习内容。 总结延伸——总结目标达成情况,布置课下实践,搜集下节课资料。

(2)体育学科国家课程校本化课时调整安排:

年级	国家课程教材内容及规定课时	内容整合及节省的课时
	每学期共54课时,包括体育课45课时、健康课9课时	4课时
一年级上册	第一单元:《课堂常规》 共9课时 第二单元:《基本体操》 共6课时 第三单元:《跳绳》 共6课时 第四单元:《爬越与游戏》 共2课时 第五单元:《走、跑》 共9课时 第六单元:《跳跃》 共6课时 第七单元:《武术基本功》 共4课时 第八单元:《横纵叉》 共3课时	(1)第一单元第4课时《常规队列》和第5课时《队形变化》共2课时,整合后1课时,节省出1课时。 (2)第二单元第3课时《广播操/徒手操》和第4课时《自编操》共2课时,整合后1课时,节省出1课时。 (3)第三单元第4课时《双脚连续跳绳》和第5课时《花样跳绳》共2课时,整合后1课时,节省出1课时。 (4)第五单元第3课时《快速跑》和第4课时《耐久跑》共2课时,整合后1课时,节省出1课时。
一年级下册	第一单元:《队列》 共4课时 第二单元:《基本体操》 共4课时 第三单元:《投掷》 共8课时 第四单元:《跑》 共8课时 第五单元:《跳跃》 共8课时 第六单元:《小篮球》 共6课时 第七单元:《技巧》 共5课时 第八单元:《民族传统体育活动》 共2课时	(1)第一单元第2课时《常规队列》和第3课时《各种方式队列练习》共2课时,整合后1课时,节省出1课时 (2)第二单元第4课时《自然直线跑》和第5课时《30米快速跑》共2课时,整合后1课时,节省出1课时。 (3)第五单元第3课时《集体双脚连续跳》和第4课时《立定跳远》共2课时,整合为1课时,节省出1课时。 (4)第七单元第2课时《滚动》和第3课时《翻滚》共2课时,整合为1课时,节省出1课时。

续表

年级	国家课程教材内容及规定课时	内容整合及节省的课时
二年级上册	第一单元:《队列》 共4课时 第二单元:《走》 共4课时 第三单元:《跑》 共8课时 第四单元:《短绳》 共11课时 第五单元:《立定跳远》 共9课时 第六单元:《投掷》 共9课时	(1)第一单元第2课时《常规队列》和第4课时《队形变化》共2课时,整合为1课时,节省出1课时。 (2)第二单元第2课时《各种方式的走》和第4课时《各种方式的前脚掌走》共2课时,整合为1课时,节省出1课时。 (3)第三单元第4课时《自然站立式起跑》和第8课时《30米快速跑》共2课时,整合为1课时,节省出1课时。 (4)第五单元第4课时《预摆起跳》和第9课时《腾空落地》共2课时,整合后1课时,节省出1课时。
二年级下册	第一单元:《队列》 共4课时 第二单元:《基本体操》 共4课时 第三单元:《柔韧》 共8课时 第四单元:《基本体操》 共4课时 第五单元:《跑》 共8课时 第六单元:《跳跃》 共8课时 第七单元:《滚翻》 共9课时	(1)第一单元第2课时《三面转法走圆形》和第4课时《队列队形变换》共2课时,整合为1课时,节省出1课时。 (2)第三单元第5课时《纵劈叉》和第8课时《横劈叉》共2课时,整合后1课时,节省出1课时。 (3)第五单元第4课时《障碍跑》和第五单元第8课时《接力跑》共2课时,整合后1课时,节省出1课时。 (4)第七单元第3课时《侧滚翻》和第9课时《各种方式的滚翻》共2课时,整合后1课时,节省出1课时。
三年级上册	第一单元:《跑》 共8课时 第二单元:《跳跃》 共8课时 第三单元:《走、跑与游戏》 共7课时 第四单元:《队列与队形》 共3课时 第五单元:《基本体操》 共6课时 第六单元:《投掷》 共7课时 第七单元:《韵律活动和舞蹈》 共6课时	(1)第一单元第8课时《耐久跑》和第四单元第3课时《队列队形》共2课时,整合后1课时完成,节省出1课时。 (2)第三单元《发展跑的速度游戏》和《发展奔跑耐力的游戏》5课时,整合为4课时,节省出1课时。 (3)第五单元第2课时《徒手操》和第七单元第1课时《韵律活动组合》共2课时,整合后1课时完成,节省出1课时。 (4)第六单元第3课时《自编操》和第七单元第2课时《韵律活动组合》共2课时,整合后1课时完成,节省出1课时。

续表

年级	国家课程教材内容及规定课时	内容整合及节省的课时
三年级下册	第一单元:《队列与队形》 共4课时 第二单元:《跑》 共8课时 第三单元:《跳跃》 共8课时 第四单元:《投掷》 共6课时 第五单元:《小篮球》 共5课时 第六单元:《技巧》 共5课时 第七单元:《武术》 共6课时 第八单元:《民族民间体育活动》 共3课时	(1)第二单元第2课时《接力跑》第5课时《障碍跑》共2课时,整合后1课时完成,节省出1课时。 (2)第二单元第3课时《接力跑》和第8课时《奔跑能力的游戏》共2课时,整合后1课时完成,节省出1课时。 (3)第三单元第8课时《发展奔跑能力的练习和游戏》和第二单元第8课时《发展跳跃能力的练习和游戏》共2课时,整合后1课时完成,节省出1课时。 (4)第七单元第6课时,《武术》和第八单元《踢毽》共2课时,整合后1课时完成,节省出1课时。
四年级上册	第一单元:《跑》 共8课时 第二单元:《跳跃》 共8课时 第三单元:《投掷》 共5课时 第四单元:《队列与队形》 共3课时 第五单元:《基本体操》 共6课时 第六单元:《技巧》 共5课时 第七单元:《器械体操》 共5课时 第八单元:《韵律活动和舞蹈》 共5课时	(1)第一单元第8课时《耐久跑》和第四单元第3课时《队列队形:齐步走与跑步走互相变换》共2课时,整合后1课时完成,节省1出课时。 (2)第二单元第3课时《立定跳远》和第五单元第8课时共2课时《跳短绳》,整合后1课时完成,节省出1课时。 (3)第五单元第2课时《徒手操》和第八单元第1课时《韵律活动组合》共2课时,整合后1课时完成,节省出1课时。 (4)第五单元第3课时《自编操》和第八单元第2课时《韵律活动组合》共2课时,整合后1课时完成,节省出1课时。
四年级下册	第一单元:《跑》 共8课时 第二单元:《跳跃》 共8课时 第三单元:《投掷》 共6课时 第四单元:《小篮球》 共5课时 第五单元:《小足球》 共5课时 第六单元:《乒乓球》 共5课时 第七单元:《武术》 共6课时 第八单元:《民族民间体育活动》 共2课时	(1)第一单元第2课时《接力跑》和第一单元第5课时《障碍跑》共2课时,整合后1课时完成,节省出1课时。 (2)第一单元第3课时《接力跑》和第八单元第2课时《抢花炮》共2课时,整合后1课时完成,节省出1课时。 (3)第一单元第8课时《发展奔跑能力的练习和游戏》和第二单元第8课时《发展跳跃能力的练习和游戏》共2课时,整合后1课时完成,节省出1课时。 (4)第二单元第6课时《发展跳跃能力的练习和游戏》和第八单元第1课时《跳骆驼》共2课时,整合后1课时完成,节省出1课时。

年级	国家课程教材内容及规定课时	内容整合及节省的课时
五年级上册	第一单元:《广播操》　共8课时 第二单元:《跑》　共8课时 第三单元:《实心球》　共5课时 第四单元:《队列与队形》 　共3课时 第五单元:《立定跳远》　共6课时 第六单元:《武术(五步拳)》 　共5课时 第七单元:《小足球》　共5课时 第八单元:《韵律活动和舞蹈》 　共5课时	(1)第一单元第8课时《广播操》和第四单元第3课时《队列队形》共3课时,整合后1课时完成,节省出1课时。 (2)第二单元第3课时《耐久跑》和第六单元第8课时《跳短绳》共2课时,整合后1课时完成,节省出1课时。 (3)第五单元第2课时《立定跳远》和第八单元第1课时《韵律活动组合》共2课时,整合后1课时完成,节省出1课时。 (4)第五单元第3课时《跳长绳》和第八单元第2课时《韵律活动组合》共2课时,整合后1课时完成,节省出1课时。
五年级下册	第一单元:《广播操》　共8课时 第二单元:《跑》　共8课时 第三单元:《实心球》　共5课时 第四单元:《队列与队形》 　共3课时 第五单元:《立定跳远》　共6课时 第六单元:《武术(五步拳)》 　共5课时 第七单元:《小足球》　共5课时 第八单元:《韵律活动和舞蹈》 　共5课时	(1)第一单元第2课时《广播操》和第一单元第5课时《课间操》共2课时,整合后1课时完成,节省出1课时。 (2)第一单元第3课时《课间操》和第八单元第2课时《韵律操》共2课时,整合后1课时完成,节省出1课时。 (3)第一单元第8课时《广播操》和第四单元第2课时《队形队列》共2课时,整合后1课时完成,节省出1课时。 (4)第五单元第6课时《跳长绳》和第六单元第1课时《跳短绳》共2课时,整合后1课时完成,节省出1课时。
六年级上册	第一单元:《队列》　共4课时 第二单元:《基本体操》　共5课时 第三单元:《投掷》　共6课时 第四单元:《跑》　共9课时 第五单元:《跳跃》　共9课时 第六单元:《技巧》　共4课时 第七单元:《武术》　共4课时 第八单元:《韵律活动和舞蹈》 　共4课时	(1)第一单元《常规队列》和《队形变化》4课时,整合为3课时,节省出1课时。 (2)第二单元《广播操/徒手操/自编操》和《跳短绳》5课时,整合为4课时,节省出1课时。 (3)第五单元《急行跳远》和《跨越式跳高》共9课时,整合后8课时,节省出1课时。 (4)第八单元《韵律基础》和《韵律活动组合》共4课时,整合后3课时,节省出1课时。

年级	国家课程教材内容及规定课时	内容整合及节省的课时
六年级下册	第一单元:《队列》　　　　共4课时 第二单元:《基本体操》 　　　　　　　　　　　共4课时 第三单元:《投掷》　　　　共6课时 第四单元:《跑》　　　　　共9课时 第五单元:《跳跃》　　　　共8课时 第六单元:《排球》　　　　共6课时 第七单元:《武术》　　　　共6课时 第八单元:《民族传统体育活动》 　　　　　　　　　　　共2课时	(1)第一单元《常规队列》和《各种方式队列练习》共4课时,整合后3课时,节省出1课时。 (2)第四单元的《快速跑》和第五单元的《跨越式跳高》8课时,整合后7课时完成,节省出1课时。 (3)第四单元的《快速跑》和第六单元的《排球的技术动作》5课时,整合后4课时完成,节省出1课时。 (4)第五单元的《跨越式跳高》和《跳皮筋》4课时,整合后3课时完成,节省出1课时。

(3)拓展课程内容及课时安排:

"赛事欣赏"课程

年级	题目	主要内容	课时
一年级上	一、我眼中的游泳运动	1.教师播放精彩的游泳运动的画面。 2.学生分享自己目前所了解的关于游泳运动的知识。 3.教师讲解春秋战国小故事,引领学生了解游泳运动的起源和发展历程。 4.师生共同研究游泳的四种泳姿、游泳运动的器械、游泳运动的特点等相关知识。 5.师生总结延伸。	1
	二、我是小内行——了解游泳比赛规则(一)	1.学生展示交流课前搜集的关于游泳比赛规则的资料。 2.教师播放选取的游泳比赛画面,师生协商探究了解相关的规则。 (1)蛙泳、仰泳动作要领及联系。 (2)蛙泳入水、转身规则。 (3)仰泳入水、转身规则。 3.教师播放"我爱奥运":蛙泳的规则与要点视频片段和蛙泳模拟动画,指导学生在反复观看中熟悉:①蛙泳、仰泳动作要领及联系;②蛙泳入水、转身规则,这两项内容。 4.教师播放仰泳技术犯规视频片段和仰泳模拟动画,指导学生在反复观看中熟悉:①蛙泳、仰泳动作要领及联系;②仰泳入水、转身规则,这两项内容。 5.师生总结延伸。	1

续表

年级	题目	主要内容	课时
一年级上	三、我是小内行——了解游泳比赛规则(二)	1.学生展示交流课前搜集的关于游泳比赛规则的资料。 2.教师播放选取的游泳比赛画面,师生协商探究了解相关的规则。 (1)自由泳、蝶泳动作要领及联系。 (2)自由泳入水、转身规则。 (3)蝶泳入水、转身规则。 3.教师播放男子200米自由泳赛拉普塞斯被判犯规孙杨惊险逆转夺冠视频片段和自由泳模拟动画,指导学生在反复观看中熟悉:①自由泳、蝶泳动作要领及联系;②自由泳入水、转身规则这两项内容。 4.教师播放蝶泳技术犯规视频片段和蝶泳模拟动画,指导学生在反复观看中熟悉:①自由泳、蝶泳动作要领及联系;②蝶泳入水、转身规则这两项内容。 5.师生总结延伸。	1
	四、我是小小裁判员	1.学生展示交流课前搜集的关于游泳比赛中裁判员的资料。 2.教师播放选取的游泳比赛画面,师生协商探究了解相关的知识。 (1)游泳裁判员技术等级称号和对应可以担任裁判比赛的级别。 (2)游泳裁判员人数、装备、穿着及各自职责。 (3)游泳比赛中犯规及违例出现后裁判员的处罚规则。 3.教师播放2018年广东省运动会游泳比赛裁判进场仪式,指导学生在反复观看中熟悉裁判员的位置与职能。 4.教师播放洛阳市第十三届运动会游泳比赛裁判员风采视频,学生进行不同裁判位置和职能讲解,教师随时进行指导。 5.师生总结延伸。	1

续表

年级	题目	主要内容	课时
一年级下	五、我推荐的一场精彩的游泳比赛	1.学生展示交流课前搜集的关于中国游泳队比赛的资料,分享推荐的理由。 2.教师推荐精彩比赛。 (1)仁川亚运会男子4×100米自由泳接力赛。 (2)伦敦奥运会1500米男子自由泳比赛。 (3)里约奥运会傅园慧100米仰泳比赛。 (4)教师结合不同比赛画面分别指导学生协商讨论推荐的理由,感受游泳比赛的魅力,体会体育项目力与美的融合。 3.学习游泳比赛相关知识。 (1)为什么游泳运动员比赛后都要用热水淋浴? (2)为什么奥运会泳池旁会有救生员? (3)为什么奥运会选手在游泳前要在自己身上扑水花? (4)为什么游泳运动员要带两层泳帽? 4.学生以小组为单位,进行游泳比赛解说练习,再互相评价。 5.师生总结延伸。	1
	六、我崇敬的游泳明星——中国游泳运动员	1.学生展示交流课前搜集的关于中国游泳运动员资料。 2.教师播放选取的游泳明星比赛、训练和生活的画面,师生协商探究了解明星的成功历程。 (1)观看中国泳坛"蛙王"穆祥雄的视频,了解他的运动生涯、精湛的技艺和在中国游泳发展中做出的贡献。 (2)观看中国优秀游泳运动员孙杨的视频,了解他的刻苦训练、为国争光的努力,学习中国游泳运动员刻苦拼搏的体育精神。 3.学生根据游泳明星的事迹写下感言,互相交流分享。 4.师生总结延伸。	1

年级	题目	主要内容	课时
一年级下	七、我崇敬的游泳明星——世界级游泳运动员	1.学生展示交流课前搜集的关于世界级游泳明星的资料。 2.教师播放选取的游泳明星比赛、训练和生活的画面,师生协商探究了解明星的成功历程。 (1)观看菲尔普斯视频,了解他的运动生涯和刻苦训练。 (2)观看世界游泳冠军日常训练,了解他们在游泳运动中所体现出来的精神和为游泳国际交流发展做出的贡献。 3.学生根据游泳明星的事迹写下感言,互相交流分享。 4.师生总结延伸。	1
	八、我满满的收获	1.教师播放选取的游泳比赛画面,教师指导学生复习游泳规则和技艺等知识。 2.教师播放精彩比赛,学生尽量完整地总结比赛中出现的各种规则和技艺。 3.学生总结在游泳赛事课程中受到的教育。 4.小组讨论补充,全班交流完善。 5.完成课程评价表。	1
二年级上	一、我眼中的足球运动	1.教师播放精彩的足球运动的画面。 2.学生分享自己目前所了解的关于足球运动的知识。 3.教师出示不同时期足球、球门、场地的视频或图片,引领学生了解足球运动的起源和发展历程。 4.师生共同研究总结现在足球有几大重要赛事。 5.师生总结延伸。	1
	二、我是小内行——了解足球比赛规则(一)	1.学生展示交流课前搜集的关于足球比赛规则的资料。 2.教师播放选取的足球比赛画面,师生协商探究了解相关的规则。 (1)足球比赛的上场人数、换人次数和场地器材、运动员装备等相关知识。 (2)足球比赛规定如何计时,分几个半场,每个半场多长时间,球员中场休息不得超过多少分钟,在每个半场比赛中损失的所有时间应如何补充。 (3)足球比赛场地中球门区、角球区、罚球区等各个区的规则含义。 3.教师播放2019年女足世界杯中国和南非的比赛赛事,指导学生在反复观看中熟悉前几项所学的规则内容。 4.师生总结延伸。	1

年级	题目	主要内容	课时
二年级上	三、我是小内行——了解足球比赛规则(二)	1.学生展示交流课前搜集的关于足球比赛规则的资料。 2.教师播放选取的足球比赛画面,师生协商探究了解相关的规则。 (1)足球比赛中球员位置详解——守门员、后卫、中场、前锋。 (2)足球比赛中越位、任意球、球门球、掷界外球等几种情况。 3.教师播放中超比赛中天津队对北京队的比赛等赛事,指导学生在反复观看中熟悉前几项所学的规则内容。 4.师生总结延伸。	1
	四、我是小小裁判员	1.学生展示交流课前搜集的关于足球比赛中裁判员的资料。 2.教师播放选取的足球比赛画面,师生协商探究了解相关的知识。 (1)足球裁判员技术等级称号和对应可以担任裁判比赛的级别。 (2)足球裁判员人数、装备、穿着及各自职责。 (3)足球比赛中犯规出现后裁判员的肢体语言、手势及处罚规则。 3.教师播放2020科勒全国青少年足球挑战赛上海总决赛、宜兴市周铁久滕比赛,指导学生在反复观看中熟悉裁判员及其如何进行执法判罚。 4.学生模拟足球比赛,请学生做裁判员,教师指导学生裁判员正确的判罚比赛,随时讨论出现的问题。 5.师生总结延伸。	1

年级	题目	主要内容	课时
二年级下	五、我喜欢足球比赛中精湛的技艺	1.学生展示交流课前搜集的足球比赛中关于精湛技艺的资料。 2.教师播放中国足球队在亚洲杯上的经典比赛，师生协商探究了解相关的基本技术知识。 (1)学生选择进球、点球、任意球等几项感兴趣的技术。 (2)教师播放这几项技术的视频片段反复观看。 (3)分小组学生选择技术项目进行介绍。 (4)教师播放中国队进球全集锦、点球和任意球的视频。 3.教师播放2020全国青少年足球挑战赛上海总决赛，中国足球小将VS山东星冠精英精彩集锦，指导学生在反复观看中熟悉前几项所学的技艺内容。 4.师生总结延伸。	1
	六、我推荐一场精彩的足球比赛	1.学生展示交流课前搜集的关于中国足球队精彩比赛的资料，分享推荐的理由。 2.教师推荐精彩比赛。 (1)珍贵视频：2001年中国足球队十强赛进球全集锦。 (2)经典回忆：天津足球时隔31年的巅峰！于大宝制胜球+逆转鲁能2011年足协杯决赛天津泰达2比1战胜山东鲁能。 (3)教师结合不同比赛画面分别指导学生协商讨论推荐的理由，找出获得比赛胜利的重要因素，感受足球比赛的魅力，体会体育项目力与美的融合。 3.学生分组进行足球实战比赛，教师指导学生运用所学知识解说比赛，随时讨论出现的问题。 4.师生总结延伸。	1

年级	题目	主要内容	课时
二年级下	七、我崇敬的足球明星	1.学生展示交流课前搜集的关于足球明星的资料。 2.教师播放选取的足球明星比赛、训练和生活的画面,师生协商探究了解明星的成功历程。 (1)观看中国优秀足球运动员于根伟、孙雯和中国男足、中国女足等的视频,了解他们的精湛技艺,刻苦训练,以及有些运动员退役后为改革中国职业联赛,推广我国足球运动发展做出的贡献。 (2)观看外国优秀足球运动员的视频,了解他们在足球运动中所体现出来的精神和为足球国际交流发展做出的贡献。 3.学生根据足球明星的事迹写下感言,互相交流分享。 4.师生总结延伸。	1
	八、我满满的收获	1.教师播放选取的足球比赛画面,教师指导学生复习足球规则和技艺等知识。 2.教师播放精彩比赛,学生尽量完整地总结比赛中出现的各种规则和技艺。 3.学生总结在足球赛事课程中受到的教育。 4.小组讨论补充,全班交流完善。 5.完成课程评价表。	1
三年级上	一、我眼中的乒乓球运动	1.学生眼中的乒乓球运动是什么样的。 2.老师眼中的乒乓球运动又是什么样的。 国际赛场仿佛国家队的训练场,中国乒乓球国家队水平代表了世界最顶尖的乒乓球水平。 3.教师出示不同时期的乒乓球、球桌、球网、球拍的视频或图片,引领学生了解乒乓球。 4.播放一些有趣的比赛视频:①北京奥运会乒乓球女单第四轮张怡宁在同福原爱的比赛中9:0领先,不忍心让对方输得太惨,故意发球失误送对手分数,"神级"演技夸张搞笑;②2016年巴西奥运会,张继科因犯困,比赛时全场梦游输了一局,教练刘国梁提醒他这是奥运会,让他醒一醒,最后翻盘赢得比赛。 5.让学生讨论激发学生对乒乓球的兴趣。 6.师生总结延伸。	1

年级	题目	主要内容	课时
三年级上	二、我是小内行——了解乒乓球比赛规则(一)	1.学生展示收集到的规则资料。 2.教师播放选取的乒乓球比赛画面,师生协商探究了解涉及的相关规则。 (1)乒乓球如何计分,分为几个小节,每节得分多少为胜利。 (2)乒乓球每局开始由哪一方发球,发球的规则是什么? (3)了解什么叫作合发球? 3.观看2017年德国乒乓球世界锦标赛——张继科VS加尔多斯比赛的视频,指导学生认真观看,熟悉前面所学的规则。 4.师生总结延伸。	1
	三、我是小内行——了解乒乓球比赛规则(二)	1.学生展示收集的资料。 2.教师播放选取的乒乓球比赛画面,师生协商探究了解相关规则。 (1)在什么情况下需要重发球? (2)比赛中得一分的几种情况。 (3)在什么情况下会出现轮换发球,何为轮换发球? 3.观看2019年世锦赛刘诗雯VS陈梦比赛视频,指导学生认真观看,熟悉前面几项规则。 4.师生总结延伸。	1
	四、我是小小裁判员	1.学生展示收集到的关于乒乓球裁判的资料。 2.教师播放选取的乒乓球比赛画面,师生协商探究了解到的相关知识。 (1)对乒乓球裁判员的介绍(裁判等级的划分和一些基础的裁判手势) (2)乒乓球裁判员人数、装备、穿着及各自职责。 (3)乒乓球比赛中犯规及得分出现后裁判员的肢体语言、手势及处罚规则。 3.观看2004年雅典奥运会乒乓球决赛——王皓VS柳承敏比赛的视频,指导学生反复观看中熟悉裁判员及其如何进行执法判罚。 4.学生模拟乒乓球比赛,请学生做裁判员,教师指导学生裁判员正确地判罚,随时讨论出现的问题。 5.师生总结延伸。	1

年级	题目	主要内容	课时
三年级下	五、我喜欢乒乓球比赛中精湛的技艺	1.学生展示交流课前搜集的乒乓球比赛中关于精湛技艺的资料。 2.观看43届世乒赛 男单刘国梁对瓦尔德内尔的比赛片段视频。师生协商探究了解相关的基本技术知识。 (1)学生选择直式握拍和横式握拍法、反手平击发球和正手平击发球、挡球和推挡球等几项感兴趣的技术。 (2)教师播放这几项技术的视频片段反复观看。 (3)学生分小组选择技术项目进行介绍。 (4)教师播放截取的这几项技术的精彩比赛片段。 3.教师播放前面观看到的完整视频,指导学生在反复观看中熟悉前几项学到的技艺。 4.教师播放中国乒乓球国家队日常训练和受伤坚持训练的视频,学生交流分享感受。 5.师生总结延伸。	1
	六、我推荐的一场精彩的乒乓球比赛	1.学生展示交流课前搜集的关于中国乒乓球队精彩比赛的资料,分享推荐的理由。 2.教师推荐精彩比赛。 (1)2014年世界杯:张继科VS马龙比赛片段。 (2)2016年里约奥运会:郑荣植VS马龙比赛片段。 (3)教师结合不同比赛画面分别指导学生协商讨论推荐的理由,找出获得比赛胜利的重要因素,感受乒乓球比赛的魅力,体会体育项目力与美的交融。 3.学生分组进行乒乓球实战比赛,教师指导学生运用所学知识解说比赛,随时讨论出现的问题。 4.师生总结延伸。	1
	七、我崇敬的乒乓球运动员	1.学生分享收集到的乒乓球运动员资料。 2.教师播放选取的乒乓球运动员比赛、训练和生活的画面,师生协商探究了解运动员的成长历程。 (1)教师讲述观看运动员背后的故事(荣国团、蔡振华、邓亚萍、刘国梁)了解他们的精湛技艺、刻苦训练,为祖国争光、为我国乒乓球运动所做出的贡献。 (2)观看外国优秀乒乓球运动员的视频,了解他们在乒乓球运动中所体现出来的精神和为乒乓球国际交流发展做出的贡献。 3.学生根据乒乓球运动员的事迹写下感言,互相交流与分享。 4.师生总结延伸。	1

年级	题目	主要内容	课时
三年级下	八、我满满的收获	1.教师播放选取的乒乓球比赛画面,教师指导学生反复复习乒乓球规则和技艺等知识。 2.教师播放精彩比赛,学生尽量完整地总结比赛中出现的各种规则和技艺。 3.学生总结在乒乓球赛事课程中受到的教育。 4.小组讨论补充,全班交流完善。 5.完成课程评价表。	1
四年级上	一、我眼中的羽毛球运动	1.教师播放精彩的羽毛球运动的画面。 2.学生分享自己目前所了解的关于羽毛球运动的知识。 3.教师出示不同时期羽毛球样式、场地的视频或图片,引领学生了解羽毛球运动的起源和发展历程。 4.师生共同研究总结现在羽毛球比赛的比赛类型、场地规则和场地器材、运动员装备等相关知识。 5.师生总结延伸。	1
	二、我是小内行——了解羽毛球比赛规则(一)	1.学生展示交流课前搜集的关于羽毛球比赛规则的资料。 2.教师播放选取的羽毛球比赛画面,师生协商探究了解相关的规则。 (1)羽毛球比赛场地规则。 (2)羽毛球比赛发球规则。 (3)得分规则。 3.教师播放世界杯羽毛球比赛,指导学生在反复观看中熟悉前几项所学的规则内容。 4.师生总结延伸。	1
	三、我是小内行——了解羽毛球比赛规则(二)	1.学生展示交流课前搜集的关于羽毛球比赛规则的资料。 2.教师播放选取的羽毛球比赛画面,师生协商探究了解相关的规则。 (1)羽毛球基本规则:站位轮换。 (2)混合双打、男子双打、女子双打规则。 (3)站位轮换的练习与讲解。 3.教师播放羽毛球世锦赛精彩比赛视频,指导学生在反复观看中熟悉前几项所学的规则内容。 4.师生总结延伸。	1

年级	题目	主要内容	课时
四年级上	四、我是小小裁判员	1.学生展示交流课前搜集的关于羽毛球比赛裁判员的资料。 2.教师播放选取的羽毛球比赛画面,师生协商探究了解相关的知识。 (1)羽毛球裁判员技术等级称号和对应可以担任裁判比赛的级别。 (2)羽毛球裁判员人数、装备、穿着及各自职责。 (3)羽毛球比赛中犯规及违例出现后裁判员的肢体语言、手势及处罚规则。 3.教师播放中国全运会羽毛球比赛等赛事,指导学生在反复观看中熟悉裁判员及其如何进行执法判罚。 4.学生模拟羽毛球比赛,请学生做裁判员,教师指导学生裁判员正确地判罚比赛,随时讨论出现的问题。 5.师生总结延伸。	1
四年级下	五、我喜欢羽毛球比赛中的精湛技艺	1.学生展示交流课前搜集的羽毛球比赛中关于精湛技艺的资料。 2.教师播放2016年里约奥运会男子双打决赛中国队对马来西亚队决胜局的比赛画面,师生协商探究了解相关的基本技术知识。 (1)学生选择发球、扣球等几项感兴趣的技术。 (2)教师播放这几项技术的视频片段反复观看。 (3)学生分组选择技术项目进行介绍。 (4)教师播放中国队林丹精彩的扣杀、倒地救球的视频。 3.教师播放里约奥运张楠、傅海峰决胜局18∶20大逆转的比赛等赛事,指导学生在反复观看中熟悉前几项所学的技艺内容。 4.教师播放中国男女羽毛球运动员日常训练和受伤期间坚持训练视频,学生交流分享感受。 5.师生总结延伸。	1

年级	题目	主要内容	课时
四年级下	六、我推荐的一场精彩的羽毛球比赛	1.学生展示交流课前搜集的关于中国羽毛球队精彩比赛的资料,分享推荐的理由。 2.教师推荐精彩比赛。 (1)2016年里约奥运会男子双打决赛中国队对马来西亚队决胜局。 (2)里约奥运张楠、傅海峰决胜局18:20大逆转韩国队。 (3)教师结合不同比赛画面分别指导学生协商讨论推荐的理由,找出获得比赛胜利的重要因素,感受羽毛球比赛的魅力,体会体育项目力与美的融合。 3.学生分组进行羽毛球实战比赛,教师指导学生运用所学知识解说比赛,随时讨论出现的问题。 4.师生总结延伸。	1
	七、我崇敬的羽毛球明星	1.学生展示交流课前搜集的关于羽毛球明星的资料。 2.教师播放选取的羽毛球明星比赛、训练和生活的画面,师生协商探究了解明星的成功历程。 (1)观看中国优秀羽毛球运动员林丹、鲍春来、谢杏芳、张宁等人的视频,了解他们的精湛技艺、刻苦训练,以及运动员退役后为推广我国羽毛球运动发展做出的贡献。 (2)观看外国优秀羽毛球运动员的视频,了解他们在羽毛球运动中所体现出来的精神和为羽毛球国际交流发展做出的贡献。 3.学生根据羽毛球明星的事迹写下感言,互相交流分享。 4.师生总结延伸。	1
	八、我满满的收获	1.教师播放选取的羽毛球比赛画面,教师指导学生复习羽毛球规则和技艺等知识。 2.教师播放精彩比赛,学生尽量完整地总结比赛中出现的各种规则和技艺。 3.学生总结在羽毛球赛事课程中受到的教育。 4.小组讨论补充,全班交流完善。 5.完成课程评价表。	1

年级	题目	主要内容	课时
五年级上	一、我眼中的篮球运动	1.教师播放精彩的篮球运动的画面。 2.学生分享自己目前所了解的关于篮球运动的知识。 3.教师出示不同时期篮球、篮筐、场地的视频或图片,引领学生了解篮球运动的起源和发展历程。 4.师生共同研究总结现在篮球比赛的上场人数、换人次数和场地器材、运动员装备等相关知识。 5.师生总结延伸。	1
	二、我是小内行——了解篮球比赛规则(一)	1.学生展示交流课前搜集的关于篮球比赛规则的资料。 2.教师播放选取的篮球比赛画面,师生协商探究了解相关的规则。 (1)篮球比赛规定如何计时,分几个小节,每节多长时间。 (2)篮球比赛中每回合进攻时间(24秒)、过半场时间(8秒)、发界外球时间(5秒)等几个重要环节的时长。 (3)篮球比赛场地中三分线、罚球线、三秒区等各条线的规则含义,得分方式及不同区域投篮命中后分值。 3.教师播放2016年巴西里约奥运会小组赛中国队对委内瑞拉队的比赛等赛事,指导学生在反复观看中熟悉前几项所学的规则内容。 4.师生总结延伸。	1
	三、我是小内行——了解篮球比赛规则(二)	1.学生展示交流课前搜集的关于篮球比赛规则的资料。 2.教师播放选取的篮球比赛画面,师生协商探究了解相关的规则。 (1)篮球比赛中打手、阻挡、拉人等防守犯规的几种情况。 (2)篮球比赛中带球撞人、肘击、掩护犯规等进攻犯规的几种情况。 (3)篮球比赛中同裁判员或对方队员讲话或接触时没有礼貌;妨碍迅速地掷界外球以延误比赛;被判犯规后,在裁判员要求举手时不正正当当地举手等技术犯规的几种情况。 3.教师播放中国男子篮球职业联赛中天津队对广东队的比赛等赛事,指导学生在反复观看中熟悉前几项所学的规则内容。 4.师生总结延伸。	1

续表

年级	题目	主要内容	课时
五年级上	四、我是小小裁判员	1.学生展示交流课前搜集的关于篮球比赛中裁判员的资料。 2.教师播放选取的篮球比赛画面,师生协商探究了解相关的知识。 (1)篮球裁判员技术等级称号和对应可以担任裁判比赛的级别。 (2)篮球裁判员人数、装备、穿着及各自职责。 (3)篮球比赛中犯规及违例出现后裁判员的肢体语言、手势及处罚规则。 3.教师播放中国男子篮球职业联赛天津队对辽宁队的比赛等赛事,指导学生在反复观看中熟悉裁判员及其如何进行执法判罚。 4.学生模拟篮球比赛,请学生做裁判员,教师指导学生裁判员正确地判罚比赛,随时讨论出现的问题。 5.师生总结延伸。	1
五年级下	五、我喜欢篮球比赛中精湛的技艺	1.学生展示交流课前搜集的篮球比赛中关于精湛技艺的资料。 2.教师播放2015年亚锦赛决赛中国队对伊朗队的比赛画面,师生协商探究了解相关的基本技术知识。 (1)学生选择扣篮、盖帽、三分球等几项感兴趣的技术。 (2)教师播放这几项技术的视频片段反复观看。 (3)学生分小组选择技术项目进行介绍。 (4)教师播放中国队十佳扣篮、盖帽和三分球的视频。 3.教师播放2008年中国北京奥运会中国队对德国队的比赛等赛事,指导学生在反复观看中熟悉前几项所学的技艺内容。 4.教师播放中国男女篮日常训练和受伤期间坚持训练视频,学生交流分享感受。 5.师生总结延伸。	1

年级	题目	主要内容	课时
五年级下	六、我推荐的一场精彩的篮球比赛	1.学生展示交流课前搜集的关于中国队篮球队精彩比赛的资料,分享推荐的理由。 2.教师推荐精彩比赛。 (1)2015年亚锦赛中国队对韩国队的比赛片段。 (2)2008年奥运会中国队对美国队的比赛片段。 (3)教师结合不同比赛画面分别指导学生协商讨论推荐的理由,找出获得比赛胜利的重要因素,感受篮球比赛的魅力,体会体育项目力与美的融合。 3.学生分组进行篮球实战比赛,教师指导学生运用所学知识解说比赛,随时讨论出现的问题。 4.师生总结延伸。	1
	七、我崇敬的篮球明星	1.学生展示交流课前搜集的关于篮球明星的资料。 2.教师播放选取的篮球明星比赛、训练和生活的画面,师生协商探究了解明星的成功历程。 (1)观看中国优秀篮球运动员姚明、郑海霞等人的视频,了解他们的精湛技艺、刻苦训练,以及一些运动员退役后为改革中国职业联赛,推广我国篮球运动发展做出的贡献。 (2)观看外国优秀篮球运动员的视频,了解他们在篮球运动中所体现出来的精神和为篮球国际交流发展做出的贡献。 3.学生根据篮球明星的事迹写下感言,互相交流分享。 4.师生总结延伸。	1
	八、我满满的收获	1.教师播放选取的篮球比赛画面,教师指导学生复习篮球规则和技艺等知识。 2.教师播放精彩比赛,学生尽量完整地总结比赛中出现的各种规则和技艺。 3.学生总结在篮球赛事课程中受到的教育。 4.小组讨论补充,全班交流完善。 5.完成课程评价表。	1

年级	题目	主要内容	课时
六年级上	一、我眼中的排球运动	1.教师播放精彩的排球运动的画面。 2.学生分享自己目前所了解的关于排球运动的知识。 3.教师出示不同时期排球、排球场地的视频或图片,引领学生了解排球运动的起源和发展历程。 4.师生共同研究总结现在排球比赛的上场人数、换人次数和场地器材、运动员装备等相关知识。 5.师生总结延伸。	1
	二、我是小内行——了解排球比赛规则(一)	1.学生展示交流课前搜集的关于排球比赛的资料。 2.教师播放选取的排球比赛画面,师生协商探究了解相关的规则。 (1)排球比赛规定如何计分? (2)排球的基本技术:垫球、传球、发球、扣球、拦网。 (3)犯规规则:连击犯规、持球犯规、四次击球犯规、借助击球犯规。 3.教师播放2020年世界杯女排联赛等赛事,指导学生在反复观看中熟悉前几项所学的规则内容。 4.师生总结延伸。	1
	三、我是小内行——了解排球比赛规则(二)	1.学生展示交流课前搜集的关于排球比赛规则的资料。 2.教师播放选取的排球比赛画面,师生协商探究了解相关的规则。 (1)排球比赛的站位轮换,使学生学会比赛站位轮换,排球轮换是通过顺时针的方式,依次开始上场比赛。 (2)排球犯规动作:连击犯规、持球犯规、四次击球犯规、借助击球犯规。 3.教师播放中国2020年中国女排夺冠赛等赛事,指导学生在反复观看中熟悉前几项所学的规则内容。 4.师生总结延伸。	1

年级	题目	主要内容	课时
六年级上	四、我是小小裁判员	1.学生展示交流课前搜集的关于排球比赛中裁判员的资料。 2.教师播放选取的排球比赛画面,师生协商探究了解相关的知识。 (1)排球裁判员技术等级称号和对应可以担任裁判比赛的级别。 (2)排球裁判员人数、装备、穿着及各自职责。 (3)排球比赛中犯规及违例出现后裁判员的肢体语言、手势及处罚规则。 3.教师播放2020年世界女排锦标赛,指导学生在反复观看中熟悉裁判员及其如何进行执法判罚。 4.学生模拟排球比赛,请学生做裁判员,教师指导学生裁判员正确地判罚比赛,随时讨论出现的问题。 5.师生总结延伸。	1
六年级下	五、我喜欢排球比赛中精湛的技艺	1.学生展示交流课前搜集的排球比赛中关于精湛技艺的资料。 2.教师播放中国女子排球联赛的比赛画面,师生协商探究了解相关的基本技术知识。 (1)学生选择垫球、传球、发球等几项感兴趣的技术。 (2)教师播放这几项技术的视频片段反复观看。 (3)学生分小组选择技术项目进行介绍。 3.教师播放2018年中国女排联赛,指导学生在反复观看中熟悉前几项所学的技艺内容。 4.教师播放中国男女排日常训练和受伤期间坚持训练视频,学生交流分享感受。 5.师生总结延伸。	1
	六、我推荐的一场精彩的排球比赛	1.学生展示交流课前搜集的关于中国排球队精彩比赛的资料,分享推荐的理由。 2.教师推荐精彩比赛。 (1)2018年中国女排联赛的比赛片段。 (2)2020年女排世锦赛中国队对美国队的比赛片段。 (3)教师结合不同比赛画面分别指导学生协商讨论推荐的理由,找出获得比赛胜利的重要因素,感受排球比赛的魅力,体会体育项目力与美的融合。 3.学生分组进行排球实战比赛,教师指导学生运用所学知识解说比赛,随时讨论出现的问题。 4.师生总结延伸。	1

年级	题目	主要内容	课时
六年级下	七、我崇敬的排球明星	1.学生展示交流课前搜集的关于排球明星的资料。 2.教师播放选取的排球明星比赛、训练和生活的画面,师生协商探究了解明星的成功历程。 (1)观看中国优秀女排运动员郎平、孙晋芳、朱婷等人的视频,了解她们的精湛技艺、刻苦训练,为国争光的体育精神,为推广我国排球运动发展做出的杰出贡献。 (2)观看外国优秀排球运动员的视频,了解他们在排球运动中所体现出来的精神和为排球国际交流发展做出的贡献。 3.学生根据排球明星的事迹写下感言,互相交流分享。 4.师生总结延伸。	1
	八、我满满的收获	1.教师播放选取的排球比赛画面,教师指导学生复习排球规则和技艺等知识。 2.教师播放精彩比赛,学生尽量完整地总结比赛中出现的各种规则和技艺。 3.学生总结在排球赛事课程中受到的教育。 4.小组讨论补充,全班交流完善。 5.完成课程评价表。	1

五、课程评价

评价目的是为了促进学生掌握体育知识和基本技能,形成良好的体育锻炼习惯,增进学生身心健康责任感,课程的评价应准确、真实地反映学生的学习水平和学习状况,全面落实《体育与健康》课程目标,提升学生体育素养。

(一)国家课程校本实施的评价

1.评价内容:每学期对学生进行年级体育技能达标情况评价,关注在体育课上学生自主学习习惯的养成。(见我校一至六年级自主学习习惯评价手册)

2.评价形式:坚持评价的多元化、民主化原则。做到三个结合,即区、校结合,家、校结合,师、生结合。

(二)拓展课程的评价

1.评价内容:制定了"赛事欣赏"评价表。(评价表附后)

2.评价形式:坚持评价自主性、激励性原则。自主性主要体现在学生是评

价主体。激励性主要体现教师用多种形式鼓励学生看赛事、聊赛事、参与赛事。(评价例表附后)

体育学科拓展课程评价表

"赛事欣赏"

目标	奖章类别	争章标准	奖章统计
学会赏析	赏析章	能看懂相关的体育赛事,并找到赛事的亮点和处罚点。	( )枚
乐于赏析	英雄章	乐于在小组、全班参与交流各项赛事中佼佼者背后的故事,并从中体会出体育健儿的精神。	( )枚
善于表达	实践章	能现场解说相关赛事,并能做到基本正确。	( )枚
说明: 1.每一项评价内容的争章枚数,都由学生实际表现进行评价。 欣赏章:在赛事欣赏过程中,每找到一处赛事亮点或处罚点可以获得一枚奖章。 英雄章:每说出相关赛事中一个体育健儿奖牌背后的故事,感受其身上体育精神即可以获得一枚奖章。 实践章:能进行相关赛事欣赏,每正确评价一处,即可获得一枚奖章。 2.在教学过程中,随着每个环节的结束及时进行评价,课后学生记录在自己的评价表上,期末进行总评。			

"体育综合"拓展课程:《赛事欣赏》课例

陈 昊

学科	综合体育	年级	五年级	执教人	陈昊
课题	赛事欣赏(篮球篇)——篮球比赛中精湛的技艺				

拓展内容分析:

　　《赛事欣赏》是学校"体育综合"课程中的拓展课,《篮球比赛中精湛的技艺》是五年级下册拓展课《赛事欣赏》的一课内容,其内容主要是通过大量的赛事欣赏,了解篮球比赛中球员们的一些精湛的技术。

　　针对本课学习内容,通过学生课前调查,自主探究,归纳总结,以及教师的引导,使学生了解篮球比赛中的技术,从而进一步看懂篮球比赛,感受篮球比赛的魅力,激发学生观看篮球比赛的兴趣、进行体育锻炼的热情。通过选取的赛事片段,观看运动员们赛场上的比赛场面和赛场下的训练情况,培养学生奋发拼搏、攻坚克难的意志品质。

学情分析:

　　篮球是同学们非常喜欢的体育运动之一,之前的《体育与健康》教材中也涉及篮球内容的学习。到了五年级,部分学生已基本掌握行进间运球、原地双手胸前传接球的技术动作。通过对学生的课前调查了解到一部分同学在课余体育锻炼中进行过一段时间的篮球训练,对篮球的了解较多。在拓展课程《赛事欣赏》篮球篇前四课时中本年级学生已对篮球的发展、基本比赛形式及简单规则进行了欣赏学习,但是对于专业动作在比赛中的应用了解相对较少。

教学或活动目标:

　　1.了解扣篮、盖帽、三分球的动作方法及其在比赛中的应用。知道篮球比赛中的技术类型,提高学生观看篮球比赛的能力、激发学生对篮球运动和体育运动的热情。

　　2.通过学生自己搜集资料及小组讨论、展示,培养学生自主学习习惯的养成及合作探究,总结归纳的能力。

　　3.学生在欣赏的过程中进一步了解规则,感受篮球比赛的魅力,体会体育项目力与美的融合。

　　4.培养学生奋发拼搏、攻坚克难的意志品质。

教学或活动重、难点:

　　教学重点:了解篮球技术分类,学会欣赏掌握3项篮球技术。

　　教学难点:能看懂篮球比赛,能模拟所学技术。

教学或活动模式:

　　导入课题—协商约定—欣赏探究—实践体验—拓展激情—总结延伸

教学或活动准备:

　　上课场地:学校体育馆(配有篮球场地、篮筐及大屏幕)

　　教师准备:篮球比赛及各项技术视频片段,篮球技术幻灯片,篮球及标志筒,小圆凳,平板电脑。

　　学生准备:有关篮球技术的文字或图片、视频资料。

教学或活动过程	意图(学科素养体现)
一、导入课题 师:下面我们以快问快答的方式复习前几节课所了解的篮球比赛的相关知识,准备好了吗?请听题:(出示PPT) 1.篮球比赛分几节,每节几分钟? 2.一支球队每次进攻时间为多少秒? 3.犯规罚球命中得几分? 4.正常情况下一次进攻最多得几分? 5.我方队员上篮时被对方犯规,但仍将球打进,接下来该如何处理? (生:我方进球有效并额外获得一次罚球机会) 师:你们知道的可真不少啊!同学们对之前欣赏学习的内容掌握得真不错!	通过问答形式,复习篮球比赛及规则知识,为后面观看比赛做铺垫,也能够激发学生的学习热情,并检验学生的学习情况。有效体现掌握运动知识的学科素养。
二、协商约定 师:这节课我们还应该了解什么呢? 生1:了解篮球场上所需要的技术。 生2:了解不同技术在球场上是如何运用的。 生3:了解盖帽高手对球队的帮助。 师:除此之外,我们还要感受篮球比赛的魅力,感受运动员们勇于拼搏的体育精神。老师梳理了一下本节课我们的学习目标(出示学习目标)。 1.了解篮球比赛中所需要的各项技术及分类。 2.欣赏扣篮、盖帽、三分球这三项篮球技术,知道其在比赛中的运用和价值。 3.感受篮球比赛的魅力,体会运动员奋发拼搏、攻坚克难的精神。 师:同学们,我们一起读一读本课的学习目标。	通过师生共同协商本课目标,激发学生的学习欲望,让学生做活动的主人,明确学习目标。 培养学生在欣赏视频时的发现归纳能力。
三、欣赏探究 (一)找出篮球比赛中的技术 师:我们一起来欣赏一场比赛,看后请同学们说说自己所找出的篮球比赛中使用的技术。 播放2015年亚锦赛决赛中国队对伊朗队的比赛视频。 生1:扣篮、盖帽、篮板球。 生2:三分球、传球、运球。 (二)欣赏学习篮球技术 师:特别好,同学们都找到了相应的篮球技术。课前我们已经分组收集关于扣篮、盖帽、三分球这三项技术的资料。这节课我们具体学习这三项技术。下面我们根据分组,讨论这三项技术的具体要求,一会儿进行全班汇报。(教师到各组进行巡视指导)	

教学或活动过程	意图(学科素养体现)
1.介绍扣篮技术 师:首先我们来学习扣篮,下面我们结合视频,请准备扣篮的小组进行全班汇报,老师播放扣篮视频。 生1:扣篮又称为灌篮,是篮球比赛中一种常见得分方式,篮球运动技术名词。扣篮时,运动员高高跃起并用力把球扣进篮框内,具有护球好、持球点高和不易被封盖等优点。 生2:扣篮是上篮的自然演变,扣篮每次得2分。我们所知道的扣篮还有空中接力,指的是两人配合,一人将球传向空中,另一人在空中接球的同时把球扣入篮筐。 师:特别棒,我们对扣篮进行一个总结:扣篮需要运动员的手或者手臂部位于哪里完成? 生:在篮筐之上。 师:扣篮和投篮哪个命中率更高? 生:扣篮命中率高。 师:非常好,因为扣篮最接近篮筐。扣篮在比赛中有什么作用? 生:扣篮对提升球队士气有着积极作用。 师:你知道我们国家擅长扣篮的名将吗? 生:姚明。 师:大家几乎异口同声说出来了,除此之外我们还有很多擅长扣篮的优秀运动员,我们一起来欣赏。(播放中国队十佳精彩扣篮) 2.介绍盖帽技术 师:第一组和第四组的同学选择了盖帽这一技术,下面我们结合视频请他们来给大家介绍一下! 老师播放盖帽视频。 生1:盖帽是篮球运动技术之一,也叫封盖,手犹如一顶帽子狠狠压在球上,而得名,就是在对手投篮或上篮时,在篮球到最高点之前或打到篮板前,防守一方用手或手臂把篮球挡出去。 生2:这是球场上除扣篮外最让观众喜欢的一种防守方式。虽然不能得分,但能阻止对手得分,能够鼓舞己方士气,同时打垮对方的士气。 师:两个小组的同学为我们介绍得很全面,我们请同学朗读盖帽的解释。(教师出示课件,显示盖帽的定义) 生1:盖帽是防守方式 生2:盖帽是防守方用手或手臂阻挡对方将球投入本方篮筐 生3:盖帽需要在球上升的过程中完成 师:很好,如果下落就会判进攻方得分了。盖帽在比赛中有什么作用?	通过学生的归纳总结培养了学生的语言表达能力;了解此技术后再看视频,进一步增强对此项技术的理解。 通过观看中国队十佳精彩扣篮的视频,使学生对扣篮这一技术动作有深入的了解。

教学或活动过程	意图(学科素养体现)
生:盖帽能够鼓舞本方士气,同时打垮对方的士气。 师:非常好,谈到了对士气的影响。此外,盖帽还能够制造反击进攻的机会。我们来观看中国队精彩的盖帽片段。(教师播放中国队精彩盖帽视频) 3.介绍三分球技术 师:请大家分小组观看各小组平板电脑中的视频和资料对三分球进行学习,一会儿我们进行总结。(教师到各组进行巡视指导) 师:我们请同学们进行全班汇报,对三分球技术进行总结。 生1:三分球需要在三分线外完成。 生2:投三分球时不可以踩三分线。 师:准确说应该是投篮前不可以,投出球后是可以的。(教师请同学进行动作演示) 生3:三分球是进攻技术。 生4:三分球在比赛中可以快速提升本队得分。 师:此外,三分球投得准,会给篮下进攻创造机会。 师:看来你们掌握得非常好!我们来整体认识一下篮球比赛中的各项技术分类:通常我们把篮球比赛中的各项技术分为哪两大类? 生:进攻技术和防守技术 师:进攻技术包括什么? 生:移动、运球、传接球、投篮。 师:其中我们欣赏学习的扣篮和三分球都属于投篮的一种形式。防守技术包括? 生:移动、断抢球、篮板球、盖帽。 师:我们再来欣赏一场比赛,看看这些技术是如何在比赛中应用的。一起来观看2008年北京奥运会中国队对德国队的比赛视频。 四、实践体验 1.三分球投篮体验 师:看完视频,你是不是已经跃跃欲试了呢?老师已经忍不住要尝试三分球投篮了。来,我们转向体育馆篮筐方向。看看老师能不能命中。(老师进行三分球投篮,学生观看) 师:有没有敢挑战一下的? 生:有!(学生挑战三分球投篮) 师:通过实践,投篮的同学有什么感想? 生1:三分线离篮筐真远啊,不好投球; 生2:看视频中运动员投进球很容易,自己尝试后发现难度真大!	通过观看中国队精彩盖帽的视频,使学生对盖帽这一技术动作有深入的了解。 分小组欣赏比赛视频,总结提炼资料内容。学生能自主了解技术动作方法及价值。 培养学生的自主学习能力,能根据前两项技术的学习方法学习第三项技术,学生掌握体育赛事欣赏学习的方法,提高欣赏学习能力。 实践体验,进一步激发学生对篮球技术的学习兴趣,加深对篮球比赛的理解。

教学或活动过程	意图(学科素养体现)
师:确实如此,投篮需要日复一日努力练习,没有人能轻易成功! 我们摆放标志桶把三分线向里移动一段,作为我们的三分线,看看谁能投中好不好? 生:好!(学生各进行一次投篮尝试) 师:恭喜你们几位投篮命中的同学,获得我们班级"投篮之星"称号! 2.盖帽技术展示 师:我们盖帽小组的同学课前一直在进行模拟盖帽的练习,我们请他们为大家模拟一下比赛场中盖帽的技术,老师来当解说员。 生:太精彩了,我们想实战篮球比赛。 3.篮球比赛实战体验 师:没问题,给你们的战队起个名字吧。我们还要邀请两位小小解说员为我们解说比赛! 我们场下观众也要注意文明观赛,给双方运动员加油! 师:同学们实战后有什么体会? 生1:盖帽需要跳得很高,而且需要准确的判断。 生2:我们球队传接球做得很好,篮球比赛团队配合很重要。 生3:我完成了一次上篮得分,非常激动,我要更努力练习,争取下次为球队做出更大贡献。 五、拓展激情 师:是的,想要取得成功,场下可能要付出千万次的努力,下面我们来观看中国男女篮日常训练的视频及姚明受伤期间坚持投篮训练的视频,看完请同学们说一说你的感受。(教师播放视频) 生1:我觉得运动员们训练非常刻苦,非常值得我们学习。 生2:我觉得正是因为运动健儿们日复一日的努力训练,才能获得比赛胜利。 生3:我非常佩服姚明,受伤期间仍然坚持训练,我也应该积极锻炼身体。 师:是的,正是这千万次的训练才能换来比赛场上出色的表现。累累伤痕是奋斗的痕迹,上百斤重的杠铃是奋斗的重量。 因为那件印有"中国"两个字的战袍让他们拥有奋斗的动力以及战胜其他球队的决心;因为集体的力量,每个人都想为球队多做一份贡献。 成功需要努力耕耘,脚踏实地地埋头苦干,同学们,让我们也一起努力吧! 六、总结延伸 师:我们今天的欣赏学习接近尾声,同学们有什么收获呢? 生1:我了解了篮球比赛中常用的技术,知道了扣篮、盖帽、三分球的含义和它们在篮球比赛中的运用。	感知学习的这些技艺在比赛中的运用,以及其力与美的体现。 知道要提升身体素质、学好基本技术,加之团结协作,永不放弃才能打好篮球比赛。体现体验运动乐趣的学科素养。 了解运动员为呈现精彩技艺付出的努力,激励自我努力奋斗,敢于拼搏。体现做到身心健康的学科素养。

教学或活动过程	意图(学科素养体现)
生2:我感觉到这些技艺都非常的精彩,篮球比赛非常的有激情,体育比赛很有魅力。 　　生3:我应该学习运动员们的拼搏精神,好好训练,争取在我练习的游泳上取得成功。 　　师:同学们说得非常好! 　　这节课我们了解了篮球场上的各项技术并着重学习了三项精彩技艺,了解了这几项技术在比赛中的应用。 　　我们也观看了很多篮球比赛片段,加深了对篮球的了解,一场场精彩的比赛也让我们感受到了篮球比赛的魅力。当然,这些都离不开运动员们刻苦的训练和顽强拼搏,永不放弃的意志品质。 　　下节课我们将重欣赏一场精彩的比赛,看看这些技术及之前我们学习的规则是如何在赛场上展现的,同学们课下可以找你喜欢的篮球比赛视频。 　　也希望同学们课余时间走向篮球场或者尝试你喜欢的体育项目,好好锻炼身体,提升身体素质!	总结本课学习内容,师生评价,检验教学目标达成情况。教师总结,引出下节课学习内容,鼓励学生课余时间多进行体育运动。

教学或活动反思:

　　本课成功之处:

　　1.关注学生自主协商意识的培养。

　　师生共同协商学习内容和目标;能够很好地激发学生兴趣,把握这堂课的知识重难点。让学生成为整个活动的主人,每一个部分的学习都有学生的汇报或体会,使之在实践体验过程中能够更加主动,兴趣更加浓厚,同时也使课堂学习更加有效。

　　2.环节设计清晰,重难点突出。

　　这堂课主题设计符合学情,同时又能让学生加深对该项目比赛的实际理解和体验。环节设计清晰,能够有效地解决重难点,层次感强。学生通过课堂自主探究,合作交流的形式,能够有效达成教学目标。

　　3.激发情感,浸润心灵。

　　引导学生观看运动员比赛的视频、说观后感,激发学生学习运动员刻苦训练、顽强拼搏,永不放弃、为国争光的精神。通过学生实践体验,引导学生说出内心感受,激励学生练好体育,增强体质,将来为国争光。

　　本课不足之处:

　　1.在协商环节中,可就形式进行深入协商,充分听取学生的想法。

　　2.实践体验环节可多布置几块场地,让所有人参与其中。

第七节 "美术综合"课程纲要

于 梅 张昕玥

一、课程背景

"美术综合"课程是我校"小海帆"自主发展教育课程体系中学科综合课程中"艺术与体育"部分涉及的一门课程。"美术综合"课程包括美术国家课程校本化和美术拓展课程两部分内容。我们力求以协商理念为指导,通过美术综合课程的学习让学生学会艺术鉴赏、学会运用色彩表达情感,提升学生的审美情趣。使学生成为学习的主人。

国家课程注重的是普适性,但由于地域的不同,学校和学生的差异,难以满足多样化的需要。因此,我们既注重实施国家课程校本化,又根据学生需要通过拓展课程的实践研究,满足学生的需求,体现学校办学特色。在课程实施中,为体现学校自主发展理念,我们进行了"协商教学"的探索,努力改变教与学的方式,为学生提供自主学习互学互助的平台,使学生形成主动积极的学习态度,为学生自主发展创造条件。

二、课程目标

(一)思想教育目标

挖掘美术作品的思想内涵,了解艺术家的生平事迹,对学生进行爱祖国、爱中国共产党、爱社会主义的教育;弘扬中华优秀传统艺术,增强民族自豪感;指导学生欣赏了解美术发展历史和完成美术作品,树立正确的审美观。

(二)学科素养目标

1.体验造型乐趣:运用多种媒材和手段,表达情感和思想,体验造型乐趣,逐步形成基本造型能力;运用绘画、雕塑、拓印、拼贴等手段和方法开展创作视觉形象的美术创作活动。

2.勇于创意表现:感受各种材料的特性,根据意图选择媒介材料,合理使用工具和制作方法,进行初步的设计和制作,体验设计、制作的过程,发展创新思维和创造能力。

3.学会欣赏评述:能从不同角度欣赏美术作品,能通过画面感受画家的心境;能用美术语言表达对美术作品的感受和理解。

4.具有审美气质:开阔学生视野,欣赏艺术作品和体验丰富多样的艺术创作,在欣赏、情感表达和动手实践中提高审美能力,提升文化修养。

三、课程内容

(一)美术课程校本化

课程是学生发展的重要载体,为使课程更适应学生个性化发展需要,我校对国家课程进行了校本化的研究。对学科内相关内容进行整合,并对学科内有助于提高学生学科素养的相关内容进行了拓展,激发学生学习美术的兴趣。

(二)美术拓展课程

美术拓展课程包括两部分内容。第一部分内容是"美术大师",每学期重点了解两位国内外知名的美术大师,使学生能够欣赏和学习美术大师的作品和独特的绘画风格,了解他们的勤奋和面对逆境时持之以恒的精神。激发学生对书画艺术的兴趣,提高鉴赏能力。第二部分内容是"上艺水色",色彩教学在小学美术教学中的地位十分重要,因此我们每学期拓展两节"上艺水色"课,帮助学生进一步认识色彩,并在生活的实物中发现更多的色彩美。培养学生对水和色创作的兴趣与能力。

四、课程实施

(一)认真落实美术国家课程,研读教材,每学期开学前确定各年级美术课自身的整合与拓展课内容。根据美术教材单元主题编排的特点,进行协商教学。同时四、五、六年级每学期通过对美术教材进行整合,整合后四、五年级每学期余出6课时,六年级余出4课时,进行美术拓展课。

(二)每学期,根据课程目标分别制定美术课程校本化的实施计划和美术拓展课程实施计划,教师要严格按照课程进度计划备好课、上好课,落实美术学科素养。

(三)落实学校育人目标、学科素养目标。课程以学生为主体,以学生自主学习、合作交流为主要形式,以协商理念为指导,继续探索"美术大师"和"上艺水色"两类课型的实施方案,培养学生美术素养,促进学生自主发展。

(四)每学期通过对一节课教学设计的深度挖掘,将教师自身的思考、反思与教学实况结合起来,撰写出具有典型性、研究性和启发性的课例。发现和揭示有意义的问题,并以课例为载体开展教学研究,组织教师讨论和交流,一起体验教者的成功和不足之处,以达到产生借鉴和启发的效果。

(五)在教学过程中发挥教师的能动性,帮助学生养成良好的美术学习习惯,培养学生的收集资料能力、实践能力、创造能力、欣赏能力。促进学生自主性的发展,使学生的内在潜能得到充分开发和展示。

(六)注重与家长多种形式的沟通。以面谈、问卷、会议等多种方式征求家长对美术拓展课的内容、学习方式的建议,达到家校一致,形成合力。

(七)具体安排如下:

(1)国家课程校本化课时调整安排:

年级	国家课程教材内容及规定课时		整合内容及节省的课时
	40课时		6课时
四年级上册	《四季的色彩》 (2) 《生活中的暖色》 (2) 《生活中的冷色》 (2) 《在快乐的日子里》 (2) 《有趣的字母牌》 (2) 《飞天(一)》 (2) 《飞天(二)》 (2) 《笔的世界》 (2) 《猜猜我是谁》 (2) 《自行车局部写生》 (2)	《泥玩具》 (2) 《多姿多彩的靠垫》 (2) 《降落伞》 (2) 《生活日用品的联想》 (2) 《刻印的乐趣》 (2) 《我们的现在和将来》 (2) 《我设计的船》 (2) 《给小伙伴拍张照》 (2) 《剪纸中的吉祥纹样》 (2) 《剪纸中的阳刻和阴刻》 (2)	《猜猜我是谁》和《自行车局部写生》原4课时,整合为2课时,节省2课时。 《有趣的字母牌》原2课时,整合为1课时,节省1课时。 《剪纸中的吉祥纹样》和《剪纸中的阳刻和阴刻》原4课时,整合为3课时,节省1课时。 《给小伙伴拍张照》和《我们的现在和将来》原4课时,整合为2课时,节省2课时。

年级	国家课程教材内容及规定课时				整合内容及节省的课时
	38课时				6课时
四年级下册	《植物写生》	(2)	《巧用对称形》	(2)	《放学了》《快乐的人》《电脑美术——你追我赶》原6课时,整合为3课时,节省3课时。《大师画我也画》原2课时,整合为1课时,节省1课时。《艳丽的大公鸡》和《学画农民画》原4课时,整合为2课时,节省2课时。
	《放学了》	(2)	《设计生活标志》	(2)	
	《快乐的人》	(2)	《衣架的联想》	(2)	
	《用彩墨画鱼》	(2)	《把自己的画制成拼图》	(2)	
	《动物的脸》	(2)	《材质的美》	(2)	
	《汉字的联想》	(2)	《认识中国画》	(2)	
	《艳丽的大公鸡》	(2)	《画家梵高》	(2)	
	《有人脸的器物》	(2)	《生命之源——水》	(2)	
	《学画农民画》	(2)	《电脑美术——你追我赶》	(2)	
	《大师画我也画》	(2)			
	36课时				6课时
五年级上册	《画人像》	(2)	《造型别致的椅子》	(2)	《色彩的色相》和《色彩的明度》原4课时,整合为3课时,节省1课时。《偶戏》和《提线木偶》原4课时,整合为2课时,节省2课时。《认识抽象画》和《学画抽象画》原4课时,整合为3课时,节省1课时。《校园合影》和《画人像》原4课时,整合为2课时,节省2课时。
	《学画抽象画》	(2)	《立体贺卡》	(2)	
	《绘画中的透视现象》	(2)	《肖像艺术》	(2)	
	《色彩的色相》	(2)	《认识抽象画》	(2)	
	《色彩的明度》	(2)	《偶戏》	(2)	
	《唱起来跳起来》	(2)	《中国龙》	(2)	
	《拼贴添画》	(2)	《创造绿色的生活》	(2)	
	《美术中的比例》	(2)	《校园合影》	(2)	
	《提线木偶》	(2)	《防灾减灾》	(2)	

年级	国家课程教材内容及规定课时		整合内容及节省的课时
五年级下册	38课时		6课时
	《色彩的纯度》　　　（2） 《让色彩动起来》　　（2） 《精细的描写》　　　（2） 《奇思妙想》　　　　（2） 《花鸟画（一）》　　（2） 《花鸟画（二）》　　（2） 《山水画》　　　　　（2） 《有特点的人脸》　　（2） 《提袋的设计》　　　（2） 《我的书包》　　　　（2） 《多彩的民族纹样》　（2）	《自制小相框》　　　　（2） 《人民艺术家——齐白石》（2） 《20世纪艺术大师——马蒂斯》　　　　　　　　（2） 《动漫——动起来的漫画》（2） 《雕塑之美》　　　　　（2） 《电脑美术——巧用动漫形象》　　　　　　　　（2） 《给科技插上艺术的翅膀》（2） 《昨天、今天和明天》　（2） 《科学创造新生活》　　（2）	《色彩的纯度》和《让色彩动起来》原4课时，整合为2课时，节省2课时。 《精细的描写》和《我的书包》原6课时，整合为3课时，节省3课时。 《花鸟画（一）》和《花鸟画（二）》原4课时，整合为2课时，节省2课时。 《给科技插上艺术的翅膀》和《科学创造新生活》原4课时，整合为3课时，节省1课时。
六年级上册	18课时		4课时
	《图形的魔术组合》　（1） 《添画人像》　　　　（1） 《线描画中的黑白对比》 　　　　　　　　　　（1） 《亲亲密密一家子》　（1） 《画一幅色彩和谐的画》 　　　　　　　　　　（1） 《故事里的人》　　　（1） 《家乡的小吃》　　　（1） 《发现老房子的美》　（1） 《家乡的老房子》　　（1）	《箱板上的新发现》　　（1） 《参观券的设计》　　　（1） 《神秘的礼盒》　　　　（1） 《建筑艺术的美》　　　（1） 《神州风采》　　　　　（1） 《保护我们的精神家园》（1） 《镜头里的花》　　　　（1） 《家乡的艺术》　　　　（1） 《家乡的历史和发展》　（1）	《故事里的人》和《发现老房子的美》原2课时，整合为1课时，节省1课时。 《添画人像》和《线描画中的黑白对比》原2课时，整合为1课时，节省1课时。 《神秘的礼盒》和《箱板上的新发现》原2课时，整合为1课时，节省1课时。 《建筑艺术的美》和《神州风采》原2课时，整合为1课时，节省1课时。

年级	国家课程教材内容及规定课时		整合内容及节省的课时
	18课时		4课时
六年级下册	《装饰色彩》　　(1) 《装饰画》　　(1) 《用各种材料制版》(1) 《戏曲人物》　　(1) 《画故事》　　(1) 《拟人化的卡通》　(1) 《留给母校的纪念》(1) 《我的成长记录》　(1) 《彩球的设计》　　(1)	《城市雕塑》　　(1) 《装饰柱》　　(1) 《追寻文明的足迹》(1) 《探访自然的奇观》(1) 《动画片的今昔》　(1) 《精彩的戏曲》　　(1) 《剪纸中的古老记忆》(1) 《绣在服装上的故事》(1) 《复制与传播》　　(1)	《装饰色彩》和《装饰画》原2课时,整合为1课时,节省1课时。 《戏曲人物》和《画故事》原2课时,整合为1课时,节省1课时。 《动画片的今昔》和《拟人化的卡通》原2课时,整合为1课时,节省1课时。 《留给母校的纪念》和《我的成长记录》原2课时,整合为1课时,节省1课时。

(2)拓展课程内容及课时安排:

年级	(类型)题目	主要内容	课时
四年级上册	起始课	1.指导学生浏览教材,明确美术课内容、目标及要求。 2.组织学生按自主学习习惯评价表进行初评。 3.明确拓展课内容、意义、目标和要求。 4.明确拓展课程评价内容和要求。 5.总结延伸。	1
	美术大师:吴冠中	1.交流吴冠中的生平事迹,知道他是一位爱国爱家乡的画家、美术教育家。 2.欣赏吴冠中的油画《桂林山水》《庄周》等作品,水墨作品写意水乡系列作品,知道他热衷描绘中国的大好河山和家乡的风景。 3.将西方油画《干草堆》《麦田》和吴冠中的油画《长江三峡》对比,吴冠中的水墨江南水乡系列作品与传统中国画对比。欣赏探究吴冠中的绘画特点。 4.探究欣赏作品的方法,运用美术语言进行欣赏评述。	1

年级	(类型)题目	主要内容	课时
	美术大师:黄永玉	1.交流黄永玉的事迹,知道他是一位爱国画家、版画家。 2.欣赏作品《我的祖国我的人民》《中国人活的有气势!》《春江花月夜》等作品,感悟他的爱国之情,对家乡的挂念和热爱。 3.对比欣赏他的荷花系列作品和吴冠中的荷花表现的不同,总结黄永玉的绘画特点,运用美术语言欣赏评述。 4.运用水粉颜料模仿黄永玉的大笔触色块,表现天津人民公园的荷花。	1
	上艺水色《稚趣色彩插画》	1.欣赏水彩插画作品风景插画,分析插画的特点。 2.师生共同探究水彩的使用方法。 3.结合生活风景创作主题插画明信片。	1
	上艺水色《时节之美》	1.了解中国传统的节气春分、大雪、夏至等,不同节气人们生活发生的变化,交流不同节气人们的生活习惯。 2.学习用色彩表现时节的方法,了解海报插画的创作形式。 3.选择一个时节用水彩创作插画,并搭配文字介绍。	1
	总结课	1.总结本学期国家课程校本化学习收获。 2.学生对自主学习习惯评价表进行评价。 3.总结拓展课程的收获,举办艺术沙龙进行欣赏评述。 4.完成拓展课程评价。 5.总结延伸。	1
四年级下册	起始课	1.指导学生浏览教材,明确美术课内容、目标及要求。 2.组织学生对自主学习习惯评价表进行初评。 3.明确拓展课内容、意义、目标和要求。 4.明确拓展课程评价内容和要求。 5.总结延伸。	1
	美术大师:徐悲鸿	1.介绍交流徐悲鸿的生平事迹,知道他是一位爱国画家。 2.欣赏徐悲鸿作品《田横五百士》《傒我后》《愚公移山》等作品,了解他的绘画情感,以及画中体现的人民群众坚韧不拔的毅力。 3.对比欣赏徐悲鸿《八骏图》和郎世宁画作《百骏图》。分析画家运笔。 4.欣赏徐悲鸿的其他作品,探究徐悲鸿画面带给人们的感受,进行欣赏学习。	1

续表

年级	(类型)题目	主要内容	课时
	美术大师:申玲	1.分享交流搜集的画家申玲的生平事迹。知道她是一位内心细腻的职业画家,画作用色纯粹。 2.欣赏她的素描作品《白塔寺》《白茫茫大地真干净》《第一场雪》等作品。分析画面特点,了解她善于观察生活中的小事小景进行创作。 3.欣赏她的油画系列作品《感时花溅泪》,分析作品中强烈的色彩风格传递的情感,用美术语言进行欣赏评述。 4.模仿申玲大胆用色的方法,临摹或创作一幅花卉插画。	1
	上艺水色《写生创作》	1.欣赏线描淡彩相关作品,了解线描淡彩的绘画形式。 2.感受线描淡彩的绘画形式能够让事物更有美感,更加立体。 3.运用湿画法接色的方法着色,进行写生表现立体感。	1
	上艺水色《街景之美》	1.搜集天津的街景照片,如鼓楼的街景、五大道风景区的街景、天津站的街景等,欣赏建筑美。 2.欣赏线描淡彩的街景速写作品,感受街景之美。 3.学习速写表现事物的方法,表现天津街景的美,并运用湿画法上色。	1
	总结课	1.总结本学期国家课程校本化学习收获。 2.学生按自主学习习惯评价表进行评价。 3.总结拓展课程的收获,举办艺术沙龙进行欣赏评述。 4.完成拓展课程评价。 5.总结延伸。	1
五年级上册	起始课	1.指导学生浏览教材,明确美术课内容、目标及要求。 2.组织学生按自主学习习惯评价表进行初评。 3.明确拓展课内容、意义、目标和要求。 4.明确拓展课程评价内容和要求。 5.总结延伸。	1
	美术大师:王玉平	1.交流王玉平的生平事迹。知道他是一位乐于观察日常生活,经常在北京城外写生的艺术家。 2.欣赏他生活化的艺术作品:《午门》《神武门》等。探究他将自己日常生活密切相关的人物、景物、物品即时入画的创作风格。 3.总结欣赏作品的方法,对王玉平其他的作品用美术语言进行欣赏评述。	1

年级	(类型)题目	主要内容	课时
	美术大师:罗尔纯	1.交流罗尔纯的生平事迹。知道他是一位表现主义油画家,喜爱画家乡的红土地。 2.欣赏他的红土丘陵系列作品,比如《红土》《九月》等。分析学习罗尔纯作品用色新鲜明亮和生动活泼的肌理,感受乡土绘画题材的绘画语言。 3.总结欣赏作品的方法,对罗尔纯其他的作品用美术语言进行欣赏评述。	1
	上艺水色 《天津解放桥》写生	1.欣赏解放桥的照片,分析解放桥不同角度的美感。 2.师生共同探究水彩和彩铅结合的创作方法。 3.运用色彩的表现方法进行写生。	1
	上艺水色 《美食的诱惑》	1.介绍端午节的传统节日,分析粽子的色彩与造型特点。 2.探究学习线描淡彩的速写方法,感受水彩的魅力。 3.对粽子进行写生。	1
	总结课	1.总结本学期国家课程校本化学习收获。 2.学生对自主学习习惯评价表进行评价。 3.总结拓展课程的收获,举办艺术沙龙进行欣赏评述。 4.完成拓展课程评价。 5.总结延伸。	1
五年级下册	起始课	1.指导学生浏览教材,明确美术课内容、目标及要求。 2.组织学生按自主学习习惯评价表进行初评。 3.明确拓展课内容、意义、目标和要求。 4.明确拓展课程评价内容和要求。 5.总结延伸。	1
	美术大师:闫平	1.交流闫平的生平事迹,知道她是一位中国著名的油画家。 2.欣赏她的花卉、景物系列作品,学习色彩色相和对比色知识。体会画家运用大胆的对比色,表现生活中的花卉。 3.总结欣赏作品的方法,对闫平其他的作品用美术语言进行欣赏评述。	1

年级	(类型)题目	主要内容	课时
	美术大师: 大卫·霍克尼	1.介绍交流大卫·霍克尼的生平事迹,知道他被称为英国的艺术教父。 2.欣赏他的iPad创作作品,分析他作品独特的创作形式和画面饱满的色彩搭配。感受他对生活和艺术的热情。 3.总结欣赏作品的方法,对大卫·霍克尼其他的作品用美术语言进行欣赏评述。	1
	上艺水色 《拼贴插画》	1.分析动物猴子的特征。 2.探究学习用不同材料创作拼贴画。 3.运用色彩的点线面与拼贴结合的方式创作一幅动物拼贴插画。	1
	上艺水色 《动物世界》	1.拍摄天津动物园里老虎的照片,并打印彩色图片,交流动物的习性与特点。 2.分析老虎的动态特征,学习色彩搭配方法。 3.探究学习用油画棒的绘画形式对动物进行写生。	1
	总结课	1.总结本学期国家课程校本化学习收获。 2.学生对自主学习习惯评价表进行评价。 3.总结拓展课程的收获,举办艺术沙龙进行欣赏评述。 4.完成拓展课程评价。 5.总结延伸。	1
六年级上册	起始课	1.指导学生浏览教材,明确美术课内容、目标及要求。 2.组织学生对自主学习习惯评价表进行初评。 3.明确拓展课内容、意义、目标和要求。 4.明确拓展课程评价内容和要求。 5.总结延伸。	1
	美术大师:丁绍光	1.介绍交流丁绍光的生平事迹,知道他是一位现代重彩画大师。 2.欣赏丁绍光《西双版纳》系列作品,了解少数民族的民俗风情,感受画家重彩画的独特风格。 3.探究《西双版纳》作品中的色彩之美,感受作品带来的人与自然之间的微妙关系,以及色彩的和谐之美。 4.总结欣赏作品的方法,对丁绍光其他的作品用美术语言进行欣赏评述。	1

年级	(类型)题目	主要内容	课时
	上艺水色 《色彩的世界》	1.了解梵高风景作品的表现形式及创作媒材。 2.欣赏感受冷暖色不同的情感表达,体会色彩在生活和艺术作品中给人带来的美感。 3.运用冷暖色进行风景创作,表达自己的情感,体验色彩创作的趣味与美感。	1
	总结课	1.总结本学期国家课程校本化学习收获。 2.学生对自主学习习惯评价表进行评价。 3.总结拓展课程的收获,举办艺术沙龙进行欣赏评述。 4.完成拓展课程评价。 5.总结延伸。	1
六年级下册	起始课	1.指导学生浏览教材,明确美术课内容、目标及要求。 2.组织学生对自主学习习惯评价表进行初评。 3.明确拓展内容、意义、目标和要求。 4.明确拓展课程评价内容和要求。 5.总结延伸。	1
	美术大师: 克劳德·莫奈	1.交流克劳德·莫奈的生平事迹,知道他是印象派的创始人。 2.欣赏画家莫奈的《睡莲》系列作品,学习色彩的邻近色知识,感受邻近色作品的和谐之美。 3.总结欣赏作品的方法,对莫奈其他的作品用美术专业语言进行欣赏评述。	1
	上艺水色 《感受自然光》	1.欣赏印象派的风景画,探究印象派的绘画方法。 2.对搜集的自然界风景图片进行赏析。 3.运用点染的方法创作一幅风景写生作品。	1
	总结课	1.总结本学期国家课程校本化学习收获。 2.学生对自主学习习惯评价表进行评价。 3.总结拓展课程的收获,举办艺术沙龙进行欣赏评述。 4.完成拓展课程评价。 5.总结延伸。	1

五、课程评价

美术课程的评价,能够充分了解学生对美术教学目标的达成情况和存在的问题,从而改进课程设计,提高美术课堂教学质量,同时使学生的美术综合素质得到提高。

(一)国家课程校本实施的评价。评价内容,除了学生美术作品中完成的情况,还注重学生自主学习习惯的养成(见我校一至六年级自主学习习惯评价手册)。评价方式,坚持评价的多元化,不仅有学生自评,小组之间的互评,还包含了教师的评价、家长的评价。

(二)美术拓展课程的评价。评价内容包括"美术大师"和"上艺水色"(评价表附后),坚持评价的自主性、激励性原则。自主性主要体现在学生是评价的主体。激励性主要体现在教师用多种形式鼓励学生善于观察、大胆创新、勇于实践。

美术学科拓展课程评价

"美术大师"评价表

评价内容	奖章类别	争章标准	奖章统计
课前收集	收集章	1.能够自主搜集各种资料。	（1）枚
		2.自主收集各种资料,数量多、质量高。	（2）枚
欣赏表达	表达章	1.能够将自己对艺术家的了解和个人的想法在课堂中表达。	（1）枚
		2.能够用美术的眼光、欣赏作品的风格和思想内涵,有自己独特的想法。	（2）枚

说明:开学初,老师为每个学生准备一张"小小鉴赏家"储蓄卡,在活动中按照标准争得奖章,老师粘贴在个人储蓄卡中。"小小鉴赏家"奖章获得数量前五名的同学,期末获得"小小鉴赏家"储蓄卡。

"上艺水色"评价表

项目	评价内容	等级			评定结果			
		优秀	良好	合格	自评	组评	师评	总评
参与程度	愿意参与学习活动,学习积极性高。	A	B	C				
习惯培养	美术工具课前摆放整齐,课上认真倾听、积极交流、主动探究、善于合作。	A	B	C				
作品创作	1.能够掌握水彩的表现方法,学习效能高。	A	B	C				
	2.色彩搭配合理,创作出富有美感的艺术作品。	A	B	C				
	3.在学习中能够欣赏评价色彩作品,感悟色彩的搭配方法。	A	B	C				

说明:
1.评价标准:能做到以上评价内容为优秀,较好做到以上内容为良好,基本做到以上评价内容为合格。
2.评价比例:自评占30%,组评占30%,师评占40%。
3.每学期期末在总结课上进行评价,包括自评、组评、师评,将总评结果抄在自己评价本中,并提出改进意见。此评价表可用三年,即四、五、六年级。

"美术综合"拓展课程一:《上艺水色》课例

丁 谊

学科	美术	年级	五年级	执教人	丁谊
课题			线描淡彩——美食的诱惑		

拓展内容分析:
　　《上艺水色》是学校"美术综合"课程中的拓展课,《线描淡彩——美食的诱惑》是五年级下册拓展课《上艺水色》的一课内容,其内容主要是分析粽子的色彩特点,感受色彩的深浅变化和水彩上色的独特魅力。探究学习线描淡彩接色画法,运用接色色彩的深浅变化,表现粽子的立体感,感受水彩晕染的美感。通过绘画表现中国传统节日端午节的粽子,引导学生善于观察、欣赏生活中的美,提升学生的艺术审美和对传统节日的热爱。

学情分析:
　　本节课的教学对象是五年级的学生,在本学期他们已经学习了《四季的色彩》《生活中的暖色》《生活中的冷色》和线描写生课程《自行车局部写生》,学生对三原色、对比色、冷暖色的色彩知识有了一定的积累,但是对于色彩的实际运用比较少,并且绘画的材料更多接触的是马克笔、油画棒等便捷的色彩材料。本课在原有美术知识的基础上引导学生接触水彩的上色工具,感受绘画形式的多样性,从生活中的美食开始描绘,激发学生的创作欲望,以及在写生中用色彩表现生活事物的能力。

教学或活动目标:
　　1.了解粽子的色彩特点,感受粽子色彩的深浅变化,学习线描淡彩的上色方法。
　　2.学习运用水彩接色的方法进行创作,掌握塑造粽子立体感的方法,感受水彩独特的艺术魅力,提升用水彩描绘身边事物的兴趣及色彩表现力和造型能力。
　　3.通过对端午节粽子的描绘,提升学生对生活事物的观察能力和对传统节日的热爱。

教学或活动重、难点:
　　学习用色彩塑造立体感的方法,运用线描淡彩给粽子进行上色。

教学或活动模式:
　　协商约定——观察分析——探究实践——展示评价——总结延伸

教学或活动准备:PPT课件、粽子图片、水彩颜料、范画

教学或活动过程	意图(学科素养体现)
一、协商约定 　(一)回忆导入 　师:同学们在上节课《精细的描写》中对粽子进行了线描写生,每幅作品粽子的姿态都不一样,有的同学画一个,有的画了多个,还有同学很具有挑战性,画了剥开的粽子。同学们写生的粽子形象生动,而且描绘得很细致。(出示学生之前画的线描作品) 　这节课我们学习用线描淡彩的方式给美食粽子进行上色。	回忆线描作品,激发学生的学习兴趣。

教学或活动过程	意图(学科素养体现)
板书:线描淡彩——美食的诱惑 师:同学们,你们知道什么是线描淡彩吗? 生:给线描作品进行水彩上色。 师:你理解的很好。顾名思义,线描淡彩就是线描和水彩结合的一种绘画方式。 师:你们看,老师把我们之前写生粽子的线描作品用水彩进行了着色,这种方式叫做"线描淡彩"。(出示粽子线描作品和用水彩上好色的作品对比图) 师:大家对比一下,作品上色后给你一种什么感受? 生1:作品看上去生机勃勃的,更加生动了。 生2:看着很想吃,垂涎欲滴的感觉。 师:在线描的基础上用水彩淡彩的着色方式能够让事物看上去更加生动;有了色彩,整个画面就有了生活的气息,增添了艺术的美感。也告诉同学们在创作的时候要善于挖掘更多的方法来创意我们的作品。 (二)协商约定 师:这节课大家想完成哪些学习任务呢? 生1:学会如何用水彩上色,使画面富有美感。 生2:感受粽子色彩的深浅变化。 生3:色彩过渡自然,塑造粽子的立体感。 师:除了同学们总结的目标,老师还加了一点:学习感受如何用绘画的方式记录我们生活,提高我们的生活品味,感受端午节带给我们的精神内涵。(出示目标) 　1.学会如何用水彩上色,感受粽子色彩的深浅变化和水彩上色的方法。 　2.运用水彩接色的方法进行创作,掌握塑造粽子立体感的方法,感受水彩独特的艺术魅力。 　3.学习感受如何用绘画的方式记录我们生活,提高我们的生活品味,感受端午节带给我们的精神内涵。 师:谁来读一读? 生:朗读目标。 师:端午节快到了,这节课我们就来以绘画的方式过我们中国的传统节日,表达我们对美好生活的向往与祝福吧。 二、观察分析 师:请同学们一起观察、分析一下该怎么用水彩的方式给粽子上色吧。请同学们思考要想把美食画得鲜美诱人,你有什么好方法吗? 生1:颜色鲜艳一些。 生2:画出立体感。 师3:如何画出立体感? 生:颜色要有深浅变化。 师:为什么有的地方颜色深有的地方颜色浅呢? 生1:因为有光的照射,色彩发生了变化。 生2:靠近光源的地方亮,颜色浅,背光的地方暗,颜色深,所以色彩产生了深浅变化。 师:同学们观察得很仔细,分析得非常好,正是因为有了光照,物体才产生了光影和明暗,在上色时有了颜色的深浅变化,物体看上去就更加地立体真实了。	师生共同协商学习目标,不仅增强了学习的目的性,而且激发学生的学习兴趣,让学生成为学习的主人。 学生对粽子色彩特点进行分析,探究亮暗面的色彩变化和粽子的上色方法,提升学生的探究意识和对生活细致观察的能力。 引导学生观察、分析色彩变化,学习塑造立体感的方法,为后续创作打下基础。

教学或活动过程	意图(学科素养体现)
板书:深浅 明暗 三、探究实践 (一)指导实践 (师生共同实践上色方法) 　师:请同学们认真看老师给粽子上色的过程,仔细听上色的步骤和方法,老师画一部分,一会儿请同学接着画并总结步骤和方法。 　(教师边示范边讲解,学生仔细看,认真听) 　师:好了,接下来怎么接色呢? 谁能用老师刚才讲解的方法接着画? 　(学生实践上色) 　师:画得不错! 你们学会了吗? 　生:会了。 　师:谁来总结一下刚才上色的步骤和方法? 　生1: 　第一步:先从亮面开始画,找到物体本身的颜色加水变浅,把亮面的高光点大胆留白。 　第二步:往暗面过渡,在中间画出物体本身的固有色,再往暗面上色,颜色逐渐加深。注意颜色过渡时的深浅变化。 　师:谁还能补充? 　生2: 　第三步:画出投影,调整画面细节,可以加一点背景。 　师:真棒! 同学们观察细致,善于总结,老师还画了好几幅线描淡彩的粽子作品,同学们欣赏一下。我们知道端午节的粽子是为了表达对屈原的崇敬和怀念。希望你们的作品不仅是一幅写生作品,也能表达出自己过端午节的情怀。 　(二)创作实践 　师:你们是不是也想试一试,来表达自己的情怀? 　(学生点头示意) 　师:看谁能做到下面的实践要求?(出示实践要求) 　1.用线描淡彩的形式画一幅粽子写生作品。 　2.用颜色表现出粽子明暗面的深浅色彩变化。 　师:大家开始画吧。(学生独立绘画,教师巡回辅导) 四、展示评价 (一)小组内欣赏交流 　师:接下来请同学们按评价要求进行组内交流评价。(出示评价要求) 　1.色彩运用得好,色彩过渡自然。 　2.粽子明暗关系表现得好。 　3.画面细节刻画得好。 　4.画面生动,富有美感。 　师:谁来读一读评价要求? 　生:朗读评价要求。	直观演示,突破难点,进一步体会处理物体的明暗关系的方法,感受水彩画的魅力,提高审美情趣。 学习线描淡彩的方法和步骤,通过色彩的深浅变化,描绘出立体诱人的粽子。 通过欣赏线描淡彩的粽子作品,感受水彩上色的魅力和美感,激发学生观察生活、描绘生活的愿望。 根据实践要求进行创作,提高绘画表现和自主创新能力,培养学生自主创作的能力。

教学或活动过程	意图(学科素养体现)
师:下面我们在小组内进行交流评价,一会我们推选出小组内优秀的作品进行展示。 (二)全班交流 师:请每组推选出优秀作品,到投影下展示,按照评价要求,先进行自我评价,然后同学们再评价。 学生自己介绍绘画作品。 生:我这幅作品表现的是一个角粽,我运用了黄绿、浅绿、橄榄绿进行色彩的深浅过度,表现出了粽子的立体感。同时我想把美好的祝福送给同学们。 其他学生对其的作品进行评价: 生1:我觉得这幅作品画得好,色彩深浅过渡的很自然,湿画法运用得很好。 生2:这幅作品的粽子画的十分诱人,很有食欲,细节刻画得很生动。 生3:我喜欢这幅作品,看上去很有立体感,接色方法运用得很好,而且画得很完整。 师:同学们通过写生粽子,提高了自己的观察能力。用线描淡彩的方式描绘出了一幅幅诱人的粽子作品,让我们感受到了粽子色彩的深浅变化和立体感,使粽子作品变得更加生动真实。在使用水彩的过程中,你们体验了水彩绘画的晕染效果,感到了水彩的魅力。老师也感受到了同学们对生活的热爱。	通过作品交流展示,能用美术语言进行欣赏评述,提升学生对色彩的感知能力和审美能力。
(三)艺术拓展 师:和我们一样热爱生活的还有很多画家,我给同学们介绍两位艺术家。 1.中国艺术家王玉平——日常水彩。 王玉平是中央美术学院油画系的老师,他用水彩画了很多生活中的物品,有经常使用的茶壶茶杯、食物,还有小时使用的铅笔盒等物件。 2.菲利克斯·沙因伯格——日常写生。 菲利克斯·沙因伯格是德国的艺术家,他是一位热爱旅行的艺术家,喜欢在旅行中带上自己的速写本、水彩盒去写生,看到喜欢的景物就画下来,非常有趣。 师:课下,我们可以对以上作品的特点进行分析,学习他们的绘画方法。希望同学们认真观察、欣赏生活中的美,在生活中养成用绘画的形式记录生活点滴的习惯,描绘身边美好的事物,提高生活品味。 五、总结延伸 师:通过今天的学习,你有了哪些收获? 生1:学会用线描淡彩的方法描绘生活中的美食。 生2:学会了用水彩接色的技法表现出物体的深浅变化。 生3:学会水彩的湿画法,体会水彩的美感。	欣赏艺术家作品,培养学生在探究中用美术思维欣赏画面,激发学习兴趣。

教学或活动过程	意图(学科素养体现)
师:通过今天这节课的学习,同学们学会了用绘画来描绘生活中的美食,运用水彩淡彩的方式创作出了色彩丰富而立体的粽子作品,同时,我们感受到了端午节在全国人民心中的重要位置,我相信同学们今后会更加盼望过端午节,也希望每到节日的时候同学们都能够用绘画的方式来表达我们在对节日的感受。	总结收获,突破难点,提升学生的审美情趣和人文素养,激发学生用绘画记录生活中的点点滴滴。

教学或活动反思:

　1.课前协商,培养自主意识

　师生课前共同协商学习内容和目标,能够很好地激发学生兴趣,学生明确了这堂课的重难点,成为整个课程的主人,在后面探究实践过程中能够更加主动,同时也使课堂学习更加有效。

　2.学用结合,提升能力

　在探究实践中,学生自主搜集粽子图片,观察分析粽子的外型特征,通过师生共同探究,引导学生学习运用线描淡彩进行粽子写生,让学生直观感受水彩上色的技巧,引导学生积极主动探究上色的方法与步骤。用所学的知识自主完成粽子写生作品。拓展了学生的创作思维,学习用不同方式写生的能力,激发了学生养成用绘画方式记录生活点滴的习惯。

　3.挖掘思政元素,激发学生热爱生活的情感

　通过对端午节粽子的描绘,感受中华传统的节日文化,激发了学生对生活的热爱。同时鉴赏画家王玉平和菲利克斯·沙因伯格的日常作品,增强学生对日常生活的关注。培养学生通过写生的方式描绘生活中有趣的事物,提升学生的审美情趣和人文素养。

"美术综合"拓展课程二:《美术大师》课例

潘昱竹

学科	美术	年级	四年级	执教人	潘昱竹
课题	美术大师吴冠中				

拓展内容分析:

　　《美术大师》是学校"美术综合"课程中的拓展课。"美术大师吴冠中"是四年级上册拓展课的一课内容。

　　内容包括1.了解画家吴冠中的生平和创作经历。吴冠中是我国20世纪最杰出的画家之一,是我国当代著名的油画家、美术教育家。50年代时致力于油画风景创作,力图把油画色彩和中国传统审美融合到一起。70年代起开始中国画创作,力图运用中国传统材料工具表现现代精神。

　　2.了解他的作品和学习欣赏评述的方法:他的油画作品《长江三峡》《一九七四年长江》《周庄》等作品中将中国画元素与西方绘画的形式美感进行有机结合。国画江南水乡系列作品在形式上突破了传统中国画的构图,在造型上简练概括,又赋予绘画其情感,把对家乡的热爱融入画中。他将中国的大好河山表现在画中,创作了《故宫》《长城》《乐山大佛》等作品,表达了对国家的热爱。晚年作品《遗忘之河》《春风》等作品抽象化倾向突出,运用点、线、面构成画面的节奏、韵律和诗意。

　　3.学习从画面内容、构图、色彩、绘画方法、精神内涵上评述一幅美术作品。

　　本节课通过学生自主课前调查,自主探究,教师引导多角度了解美术大师吴冠中,感受吴冠中作品不同时期的绘画特点,让学生体会运用点线面表现作品的艺术形式。从而引导学生将欣赏活动从感性层面提升到理性层面,用美术语言分析作品,建构美术能力。进一步提高学生会欣赏会评述的能力。

学情分析:

　　在以前的学习中,教材中出现过吴冠中的作品《春如线》,到了四年级学生们已经有了对一些画家和名画的积累。对绘画题材、绘画形式有了初步的认识,也具备了一定的语言表达能力、理解力和自主搜集资料的能力。但学生对画家吴冠中了解不够深入,对其作品积累的相对较少,在领悟、理解美术作品上缺少专业的欣赏方法。本节课老师带领学生自主学习,运用对比欣赏、合作探究等方法,引领学生更好的开展欣赏学习。

教学或活动目标:

　　1.了解吴冠中的生平、美术作品及绘画风格,提高学生自主探究能力。

　　2.知道如何欣赏一幅作品,提高欣赏评述能力。

　　3.学生在愉快的欣赏过程中,感受并学习吴冠中对生活、艺术的热情和创新精神。感悟吴冠中对国家的热爱、对家乡的情感。

教学或活动重、难点:

　　1.了解吴冠中的生平、美术作品及绘画风格,提高自主探究能力。

　　2.知道如何欣赏一幅艺术作品,提高欣赏评述能力。

教学或活动模式:情境激趣——协商约定——走近大师——欣赏探究——欣赏评述——总结延伸
教学或活动准备:课件、吴冠中的作品图片和文字资料

教学或活动过程	意图(学科素养体现)
一、情境激趣 　师:同学们老师这有一组照片,大家看一看都是什么地方?(出示长城、香山、乐山大佛、桂林山水、江南水乡照片) 　师:太棒了,看来很多同学都去过这些地方,这些是我们祖国著名的景观,有一位艺术家把这些地方用画表现出来了,你们想不想看一看?(出示吴冠中的对应作品) 　师:你们觉得绘画作品和真实的景观一样吗? 　生:我觉得不太一样,比如长城,虽然不一样,但是还是能看出来是长城。 　师:没错,他的画很有意思,既像又不像。为什么艺术家要用这种绘画形式表现呢,我们这节课就来认识一下这位艺术大师吴冠中,这是一节美术大师的拓展课程。(贴板书:美术大师吴冠中)	学生初步感受吴冠中的作品美,带着兴趣进行后续学习。
二、协商约定 　师:同学们想一想我们要从哪些方面来了解吴冠中,提高我们哪些能力呢? 　生1:学习了解吴冠中的生平,认识一些他的美术作品。 　生2:学习怎样欣赏吴冠中的作品,感受他的创作精神。 　师:没错,我们一起欣赏感受他的作品中的精神内涵。 　生3:我想了解他的绘画风格。 　师:大家说的很全面。老师帮你们归纳一下,看屏幕。(课件出示学习目标) 　1.了解吴冠中的生平、美术作品及绘画风格,提高学生自主探究能力。 　2.知道如何欣赏一幅作品,提高欣赏评述能力。 　3.感悟吴冠中对艺术的热情和作品的精神内涵。 　师:这就是我们这节课的学习目标,谁能给大家读一读? 　学生朗读。	通过师生协商学习目标,能够激发学生的学习热情,让学生做学习的主人,在后面的探究实践中能够更加主动,使课堂更加有效。
三、走近大师 　师:课前大家搜集了吴冠中的生平背景相关资料。下面我们来汇报一下,让我们一起走近这位大师。谁想来为大家介绍一下你了解的吴冠中? 　(学生在投影下边出示边讲) 　生1:我了解到吴冠中生于1919年,于2010年去世,享年91岁,非常长寿。他出生在江苏宜兴的一个乡村教师家庭,1946年到法国留学,进修油画,回国先后任教于我国的很多艺术高校。他不仅是画家、油画家还是美术教育家。	通过汇报学生自主收集的资料,提高学生筛选资料和语言表达能力。学生初步走近吴冠中。

续表

教学或活动过程	意图(学科素养体现)
生2:吴冠中在50年代致力于油画风景的创作,力图把油画色彩的丰富与中国传统艺术精神、审美理想融合到一起。70年代起,开始中国画的创作,力图运用中国传统材料工具表现现代精神。我了解到吴冠中很喜欢画风景画,他经常四处写生,非常辛苦,入神的时候他能一天不喝水不吃饭,非常执着,我还找到一个视频和大家分享。(播放吴冠中接受采访的视频) 师:这位同学提供的资料非常宝贵,不管刮风下雨他都坚持写生,画架倒了,他的妻子用背当画架让吴冠中继续写生。足以说明吴冠中对创作的执着。还有谁来介绍? 生3:我了解到吴冠中的油画代表作有《周庄》《一九七四年长江》等。中国画代表作有《春雪》《狮子林》《长城》等。我还找到一个吴冠中磨印的故事,就是他晚年的时候有一位美术馆的馆长来拜访他说想要收购一枚他的印章作为镇馆之宝,吴冠中拒绝了,说我都不画了,印章已无任何价值。过了几天他蹲在阳台水泥地上磨印章,他的妻子不理解地问他,而他却说不用了就把它磨掉,省得以后有人利用它去害人。 师:大家听了这位同学分享的小故事,有什么感触?觉得吴冠中是一位怎样的画家? 生:我觉得吴冠中非常正直善良,不为钱财所动。 师:老师也有个小故事和大家分享。(出示吴冠中写生照片)吴冠中非常喜欢户外写生,走过中国很多地方,在他生前作品就曾拍出5000多万的价格,但就是这样一位画家,他的生活却非常的简朴,晚年生活在一个两居室,衣服半旧,常年就一双运动鞋,完全没有大师的样子。他曾在家中整理藏画时,一次性烧掉了自己200幅的作品。(出示烧画照片)你们觉得他为什么要烧画? 生1:可能是画太多了。 生2:我觉得是他不满意自己的作品。 师:吴冠中认为烧画是很平常的,他说:"我的画唯一的标准是艺术质量,作品如果表达得不好,一定要烧毁。古有毁画三千的说法,但我认为那还是少的,这也说明真正的艺术是不易成功的。以后照样烧。"我们看来很完美的作品,在吴老先生的眼里却有很多问题。他想保留下让后人挑不出毛病的作品。听完老师的介绍你有什么感触? 生1:我感受到他对自己的作品很严格。 生2:我觉得他对艺术非常执着。 师:同学们说得对,吴冠中先生在艺术上的成就和影响是众所周知的,接下来我们就走进他的作品中,感受他对艺术的热情。	

教学或活动过程	意图(学科素养体现)
四、欣赏探究 1.探究吴冠中的国画和传统国画的异同 　师:同学们在课前收集了吴冠中的很多作品,我们今天就针对他最具代表性的写意水乡系列的作品来学习欣赏。(课件出示吴冠中水墨写意水乡和传统的中国画作品各一幅)对比欣赏吴冠中的中国画和传统国画在绘画方法、色彩上有什么不同? 小组内探究一下。 　生1:传统国画景色特别真实,画得特别细腻,吴冠中画面内容简单。 　师:你能具体说说从哪看出来的吗? 　生2:吴冠中所画房子几笔对表现出来了,而传统的国画房子更细致。 　生3:吴冠中的作品感觉更加粗犷。 　生4:传统的国画颜色很重,色彩统一。吴冠中的水乡上面点缀了很多彩墨,很灵动。 　师:我们放大这些作品看,你有什么发现呢? 　生1:房子运用了很多的线条、色块还有点描绘的。 　生2:色彩纯粹、鲜明。 　师:吴冠中用简单的点、线、面、色表现秀丽的江南风景,富有节奏和韵律。吴冠中用抽象的结构美来营造自己作品中的意境,抓住了江南的安静空幽,又赋予其独特的抽象艺术语言,产生了强烈的视觉美感。 2.欣赏吴冠中江南水乡系列作品 　出示多幅水乡作品:1982年《水乡》、1983年《江南小景》《忆江南》《江南小巷》、1985年《小桥流水人家》、1986《江村日出》 　师:吴冠中说:"水乡哺育了我的童年。"所以他画了水乡的方方面面,角角落落。同学们看,这些作品的构图有什么特点? 　生1:我觉得这些作品的构图有空间感。 　生2:有的画面是很饱满的,有的画面是内容在画的角落,但是给人的感觉又很和谐。 　师:没错,他画了这么多江南作品,构图都不一样,这也是中国画中讲究的形式美,构图打破了空间时间的限制,更加灵活自由。 　师:他的一生都在画江南,你觉得这些水乡作品中寄托着他怎样的情感? 　生1:只有喜欢一个地方,才会一直去创作。我觉得他非常热爱自己的家乡。 　生2:我觉得吴冠中是把对家乡的思念融在了画中,因为他年轻时求学、留学、下乡,到了晚年生活在北京,一定是非常思念家乡的。 　师:正如同学们所说的一样,晚年他还回到家乡写生,他把对江南的热爱对家乡的相思融在了画中,才创作出这一幅幅传世之作。	指导学生在探究中用美术思维欣赏画面。初步学习欣赏美术作品的方法。通过对比欣赏,学生在活动中逐渐提升评述能力并感悟画家的艺术风格。 　让学生体会吴冠中在艺术中的创新精神,感受画面的意境美。画家用画表达对家乡的热爱和赞美的情感。

教学或活动过程	意图(学科素养体现)
五、欣赏评述 　师:同学们还收集了一些作品,有《荷花》《又念黄山》等。老师帮大家打印出来了,下面请你们小组合作进行欣赏评述,在这之前,大家回忆一下怎样欣赏评述一幅作品? 　生1:从画面的内容、色彩上进行欣赏评述。 　生2:从构图、绘画方法上进行欣赏评述。 　生3:从作品的精神内涵上进行欣赏评述。 　师:非常好,看来同学们已经掌握了欣赏评述的方法,老师帮你们归纳总结一下。(课件出示欣赏评述要求) 　小组合作欣赏一幅吴冠中的作品,从画面内容、构图、色彩、绘画方法、精神内涵上进行评述。 　师:谁能给大家读一读? 　(学生朗读) 　师:下面同学们就开始吧。 　(一)小组欣赏评述 　学生按要求进行小组欣赏评述,老师下到组中听评述,做指导。 　(二)分组汇报 　师:哪一组到前面来进行汇报? 　(屏幕投出作品,学生到台前汇报) 　生1:《荷花》是一幅水墨作品,它与传统的国画荷花不一样,这幅作品中的荷花造型概括,花瓣用几何图形简单概括,荷叶用流畅的线表现,非常舒展。 　生2:这幅作品整体色彩很淡雅,墨色为主,简单荷花色彩点缀。 　生3:这幅作品给我感觉有些抽象,我觉得吴冠中热爱荷花,他也有像荷花一样的人格魅力。 　师:你们觉得这个小组评述得怎么样,好在哪? 　生:我觉得他们语言概括得很好,但是差了一点画面的构图没说。 　师:你能给补充吗? 　生:我觉得这幅作品的构图很舒展有平衡感,让人看了很舒服。 　师:老师也觉得他们评述的很不错,还有一点就是他在欣赏评述时运用了很多专业的美术词语,比如线条、造型等,非常有进步。还有哪一组想来汇报? 　生1:我们小组欣赏的是《又念黄山》,这幅作品表现的是安徽黄山的景色,前面是树,后面一层层的山,构图紧凑,我觉得描绘的可能是夕阳西下的场景。 　生2:画面色彩统一和谐,画中的山脉,线条简练概括出了山,前面的树郁郁葱葱。我觉得表现得可能是夏天的景色。	运用学习的赏析方法在组内共同欣赏美术作品,进行评述,有利于培养学生小组合作能力。学生到台前讲解作品,在欣赏评述过程中能提升审美能力。

教学或活动过程	意图(学科素养体现)
师:你们觉得这组评述得好不好? 生1:我觉得不仅评述得很清晰,而且语言很优美,能把人带入到画面的意境中。 师:没错,他们的评述很有层次,先欣赏画面整体,再从画面内容从近到远的景色细致欣赏。更带入了自己的一些联想。其他组的同学看到这幅作品有没有自己一些想法? 生:我有些看不明白前面的景色具体画的是什么? 师:我们可以把它想象成树,因为吴冠中的作品是写意的,国画讲究的是意境美。他所表现的黄山题材还有很多。(出示其他写生黄山的作品)他还画了黄山的日出、竹子、松树、瀑布等。 师:正如同学们所看到的,吴冠中的作品除了表现江南,还把我们祖国的大好山河、名胜古迹描绘了出来。他在绘画中赋予情感,更是将对家乡对祖国的热爱融入到了画面中。 六、总结延伸 (一)总结 师:通过今天的学习,你有了哪些收获? 生1:我深入了解了画家吴冠中先生的绘画特点,记住了他的江南水乡系列作品,还画了很多中国的名胜古迹。 生2:我知道了怎么欣赏一幅作品,学习了赏析方法,从5个方面进行赏析。 生3:吴冠中是一位热爱艺术并在绘画中能够不断创新的画家,他对自己的作品很严格,对祖国的大好河山很热爱。 师:通过今天这节课的学习,我们真正走近了画家吴冠中先生,大家也有了很多的收获。我们要像画家一样,热爱我们的家乡,不忘家乡,现在要保护家乡,做力所能及之事,长大后为家乡争光。 (二)延伸 师:这是吴冠中晚年的作品《春风》《遗忘之河》(屏幕出示吴冠中晚年作品《春风》《遗忘之河》)。吴冠中先生的作品一直都在创新,直到晚年,这两幅作品简单到只由点、线、面构成。 师:吴冠中不仅是当代不可多得的美术家,更是一位散文家,(出示吴冠中的散文集,提供两篇文章《双燕》《我和张家界》)这是他的散文集,同学们可以课下传阅,走进吴冠中的画,也走进吴冠中的散文,品一品艺术背后,思想的力量。	让学生进一步感受吴冠中的成就源自于对故乡、对祖国的真情,激发学生要学习画家的精神,对祖国保有一颗热爱之心,努力学习报效祖国。 进一步从艺术和文学方面进行欣赏,提升审美能力。

教学或活动反思：

1.充分发挥学生学习的积极性主动性,学生参与教学全过程。

（1）课前学生整理选择资料,课堂上介绍吴冠中的生平背景并选择相关作品欣赏评述。

（2）课上参与学习目标制定,经过引导学生了解了学习大师应从几方面制定目标,在课上基本会制定目标。关于作品的评述也初步掌握了从哪几方面评述,保证了学生在课堂上成为学习的主人,参与度高、收获大。

2.融入思政,浸润心灵。

在走近大师环节,通过教师补充吴冠中的生平资料,让学生初步感受吴冠中对艺术的热情和严谨的绘画态度。在欣赏探究环节引领学生们对比欣赏,感受到吴冠中是一位很有创新精神的画家,并且非常热爱祖国和家乡,很多作品都是描绘的祖国大好河山。在欣赏评述环节,进一步让学生欣赏感悟吴冠中作品中的精神内涵,提升民族自豪感。在延伸环节拓展了吴冠中先生晚年的作品并介绍了他的散文,带领学生进一步从艺术和文学层面进行欣赏。浸润学生心灵加强思想政治教育,呼吁学生们学习吴冠中先生在艺术上追求完美,不断创新的精神。对祖国保有一颗热爱之心,努力学习报效祖国。

3.课堂重点突出,层次清楚。

这堂课主题设定贴合学生当前美术基础,同时又能在基础上达到欣赏评述和审美的提升,环节设计清晰,能够有效的解决重难点,层次感强。学生在课堂中积极主动,通过课堂自主探究、合作交流的形式,能够激起学生欣赏评述的兴趣。通过学习了解吴冠中,学生们学会了对一幅作品欣赏的方法。从对一幅作品简单的喜欢,到能够从美术的专业角度欣赏美术作品并评述,进一步提高学生会欣赏会评述的能力,并对今后学生的审美发展具有很大帮助。

本课不足之处:课堂学习形式有些单一,不够灵活。在欣赏方法环节上仍需改进。

第八节 "科学综合"课程纲要

范伟敏 王晓敏

一、课程背景

"科学综合"课程是我校"小海帆"自主发展教育课程体系中学科综合课程中"数学与科学"部分涉及的一门课程。"科学综合"课程包括科学学科国家课程校本化和科学学科拓展课程两部分内容。在学习方式上以自主发展的教育理念为指导,突出协商理念,充分发挥学生学习的主动性和创造性,让学生做学习的主人。

多年来,我校在科学教学过程中,发现科学教材存在部分实验偏难、不利于学生操作的问题。为此我们以问题为导向,进行了国家课程校本化的实践研究,探索了"实践课"和"实验课"两种课型的教学模式,取得了一定的成果。

为了更好地促进学生全面发展,在科学教学过程中,我们还进行了科学拓展课程的开发与研究。通过开设"探秘求真""践真提能"使学生善于发现问题,乐于提出问题,培养学生发现、探索、创新的精神和实践能力,以实现学生科学素养的提升。

二、课程目标

(一)思想教育目标

学生通过了解我国古代与近现代爱国科学家的故事,感悟科学家为祖国发展而做贡献的精神,激励学生以爱国科学家为榜样,树立为国争光、为国奉献的志向;在科学学习过程中,让学生保持和发展对自然的好奇心和探究热情,初步形成尊重事实、乐于探究,关爱生命与自然的科学态度。

(二)树立科学观念

深入了解人体生命活动和生物生存的条件,深切体会到人类、动植物和环境的关系,认识到在科学研究与技术应用中必须考虑伦理和道德的价值取向,能够不过分向自然界索取,时刻关注资源与环境变化并及时采取行动;能在学习生活中倾听别人的意见,主动寻求别人的帮助并给其他人提供帮助,协作完成公平的小组实验、竞赛活动;具有时间意识,能够合理规划并运用时间。

(三)乐于科学探究

能够从事物的结构、功能、变化及相互关系等角度提出适合自己探究的科学问题,进行有针对性的假设并能制订相对完备的探究计划;能够通过观察、实验、查资料、调查等方法搜集证据,能用科学语言、概念图、统计图表等方式记录、整理信息;能够得出结论并对探究活动进行总结性评价;在实验中能通过控制变量设计并进行对比实验;能独自规范、严谨地进行探究实验。

(四)学会科学思维

学生在科学探究活动中能够了解并学会分析、综合、比较、分类、抽象、概括、推理、类比等思维方法;能运用通过上述思维方法概括出的一般原理进行逻辑推理用来解决实际问题;能够运用批判性思维和创造性思维这些更高级的逻辑思维方式大胆质疑,善于从不同角度思考问题,追求创新。

(五)做到求真求实

在进行科学探究活动时,当实验结果与自己预期不一致时,或者自己的结果与他人不同时,能够做到再次分析、观察、实验,以事实为依据进行进一步分析与判断,能够修正和完善自己的观点;在日常的学习、生活中能做到尊重证据,实事求是。

三、课程内容

(一)科学课程校本化

为了促进国家课程校本化实施,我们在学习《中国学生发展核心素养》《小学科学(1—6年级)课程标准》,研读教材内容的基础上,根据教材特点,进行了部分教材内容的整合,探索了实验课和实践课两种课型的教学模式,并根据不同课型的特点、不同年级学生的水平、能力特点制定了评价标准。

(二)科学拓展课程

科学拓展课程是对国家课程校本化的补充和开发,旨在让学生善于发现问题、乐于提出问题,培养学生发现、探索、创新的精神和实践能力,最终实现学生科学素养的提升。目前主要开设了"探秘求真"和"践真提能"两大模块的拓展课程。"探秘求真"课程是基于学生的学习需求和兴趣,通过实验去探究和验证学生提出或发现的问题。"践真提能"课程是基于学生所学知识,由教师自主创编的动手创造课,通过动手实践着重培养学生的创新精神和实践能力。

四、课程实施

1.认真落实科学国家课程,每学期开学前确定五、六年级科学课自身整合的内容,整合后五年级每学期余出2节、六年级每学期余出2—3节进行科学拓展课。

2.每学期,根据课程目标分别制定科学国家课程校本实施计划和科学拓展课程实施计划,教师要严格按照课程进度计划备好课、上好课,落实科学学科素养。

3.落实学校育人目标、学科素养目标。课程以学生为主体,以学生自主学习、合作交流为主要形式,以协商理念为指导,继续探索"探秘求真"和"践真提能"两类课型的协商教学模式,即协商约定——合作探究——自主展示——反馈评价——拓展延伸。(具体安排见表1、2)

4.坚持教学反思,重视积累教与学的体会和资料,不断提升教师自身的问题意识和发现问题的能力。勤于积累资料,做教学资料收集的有心人,留心关注并收集有关拓展教学的资料源,收集整理不同的经典拓展教学案例进行再创作,并用于自己的教学实践中。

5.每学期通过对一节课教学设计的深度挖掘,将教师自身的思考、反思与教学实况结合起来,撰写出具有典型性、研究性和启发性的课例。发现和揭示有意义的问题,并以课例为载体开展教学研究,以达到借鉴和启发的效果。

6.认真落实好上海道小学自主发展学习习惯的培养目标。使学生养成会观察、会思考、勤动手的习惯,促进学生自主发展。

7.以面谈、问卷、会议等多种方式与家长沟通,征求家长对科学拓展课的内容、学习方式需求等意见,做到家校一致,形成合力。

8.具体安排如下:

(1)国家课程校本化实施计划:

课型	达成目标	教学模式	具体实施
实验课	1.能够掌握当堂课所验证的科学规律,并运用到实际生活中。 2.能够按照已定的实验方案进行实验,验证科学规律,并运用批判性和创造性思维大胆质疑。 3.向具有崇高的爱国精神和奉献精神的伟大科学家学习。发扬爱国精神、矢志科技创新。	协商约定——实验探究——展示评价——总结延伸	协商约定——根据本课内容,师生协商确定本节课的学习目标、实验内容及方法。 实验探究——小组合作、分工完成探究实验,验证科学规律,完成实验记录单。 展示评价——交流展示各小组的实验现象及结论,进行评价。 总结延伸——师生共同总结实验验证的科学规律。课后运用这一规律解释生活中的现象。
实践课	1.小组合作绘制设计图并完成一项作品。 2.体验工程设计的一般流程,能够主动参与、动手动脑、倾听他人意见,发展对技术设计和动手制作的兴趣,激发创新精神。 3.了解中国传统文化、学习中国工匠精神,体会创造的乐趣,传承中国文化。	协商约定——实践体验——展示评价——总结延伸	协商约定——根据本课内容,师生协商确定本节课实践形式及学习目标。 实践体验——学习工程设计的一般流程。小组合作、分工绘制设计图并制作一件作品。 展示评价——交流展示各小组的设计图及作品,师生进行评价并加以改进。 总结延伸——师生共同总结设计及制作作品过程中的重难点。课后了解该制作工艺在中国的应用。

(2)国家课程校本化课时调整安排:

年级	国家课程教材内容及规定	内容整合及节省的课时
五年级上	32课时	2课时
	第一单元:《生物与环境》 共8课时 第二单元:《光》 共8课时 第三单元:《地球表面及其变化》 共8课时 第四单元:《运动和力》 共8课时	第一单元《种子的发芽实验(一)》和《种子的发芽实验(二)》原来共2课时,整合后1课时完成,节省出1课时。 第三单元《地球表面的地形》和《地球内部运动引起的地形变化》原来共2课时,整合后1课时完成,节省出1课时。

年级	国家课程教材内容及规定		内容整合及节省的课时
五年级下	32课时		2课时
	第一单元:《沉和浮》	共8课时	第二单元《热起来了》和《给冷水加热》原来共2课时,整合后1课时完成,节省出1课时。
	第二单元:《热》	共8课时	
	第三单元:《时间的测量》	共8课时	第三单元《用水测量时间》和《我的水钟》原来共2课时,整合后1课时完成,节省出1课时。
	第四单元:《地球的运动》	共8课时	
六年级上	32课时		3课时
	第一单元:《工具和机械》	共8课时	第二单元《拱形的力量》和《找拱形》原来共2课时,整合后1课时完成,节省出1课时。
	第二单元:《形状与结构》	共8课时	第三单元《电能和能量》和《电能从哪里来》原来共2课时,整合后1课时完成,节省出1课时。
	第三单元:《能量》	共8课时	
	第四单元:《生物的多样性》	共8课时	第四单元《相貌各异的我们》和《原来是相互关联的整合》原来共2课时,整合后1课时完成,节省出1课时。
六年级下	32课时		2课时
	第一单元:《微小世界》	共8课时	第四单元《减少丢弃及重新使用》和《分类和回收利用整合》原来共2课时,整合后1课时完成,节省出1课时。
	第二单元:《物质的变化》	共8课时	
	第三单元:《宇宙》	共8课时	第四单元《考察家乡的自然水域与环境问题》和《我们的行动》原来共2课时,整合后1课时完成,节省出1课时。
	第四单元:《环境和我们》	共8课时	

(3)拓展课程实施计划:

年级	课型	课题	内容
五年级 (共计2课时)	探秘 求真	第一学期 《探秘七色光》 (1课时)	1.使用三棱镜等材料制造出彩虹,观察光的行进路线及光线进入三棱镜后产生偏折,并分解成红橙黄绿蓝靛紫七种颜色。 2.使用手电筒、平面镜和水制造彩虹,还原生活中彩虹的产生过程。并观看解析雨后出现彩虹原因的视频。 3.观看我国历史上对于彩虹的研究资料。
		第二学期 《探秘清风》 (1课时)	1.观察悬挂的纸螺旋圈在下方蜡烛点燃前后的现象,讨论纸螺旋圈的转动与热空气上升的关系。 2.根据已有的知识和经验对风的成因作假设性解释,用简单的器材做空气流动形成风的模拟实验,总结空气受热后会上升,周围冷空气补充形成风。 3.观看大自然中的风形成的过程的视频。
六年级 (共计2课时)	探秘 求真	第一学期 《探秘植物》 (1课时)	1.观看"海尔蒙实验",即植物中的能量来自阳光,并以另一种形式储藏在叶片的淀粉中,并对植物的能量来源进行假设。 2.进行淀粉燃烧的实验,观察现象——淀粉可以燃烧且放出光和热,验证假设即淀粉中贮存大量的能量。 3.对比实验现象和相关图片解释光合作用的概念。
		第二学期 《洗衣小能手》 (1课时)	1.分小组介绍各种洗涤用品,比较它们功效,观察洗涤用品使污渍产生怎样的变化及不同的污渍用不同的洗涤用品清洗产生的现象。 2.进行对比实验,比较肥皂粉和洗衣粉的去污能力,观察不同的洗涤用品对同一污物的清洗效果,并观看去污原理的相关视频。 3.举例生活中不同情况运用的不同去污产品,联系生活实际,进一步思考生活中如何正确使用不同的去污产品。

年级	课型	课题	内容
五年级（共计2课时）	践真提能	第一学期《小小工程师》（1课时）	1.使用教师提供的多种材料和工具,根据工程设计的一般流程,画出风帆小车的设计图并小组合作制作一辆风帆小车。 2.展示小组的作品并测试风帆小车行驶的距离,师生对小车进行评价。 3.讨论小车运动距离的影响因素并根据师生的建议对小车进行改进。 4.联系生活实际,探讨风作为动力在生活中的应用。
		第二学期《小小设计师》（1课时）	1.进行将比重计放入不同液体中的实验,观察它的沉浮状况,并根据现象探讨比重计的制作原理。 2.体验工程设计的一般流程,利用简单的材料根据制作比重计的工序自制比重计,并在不同液体中进行测试。 3.观看各种各样的比重计在生活中的应用的视频资料。
六年级（共计3课时）	践真提能	第一学期《小小建筑师》（2课时）	1.以坚固度、美观度和实用性作为标准,绘制想要建造的房子的设计图并标出相应的材料名称。 2.依据工程设计的一般流程,运用教师提供的和学生自备的多种材料和工具,小组合作制作一个房子,并进行展示。 3.对各小组房子的材料、形状和结构等方面进行评价。小组针对评价对小车进行改进,师生共同总结设计制作房子的要点。 4.观看图片对比古代和现代房屋,探讨中国建筑的变化。
		第二学期《小小魔术师》（1课时）	1.观看酸碱指示剂与白醋和碱水出现的不同的颜色反应,认识日常生活中常见的呈酸、碱、中性的各种物质。 2.观察酸碱指示剂与酸性程度不同的物质产生的颜色变化。 3.用紫甘蓝自制酸碱指示剂,并利用自制的指示剂鉴别白醋和碱水的酸碱性。 4.观看酸碱性在生活中的应用的视频。

五、课程评价

科学课程的教学评价,其主要目的是了解学生实际的学习和发展状况,以利于改进教学、促进学习,提高学生的科学素养。

(一)国家课程校本化的评价

1.评价内容。在科学课上,关注学生科学知识的掌握、实验操作能力的提高及学科素养的提升。同时,我们还关注学生自主学习习惯的培养,制定了《科学自主学习习惯评价表》。(见我校一至六年级自主学习习惯评价手册)

2.评价形式。坚持自主性,让学生、小组与教师共同参与评价。

(二)科学拓展课程的评价

1.评价内容。既考查学生在课程中参与的程度和习惯的养成,也要考查学生在两类拓展课程中不同的学习成果。为此,制定了"探秘求真"和"践真提能"两种课程评价表。(附后)

2.评价方式。坚持评价自主性和激励性原则。自主性主要体现在学生是评价的主体,参与程度、过程表现等都由学生自己评价。激励性主要体现在教师鼓励学生乐于思考、勇于创造和善于表达。

科学学科拓展课程评价

"探秘求真"评价表

评价对象	评价标准	等级			评定结果			
		优秀	良好	合格	组评	生评	师评	总评
小组	组内分工明确,能够按照分工进行实验操作。	A	B	C				
	能够正确组装实验装置,完成实验操作;并清晰地观察到实验现象,完成实验记录单。	A	B	C				
	能够在实验后主动将实验器材恢复原状,形成良好的操作习惯。	A	B	C				

说明:每节课各小组汇报完立即进行评价,评价比例为组评30%、生评30%、师评40%,凡超过60%为总评成绩。

总评_____

"践真提能"评价表

评价对象	评价标准	等级			评定结果			
		优秀	良好	合格	组评	生评	师评	总评
小组	组内分工明确,能够按照分工进行实验操作。	A	B	C				
	绘制清晰的设计图,图上标注实验材料。	A	B	C				
	按照实验图纸成功制作一项作品。	A	B	C				
	能够针对同学们的评价对作品进行完善改进。	A	B	C				

说明:每节课各小组汇报完立即进行评价,评价比例为组评30%、生评30%、师评40%,凡超过60%为总评成绩。

总评_____

"科学综合"拓展课程一:《探秘求真》课例

杨 蕊

学科	科学	年级	五年级	执教人	杨蕊
课题			《探秘七色光》		

拓展内容分析:
　　《探秘求真》是学校《科学综合》课程中的拓展课程。《探秘七色光》是五年级上册拓展课《探秘求真》中的一课内容。学生之前学习了《光的反射》这课,通过研究光在传播中碰到镜面会改变方向来研究光的反射,并了解生活中利用光的反射的例子。本节课学生利用三棱镜等材料造出彩虹,观察光的行进路线,发现光线进入三棱镜后产生了偏折并分解为七种颜色,而七色光指的就是红橙黄绿蓝靛紫这七种颜色,从而总结出七色光不是由于光的反射造成的,而是光的折射和光的色散形成的。然后学生用手电筒、平面镜和水制造七色光,探究生活中彩虹形成的过程并通过观看视频了解雨后出现彩虹的原因。同时通过学习相关资料了解我国对于彩虹的研究。

学情分析:
　　通过五年级上册《光的反射》的学习,学生已经认识到光的反射原理,但并未接触到光的折射。五年级学生已经会进行仔细的观察,问题意识和实验意识也较强,因此本节课的设计思路是以学生为本,根据学生的认知特点和科学探究的能力,围绕彩虹的形成开展了一系列探究活动,充分让学生运用实验操作、分析总结等手段去感知发现,进一步激发学生的探究欲望。

教学或活动目标:
　　1.了解有关光的折射的粗浅知识,理解三棱镜能够改变光行进的路线并分解光。
　　2.能够利用提供的材料人工制造彩虹,并了解彩虹形成的原理。
　　3.乐于进行科学探究活动,提高实验操作、分析、总结能力。
　　4.了解我国对于彩虹的研究,提升民族自豪感。

教学或活动重、难点:
　　能够利用提供的材料制造彩虹,并了解彩虹形成的原理。

教学或活动模式:
　　协商约定——探究实验——总结评价

教学或活动准备:
　　三棱镜、手电筒、平面镜、盛有水的盆、纸

教学或活动过程	意图(学科素养体现)
一、协商约定 　师:同学们,我们之前学习了《光的反射》,谁能说说你学到了哪些内容? 　生1:光是沿直线传播的。 　生2:光碰到镜面后会改变传播方向,被反射回去。	通过师生共同协商教学目标,激发学生学习兴趣,让学生明确本节课的学习目标,使学习更有指向性,让学生能够围绕目标开展学习。

教学或活动过程	意图(学科素养体现)
师:同学们说的太好了,你们想不想继续学习有关光的知识? 生:想。 师:今天我们就共同上一节学校拓展课程"探秘求真"中的一课,《探秘七色光》。(板书题目:探秘七色光)那么通过今天这个课题,你想探究什么内容呢? 生1:七色光指的是什么? 师:七色光其实指的是有七种颜色的光,所以在生活中它就是我们知道的什么? 生:彩虹。 师:还有想探究的内容吗? 生2:七色光是如何产生的? 生3:怎么能制造出七色光? 师:大家说的都很好。这些就是我们这节课的学习目标,老师帮你们归纳了一下,看屏幕(课件展示学习目标)。 (1)知道七色光——彩虹形成的原理。 (2)通过运用彩虹形成的原理,尝试人工制造彩虹。 (3)了解生活中的彩虹形成的过程。 师:谁能给大家读一读? 学生朗读。 二、探究实验 (一)用三棱镜制造彩虹 师:老师为同学们准备了一些材料,有纸、手电筒、三棱镜、平面镜等。同学们分组尝试一下,用哪几种材料能制造出彩虹呢?一会儿我请同学说一下你们组的方法。 生:小组实验(教师巡视指导) 师:你们都制造出彩虹了吗?谁能说说你们组的方法? 生1:我们组先用手电筒照镜子,没出现彩虹,然后在镜子旁放了一个三棱镜,让光照到三棱镜上,就出现彩虹了。 师:还有哪组也用了这种方法?你们组也成功制造出彩虹了吗? 生2:我们组也用的这种方法,但没能制造出彩虹。 师:遇到了什么问题呢? 生2:由于镜子反射的光的角度不好调节,总是照不到三棱镜上,就没有出现彩虹。 师:那其他组能解决一下这个问题,用更便捷的方法来制造彩虹吗? 生3:我们组用手电筒直接照射三棱镜,然后把纸放在手电筒的对面,纸上就出现彩虹了。 师:第二组和第一组的区别在哪? 生:没有用镜子,用手电筒直接照射就出彩虹了。 师:还需要使用镜子来调节光的角度吗? 生:不用。	介绍材料,让学生自主探究彩虹的产生。

教学或活动过程	意图(学科素养体现)
师:那这种方法更方便一些,还有其他组也成功制作出彩虹,但是使用的是不同的方法吗? 生4:我们组把三棱镜放在墙的旁边,用手电筒照射,墙上就出现彩虹了。 师:第二组和第三组的区别是什么? 生:第三组的彩虹直接出现在墙上,没用纸来当做屏呈接彩虹。 师:哪种方法呈接的彩虹更清晰呢? 生:第二种。墙不如白纸显示出的彩虹清晰。 师:同学们说得很好,那我们重点看一下第二组的方法:他们用手电筒照射三棱镜,然后将纸放在手电筒的对面,适当调整三者的位置,纸上就能出现彩虹。 师:第二种方法是最便捷清晰的制造彩虹的方法。那么你们觉得彩虹的形成是利用了什么原理呢?是光的反射的原理吗? 生1:是。 生2:不是。 师:怎么证明彩虹的形成是否利用了光的反射原理呢? 生:观察彩虹出现的位置是不是在光的反射的方向上。 师:大家同意吗? 生:同意。 师:一会我们用刚才总结的方法来制造彩虹,在这个过程中,同学们注意观察两点(出示实验记录单): (1)彩虹的位置是在光反射的方向吗?请画出光照射的路线。 (2)注意观察彩虹的七色光是哪几种颜色,又是如何排列的? 将你的发现写在实验记录单上。 师:在这个实验过程中,同学们要注意: (1)光源不要对着自己或他人。 (2)小组分工合作轻声交流。 (3)三棱镜是玻璃仪器,注意安全。 学生小组实验,教师巡视指导。 师:谁来展示一下你们组的记录单呢? 生1:我们组的彩虹不在光反射的方向上,在三棱镜的另一边。彩虹是赤橙黄绿青蓝紫的顺序排列的。 师:彩虹是出现在光源的正前方吗? 生1:不是,在光源的上方。 师:谁再说说? 生2:我们组的彩虹也没在光反射的方向上,而是在三棱镜的另一端靠下的位置。彩虹只观察到了赤橙黄绿蓝紫,六个颜色。	使学生能在学习中对彩虹的形成原因作出假设,并制定简单的探究计划,培养学生乐于科学探究的学科素养。 培养学生科学思维,科学思维的过程:观察猜想——实验设计——实验操作——总结分析。

教学或活动过程	意图(学科素养体现)
生3:我们组的彩虹也出现在三棱镜另一端的下方,彩虹观察到赤橙黄绿青蓝紫七种颜色。 师:真好,当我们照射三棱镜时,并没有被反射回去,而是光线进入其中,穿透三棱镜并且发生了偏折,所以彩虹没有出现在光反射的方向上,也没出现在光源的正前方。我们把这种现象叫做光的折射(板书:光的折射)。 师:但由于手电筒的光不如阳光强烈,照射的不太明显,所以同学们对于彩虹颜色的观察并不准确。我们利用课件来看一下七色光是哪几种颜色,分别是红橙黄绿蓝靛紫。这和同学们说的不太一样,哪变了呀? 生:缺了个青色,多了个靛色。 师:老师在这里解释一下,同学们说的是比较通俗的说法,但是在光学中准确的叫法是红橙黄绿蓝靛紫。其中靛色指的是比蓝色更深一点的颜色。那我们通常把光被分解成七种颜色的现象叫做光的色散。(板书:光的色散) (二)还原生活中的彩虹 师:那你们在生活中都见过彩虹吗?谁来说说你在哪儿见过? 生1:在瀑布旁边见过。 生2:下完雨的天空中看到过彩虹。 师:关于彩虹,老师也找了一些图片(出示彩虹图片),这是喷泉边上的彩虹,这是瀑布边上的彩虹,这是海边的彩虹,这是雨后的彩虹。现在同学们想一想,这些天空中都没有三棱镜,怎么出现的彩虹呢?是谁代替了三棱镜呢? 生:空中悬浮的小水滴。 师:那同学们想不想用水制造出彩虹呢? 生:想。 师:老师为每组准备了一盆水,同学们尝试一下用水代替三棱镜,和之前的材料一起来制造彩虹吧。在实验过程中要注意,镜子是玻璃做的,要轻拿轻放,注意安全。 学生小组实验,教师巡视指导。 师:同学们先停一下,你们都制造出彩虹了吗? 生:没有。 师:虽然我们用手电筒照射水面,但是并不能在水中看到彩虹。你们觉得是什么原因? 生1:水盆不是透明的,看不到水里的情况。 生2:因为光折射在水里,我们看不到。 师:你们能不能想个好办法呢?谁能说一说? 生:我们组没讨论出来方法。 师:那老师告诉你们一个方法,想不想知道? 生:想知道。	通过实验探究,数据分析,使学生了解光的折射,培养能以事实为依据对实验结果做出分析和判断的能力。 了解光的色散。

教学或活动过程	意图(学科素养体现)
师:我们可以将镜子对着光源放在水中,把水中的现象反射出来,呈现在镜子对面的纸屏上。这样我们就能看到彩虹了。下面同学们就用这种方法再试一下吧。 　学生分组实验,教师巡视指导。 　师:你们都成功制造出彩虹了吗? 　生:成功了。 　师:同学们都太棒了,成功用水制出了彩虹,那现在你们能尝试解释一下空中的水是怎么代替三棱镜制造出彩虹的呢? 　生:阳光照射在空中的小水滴上,产生了折射,就出现了彩虹。 　师:那我们刚才用的镜子是代表的什么呢? 　生:不知道。 　师:那我们一起来通过视频了解一下镜子代表什么而产生了光的反射,空中的小水滴又是怎么通过折射产生彩虹的。 　生观看视频。 　师:同学们现在知道镜子代表了什么了吗? 　生:代表小水滴的背面。 　师:所以我们刚才用的哪两种材料模拟了小水滴呢? 　生:水和镜子。 　师:那现在谁能给大家总结一下空中的小水滴是怎么制造彩虹的? 　生:阳光进入水滴中先折射再反射,然后离开水滴时再折射一次就形成了彩虹。 　(三)了解古人对彩虹的发现 　师:其实在历史上,我国对于光的这种现象的研究和观察早已有之,其中唐代诗人孔颖达在《礼记注疏》中道"若云薄漏日,日照雨滴则虹生",这是诗人对彩虹形成的一种观察认知,揭示了虹的光学成因。公元8世纪中叶,张志和在《玄真子·涛之灵》中第一次用实验方法研究了虹,而且是第一次有意识地进行的白光色散实验:"背日喷呼水成虹霓之状,而不可直也,齐乎影也。"都说明了当太阳照在空中的水滴上就能出现彩虹。 　在我国从晋代开始,许多典籍都记载了晶体的色散现象。如记载过孔雀毛及某种昆虫表皮在阳光下不断变色的现象,云母片向日举之可观察到各种颜色的光。 　师:你在生活中还看到过类似彩虹的七色光吗? 　生1:有的时候光照在鱼缸中,鱼缸旁边会出现七色光。 　生2:有的时候光照在透明的尺子上,在桌上也会看到七色光。	还原生活中彩虹的产生,理论联系实际。 　小组完成实验,提高学生团结合作的能力。 　将课上所学的知识延伸到课下,激发学生继续研究的兴趣。

教学或活动过程	意图(学科素养体现)
师:(出示图片)照射光盘时能在光盘上看到七色光;在阳光下吹泡泡也能在泡泡上看到七色光。 三、总结延伸 师:这节课我们学习了很多,你们有哪些收获?谁来说一说? 生1:我知道了可以用水、手电筒和镜子来制造彩虹。彩虹的形成是利用光的折射的原理。 生2:我知道了通过多次实验,认真观察分析,就能发现其中蕴含的科学原理。 师:我们这么一个小小的实验都需要不断地调整各种材料之间的角度、距离。可想而知我们的科学家们在难度更大的实验探索中需要更加艰辛的努力了。还有其他的收获吗? 生3:感觉到了自己动手完成实验探究的乐趣,特别喜欢上这样的科学课。 师:同学们以后也要培养自己善于观察和思考的能力,了解身边更多的科学现象中所蕴含的知识。其他同学还有什么收获? 生4:知道了我国很早就对光有了研究,觉得很自豪。 师:同学们说的真棒,每个人都有非常大的收获。下节课我们将进一步学习光的相关知识,同学们可以先观测一下光和热的关系,下节课我们再一起交流和探讨。	巩固本课内容。 培养学生自主学习的习惯。

教学或活动反思:

本课的优势:在本课的教学过程中,我给学生充分的时间,让学生利用材料自己探索七色光的形成,再通过适当的引导,让学生用观察到的现象来验证假设,发现彩虹七色光形成的原理。通过让学生不断地探究用水制造彩虹的过程,还原了生活中彩虹的形成,充分发挥学生的主动性和教师的主导作用。

存在的问题:学生在实验过程中对于实验仪器和材料的操作不够熟练,导致制造出的彩虹角度倾斜、不够清晰,使部分学生对于彩虹的观察不够细致。

在今后的课上还需要对学生进行培训,规范实验器材的使用,使学生在操作实验时,操作步骤有序,动作娴熟而高效,能更好地对实验现象进行观察和分析。

"科学综合"拓展课程二:《践真提能》课例

张晓萌

学科	科学	年级	六年级	执教人	张晓萌
课题			《小小建筑师》(第2课时)		

拓展内容分析:
《践真提能》是学校《科学综合》课程中的拓展课程。《小小建筑师》是六年级上册拓展课《践真提能》的一课内容。本单元学生研究了一些常见的形状和结构,探究了它们承受力的特点,了解了人们是怎样巧妙利用这些形状与结构的。本课是在此基础上进行了拓展和延伸,学生综合运用学到的知识,使用老师提供及自主选择并准备的材料,尝试绘制设计图并成功搭建出房子。

学情分析:
通过六年级上册第二单元《形状与结构》的学习,学生已经研究了一些常见的形状和结构,探究了他们承受力的特点,了解了人们是怎样巧妙利用这些形状与结构的。但造房子需要综合考虑许多因素,如材料的特性和数量、形状和结构、部件的组合和连接等等,并且学生对于工程设计的方法并不熟练、动手能力也有待提高。

教学或活动目标:
1.知道建造房子要考虑材料的特性和数量,验证形状和结构对建筑的重要性。 　　2.小组合作成功建造房子,体验造房子的一般流程,提高技术设计和动手制作的能力。 　　3.激发学生的创新精神,树立民族自豪感。

教学或活动重、难点:
小组合作成功建造房子。

教学或活动模式:
协商约定——实践感悟——展示评价——总结延伸

教学或活动准备:
报纸3张,吸管12根,自选材料2种,胶带,剪刀。

教学或活动过程	意图(学科素养体现)
第二课时 　　一、协商约定 　　师:上节拓展课,我们回忆了有关形状和结构的知识,研究了如何造房子并且完成了房子的设计图。这节课我们要做什么呢? 　　生:我们要根据图纸建造房子。 　　师:我们应该怎样建造? 　　生1:首先我们要明确建造房子的标准,然后选择合适的材料,搭建成之前学过的坚固的结构。 　　生2:我们必须要小组合作,分工好才能在规定时间内完成。 　　师:同学们说得非常好,这就是我们今天要完成的目标。除了这些,还有一些要求,我们一起来看一下。	通过师生共同协商活动内容和活动目标,激发学生的学习热情,使学生在后续的活动中能主动动手动脑、积极体验。

教学或活动过程	意图(学科素养体现)
出示幻灯片: 1.知道材料的特性和建筑的结构对房子的重要性。 2.小组合作成功建造房子。 3.使用创新的方法或创造性地使用材料,与同学们分享交流。 师:今天我们就一起来完成这些目标,好吗? 生:好。 二、实践感悟 (一)明确建造时注意事项 师:我们今天可以使用的材料有每组3张报纸12根吸管,你们自己准备的2种自选材料,工具是剪刀和胶带。同学们,大家想一想,你们在建造过程中需要注意什么问题呢? 生1:我们组非常注重房子框架是否坚固,所以我们打算用吸管先做房子的框架,再使用报纸去进行墙面的建造。 生2:我觉得材料的分配很重要,因为材料有限,要完成我们的图纸设计,需要先想好哪个结构用哪些材料,不然做到后面材料不够就完不成了。 生3:我觉得分工很重要,我们组男生完成框架的搭建,女生在报纸上画点图案,美化一下,再一起完成后面的搭建。 师:刚才同学们想了一些建造房子过程中需要注意的问题。那同学们我们一起思考一下,在建造的时候需要按照怎样的顺序呢? 生:按照从下到上的顺序,因为生活中的房子都是地基最重要。 生:还要按照从里到外的顺序,先搭框架再进行装饰。 师:没错,那同学们都提到了框架,在这些材料里同学们都提到吸管可以做框架,如果吸管不够用了的话,我们还可以用什么呢? 生:我们自选材料里有硬纸板可以做框架。 师:老师这里再教给大家一个方法,就是卷纸棍。(播放卷纸棍的视频)我们可以用这种方式制作的纸棍做框架,这样的纸棍比吸管更坚固。 (二)小组合作造房子 师:接下来我们将根据上节课设计的图纸来进行建造。教师出示幻灯片。 注意事项有: 1.从下到上,从里往外的顺序。 2.分工合作,轻声交流。 3.注意安全。 师:请同学们带着老师的提示,在25分钟内完成建造房子。	通过让学生动手设计、制作,激发学生的想象力和创新精神,培养学生动手动脑、小组合作的能力。

教学或活动过程	意图(学科素养体现)
生领取材料和工具,小组造房子。 　　学生建造时教师巡视指导。发现问题后,暂停实验进行指导。 　　师:老师看到有的同学在建造过程中遇到了困难,你们遇到了什么问题? 大家一起来看一看有没有解决方案。 　　生1:我们组用吸管搭框架的时候连接不牢固。所以反复地连接浪费了许多时间。 　　师:这个问题怎么解决呢? 　　生:我们组用了双面胶先粘再用皮筋捆绑。 　　师:可是有的小组自选材料没有双面胶,老师教给大家一种快速牢固的连接方法:(演示)我们将两根筷子合并在一起,橡皮筋套住其中一根,然后缠绕两根筷子到紧绷,最后套在另一根皮筋上。还遇到其他的问题吗? 　　生:我们组在制作外表皮时报纸之间不好粘起来,报纸软,用透明胶粘的时候容易改变形状。 　　师:这个问题又怎么解决呢? 　　生1:我们组是用一段一段短的透明胶带横着粘上,再竖着粘一遍。 　　生2:我觉得这个方法可以,但是有些费时,又有些费胶带。 　　师:那你们组用的什么方法呢? 　　生:我们组在每一个连接处向房子内侧进行折边,将折的边进行粘接,使粘接在一起的边处于房子内侧。这样从外边看起来就较为平整,更加美观。 　　师:这个方法很好,大家都可以试一试。老师还看到有的小组的建造过程进展很缓慢,我发现这样的小组是因为分工不是很明确,没有明确分工的组,一会儿先用两分钟重新分工。下面再给大家十分钟时间继续建造房子。 　　三、展示评价 　　(一)明确评价标准 　　师:同学们,时间到了。老师看到大部分组已经完成了,还有个别小组还差一点。我们先停下来,请已经造好房子的小组来展示,同学们来评价一下。大家想一想,我们应该用什么标准来评价? 　　生:是否坚固,是否美观。 　　师:没错,就是我们的设计要求。同学们可以从坚固度、美观度和实用性这三点对房子进行评价。哪组同学带着你们的记录单和造好的房子来展示一下? 　　(二)展示、评价房子 　　师:好,我们请第一组和第五组同学来展示一下。 　　生:我们组的房子设计比较简单,类似于帐篷。用了三棱锥的形状,四面都是最坚固的三角形,所以坚固度很好。另外我们在四周用的报纸上进行了绘画装饰,增加美观度。	 　　能在评价中倾听别人的意见,主动寻求别人的帮助并给其他人提供帮助,协作完成公平的小组活动。

教学或活动过程	意图(学科素养体现)
师:哪位同学来评价一下他们组的房子有什么优缺点? 生1:我觉得这组的房子优点是美观,虽然小一点,但是在装饰上做得更多,墙壁有一种华丽的感觉。 生2:这组房子的优点是结构很稳固,但缺点是空间比较小。 师:对这组同学的房子有什么改进的建议? 生:我认为这组的同学可以在此基础上增加空间,将材料都运用起来。也可以加一些其他的区域,现在用途比较单一。 师:没错,这组的房子稳固、美观,如果能够再多考虑一些实用性,增加空间会更好,一组同学可以继续改进。下面我们再请五组同学来介绍一下他们组的房子。 生:我们组做了一个基础房子的样子,用了正方形和三棱锥的拼接,这样既结实空间又大,实用性较强。另外,我们将房子的最下面架空,这样可以防止积水对房屋的伤害,可以在多雨的地方推广。 师:哪位同学来评价一些他们组的房子有什么优缺点? 生:这组的房子无论从实用性还是美观度都更好,而且更像一个房子。 师:对这组同学的房子有什么改进的建议? 生1:我建议这组同学可以增加装饰,让他们的房子更好看。 生2:我觉得这组的架空部分在天津地区不太需要,这些材料可以用于加固房子的结构。 师:这组同学的房子比较坚固、空间大。他们能够考虑到适合多雨地区居住这点也说明同学们开动脑筋去设计房子了。我们由此也发现,使用环境也是造房子需要考虑的一个条件。在地势低且多雨的地区这组同学的房子可以推广,在地势高且干旱的地区可以考虑将下面架空部分的材料用于加固结构。 (三)教师总结评价 师:刚才同学们在设计制作中都完成得很好,特别是制作完成的小组,设计清晰,分工明确。那没能完成的小组,你们在制作中遇到什么困难了吗? 生:我们的设计图画得很完整,但是还原起来很有难度,而且做到最后材料不够了,导致没能完成。 师:那我们下次如何避免呢? 生:我们可以在设计图上不仅标出材料,还标出用量。 师:没错,我们在设计的时候其实还可以更细致,比如也标注出连接的方式,具体用到材料的数量等等,会让我们更加节省时间,思考得更全面。看来设计图对我们的建造真的是太重要了!	

教学或活动过程	意图(学科素养体现)
师:刚刚我们对几组同学的房子进行了评价,并且也提出了一些建议。其他小组的同学通过这几个小组遇到的问题与改进方法应该也有了一些思考。下面我们每组用5到8分钟的时间对自己小组的房子进行修改与完善。 四、总结延伸 (一)总结 师:同学们,我们今天就做到这里,还未改善完的小组可以课下再继续。今天你们都有哪些收获呀? 生1:我发现结构对建筑十分重要,特别是框架结构,是建筑的基础。 生2:我学到了设计图对建造房子十分重要,直接影响到建造的进度和结果。在设计图上标注所使用的材料和尺寸更方便我们按照图纸制作。 生3:我认识到选择合适的材料才能够更好地建造房子。比如框架的结构用吸管或者纸棍这种坚硬的物质比较合适。 师:同学们说得非常全面,看来今天学到的知识也能够在日后的设计制作类课程中帮助到我们。 (二)延伸 师:我们刚刚自己经历了设计制作及评价的过程,其实我们生活中的房子也是这样通过不断地创新与改进才完成的。老师这里给大家准备了一些古代的房子和现代的房子的照片,请大家看一看这些建筑经历的变化,说一说你有什么感受。 生1:我觉得建筑越来越漂亮,实用性也越来越强,增加了许多休闲娱乐的空间。 生2:建筑的结构越来越复杂了,有许多形状的组合。 师:没错,如同学们所说,这一座座建筑都凝聚着我们中华儿女的智慧,经历了不断地创新与改进。请同学们课下继续去搜集古今建筑的图片,找一找可以借鉴的地方,去完善自己小组的房子。有什么问题可以与老师和同学们在课下沟通。	通过师生共同总结本课的知识检验教学目标是否达成。

教学或活动反思:
 本课的优势在于:
 1.为学生创设自主创新活动的氛围,关注学生设计的创新点。本课中教师没有让学生按部就班进行制作,而是充分信任学生,从一开始就让学生们大胆体验。教师发现学生们遇到困难时,再进行点拨和帮助,满足学生们的需求,也让学生们更好地体验成功与失败。
 2.鼓励学生质疑问难,培养学生们的逻辑思维和表达能力。由于本课具有一定的专业性,学生们在制作上会遇到一些难题。教师鼓励学生们大胆质疑,并且不急于为学生进行解答,而是先进行生生间的交流与讨论,并注重引导学生们将自己的解决办法清晰、准确地表述出来。教师作为指导者和协助者,帮助学生们规范科学的语言,总结解决的方法。
 本课不足之处:本课中学生能创造性地使用材料,但对房子设计的创新还不够。教师应在课前让学生们多多观察生活中见过的建筑,开阔学生视野,避免房子形状单一的问题。

第九节 "信息技术综合"课程纲要

许 纯 张 玥 李 娜

一、课程背景

"信息综合"课程是我校"小海帆"自主发展教育课程体系中学科综合课程中"信息与技术"部分涉及的一门课程。"信息综合"课程包括信息技术国家课程校本化和信息技术学科拓展两部分内容。在学习方式上以自主发展的教育理念为指导,突出协商理念,充分发挥学生学习主动性和创造性,让学生做学习的主人。

多年来,我校在信息技术教学过程中,发现学生信息安全意识较差、创新性不强,较难形成计算思维,学习方式没有真正体现自主性等问题。我们依据每个教师的特长从"增强信息意识与责任""形成计算思维与方法""感受数字学习与创新"这三个方面进行了探索。

为了更好地促进学生发展给学生提供更多的展现技能的机会,在信息学习过程中,围绕"主题编程"的实践活动拓展出研究课,帮助学生提高利用技术获取、加工、管理、表达与交流信息的能力,最终实现学生信息素养的提升。

二、课程目标

(一)思想教育目标

通过小学阶段信息技术课程的学习,初步感悟信息技术在人类生产与生活中的重要价值,了解信息社会的特征,养成良好的信息意识与行为习惯,提高信息社会参与的责任感与行为能力。让学生感受我国信息技术发展水平之快,认识到我国信息技术水平在国际上已占领先位置,激发学生的爱国情感。

(二)学科素养目标

1.增强信息意识与责任

知道获取信息可以有多种方式,尝试利用获得的信息去解决实际问题并能够遵守信息法律法规,具有一定的信息安全意识;知道在现实空间和虚拟空间中遵守公共规范。

2.形成计算思维与方法

在学习与生活中尝试采用计算机可以处理的方式来界定问题、抽象特征、建立结构模型、合理组织数据;通过判断、分析与综合各种信息资源,尝试运用合理的算法形成解决问题方案;总结利用计算机解决问题的过程与方法,并迁移到与之相关的其他问题解决之中。

3.感受数字学习与创新

尝试利用数字化学习环境,逐步养成应用技术获取、加工、管理、表达与交流信息的能力;能够认识到数字化学习环境的优势和局限,逐步适应数字化学习环境;了解数字化学习系统、学习资源与学习工具的功能和用法,并用来开展自主学习、协同工作、知识分享与创新创造。

三、课程内容

(一)信息技术国家课程校本化

参照教育部基础教育司颁发的《中小学信息技术课程指导纲要(试行)》,根据天津市小学的实际情况,天津市中小学教育教学研究室在2015年6月出版了地方课程的《信息技术》新教材(五、六年级各一册)。本教材以培养学生的信息素养为宗旨,以信息的获取、加工、管理、表达与交流为主线,通过每一课的任务驱动,激发学生的兴趣,使之把信息技术作为新的认知工具去自主学习。

紧扣"国家课程纲要"和地方课程内容安排,我们对国家课程进行了校本化的研究和实施,结合每位教师的特长做了具体分工,每位教师就自己最擅长的领域重点研究一个方面。张玥、李娜老师教育教学经验丰富,对如何增强学生信息意识与责任进行研究;袁建亮、韩博文老师研究生毕业,编程设计能力强,重点研究计算思维,探索培养学生计算思维的模式与方法;梁飞老师喜欢网络,在数字学习与创新方面进行探索。

(二)信息技术拓展课程

信息技术拓展课程是对国家课程校本化的补充开发,旨在让学生通过趣味编程,培养学生的综合实践能力和创新精神。围绕"编程设计",我们开设了拓展课程"主题编程"。重点通过拖拽图标的方式来设计算法和编写程序,学生在编写程序的过程中,融入自己的创意,鼓励学生创作出蕴含丰富故事情节的动画作品。

四、课程实施

1.认真落实信息技术国家课程校本化,根据信息技术教材单元主题编排的特点,整合单元课型及内容,对五、六年级信息技术教材进行教材整合,整合后每学期余出4节进行信息技术拓展课的研究。

2.每学期,根据课程目标分别制定信息技术国家课程校本实施计划和信息技术拓展课程实施计划,教师要严格按照课程进度计划备好课,上好课,落实信息技术学科素养。

3.落实学校育人目标、学科素养目标。课程以协商理念为指导,以学生为主体,以学生自主学习、合作交流为主要形式,深化"小学信息技术单元主题整合协商教学"课型及其教学模式研究,继续探索信息技术的拓展课程的研究,促进学生自主发展。

4.关注学生在实际操作过程中出现的问题,及时进行解决、反馈,提升教师研究解决能力。活动后,教师对实施过程中协商理念的落实、学科素养目标的达成进行课后反思。实验教师每学期至少完成一个拓展课例,并进行交流。通过撰写课例和不断地反思,提升教师的课程研究能力。

5.让家长参与课程研究,定期征求家长的意见和建议,不断改进教学设计。

6.具体安排如下:

（1）国家课程校本化实施计划：

课型	简介	模式	实施
理论课	理论课所要解决的多是一些基本概念、原理或者与理解和运用相关的理论知识，是其他各类课型的基础和支持。	①明确主题 ②协商目标 ③质疑问难 ④探索实践 ⑤展示评价 ⑥总结延伸	明确主题——引领学生读单元导语，明确本单元的主题。 协商目标——思考围绕主题安排了哪些内容，理清内容之间的关联及与自己学习的联系，确定学习目标。 质疑问难——在学生确定目标后，可以通过小组合作、上网查找资料、教师讲解等多种形式解决问题。 探索实践——通过学生自主学习，结合自己找到的资料，充分发挥想象力和创作力，进行作品的实践。 展示评价——让学生熟知评价要求，通过组内展示，推选出组内优秀的作品进行班级展示，学生们根据评价表给予相应评价。 总结延伸——班级评选优秀学员，总结疑难点，课后进一步对主题内容进行相关知识的学习。
技能课	技能课是一种以计算机操作技能和应用软件的基本操作为主要教学内容的课型。其主要目的是培养和提升学生使用计算机及操作各类应用软件的能力。	①协商目标 ②任务驱动 ③质疑解难 ④完善提高 ⑤总结延伸	协商目标——师生通过协商，确定学习技能的基础目标。 任务驱动——设计多层次任务，师生协商完成目标，进行实践探索。 质疑解难——学生在学习过程中遇到问题，通过广播教学系统，达到一人有难大家帮。 完善提高——再次操作，完善作品，提高水平。 总结延伸——师生共同总结目标达成情况，并在课下能利用所学技能解决生活中的其他实际问题。
作品制作课	作品制作课是把作品制作作为主要任务来完成教学的一种课型。	①协商定标 ②自主实践 ③分享交流 ④完善提高 ⑤总结延伸	协商目标——师生通过协商，确定作品制作主题内容及目标。 自主实践——学生自主尝试操作或小组合作形式进行作品制作。 分享交流——通过广播教学系统，展示学生作品，大家进行交流评价。 完善提高——再次操作，完善作品，提高自我水平。 总结延伸——师生共同总结目标达成情况，并在课下积极修改完善作品。

(2)国家课程校本化课时调整安排:

年级	国家课程教材内容及规定课时		内容整合及节省的课时
	每学期共18课时,每周1课时		4课时
五年级上册	第一单元:《我的伙伴计算机》共6课时。		第一单元第二节《鼠标键盘熟练用》,共3课时,打字部分的内容融入每节课中,整合后2课时完成,节省出1课时。第一单元第四节《安全始终记心间》,这部分内容融入每节课对学生信息安全意识的培养中,节省出1课时。
	第一节《硬件软件齐协力》	1课时	
	第二节《鼠标键盘熟练用》	3课时	
	第三节《文件管理显本领》	1课时	
	第四节《安全始终记心间》	1课时	
	第二单元:《描绘我的中国梦》共12课时。		第二单元第一节《小图册里看世界》,原来共2课时,整合后1课时完成,节省出1课时。
	第一节《小图册里看世界》	2课时	
	第二节《小小画家初登场》	2课时	第二单元第三节《图形图像巧变幻》,原来共4课时,整合后3课时完成,节省出1课时。
	第三节《图形图像巧变幻》	4课时	
	第四节《画龙点睛有文字》	2课时	
	第五节《五彩缤纷中国梦》	2课时	
五年级下册	第三单元:《网络游学共参与》共8课时。		第三单元第一节《神奇网络初体验》,原来共2课时,整合后1课时完成,节省出1课时。
	第一节《神奇网络初体验》	2课时	
	第二节《海量信息靠搜索》	2课时	第三单元第五节《网络空间自己创》,与第四节《穿越时候来对话》内容整合,1课时完成,节省出1课时。
	第三节《电子邮件会收发》	2课时	
	第四节《穿越时空来对话》	1课时	
	第五节《网络空间自己创》	1课时	
	第四单元:《网络游学共参与》共10课时。		第四单元第一节《文本编辑小能手》,原来共3课时,整合后2课时完成,节省出1课时。
	第一节《文本编辑小能手》	3课时	
	第二节《图文混排见真功》	3课时	第四单元第二节《图文混排见真功》,原来共3课时,整合后2课时完成,节省出1课时。
	第三节《表格条理作用大》	2课时	
	第四节《编排故事比创意》	2课时	

年级	国家课程教材内容及规定课时	内容整合及节省的课时
六年级上册	第一单元:《信息世界初融入》共5课时。 第一节《感受信息处处在》　1课时 第二节《获取信息好帮手》　3课时 第三节《信息存取在云端》　1课时	第一单元第二节《获取信息好帮手》,这一节原来共3课时,整合后2课时完成,节省出1课时。
	第二单元:《动画演绎古诗词》共13课时。 第一节《动画世界去探秘》　1课时 第二节《素材入库做准备》　2课时 第三节《逐帧动画帧帧改》　2课时 第四节《运动效果速实现》　2课时 第五节《形状补间巧变化》　1课时 第六节《动画增效多图层》　2课时 第七节《动画配乐烘气氛》　1课时 第八节《诗情画意来表达》　2课时	第二单元第二节《素材入库做准备》,原来共2课时,整合后1课时完成,节省出1课时。 第二单元第三节《逐帧动画帧帧改》,原来共2课时,整合后1课时完成,节省出1课时。 第二单元第六节《动画增效多图层》,原来共2课时,整合后1课时完成,节省出1课时。
六年级下册	第三单元:《影音玩转添活力》共5课时。 第一节《收藏身边好声音》　1课时 第二节《我是小小录音师》　2课时 第三节《影视剧场享欢乐》　2课时	第三单元第三节《影视剧场享欢乐》,这一节原来共2课时,整合后1课时完成,节省出1课时。
	第四单元:《创作成长纪念册》共13课时。 第一节《规划作品巧设计》　2课时 第二节《图文并茂重搭配》　4课时 第三节《影音动画齐助力》　2课时 第四节《演示效果随心动》　2课时 第五节《超级链接作用大》　1课时 第六节《展示作品同分享》　2课时	第四单元第二节《图文并茂重搭配》,原来共4课时,整合后2课时完成,节省出2课时。 第四单元第六节《展示作品同分享》,原来共2课时,整合后1课时完成,节省出1课时。

（3）拓展课程实施计划：

课型	年级	(类型)题目	主要内容	课时
主题编程课	五年级	我是游戏编程师	学习使用能够编写游戏程序的软件。 1.了解编程软件的界面组成,知道并掌握常用编程指令的功能及使用方法。 2.综合应用编程指令,编写一个简单的游戏程序。	1
			游戏项目分析。 1.结合游戏的主题,搜集相关的文字、图片、音频和视频资料。 2.明确项目设计思路,确定组内分工,写出项目设计的具体步骤,进行初步的尝试与探索。	1
			游戏程序设计。 1.根据游戏主题,绘制所需的程序算法流程图。 2.根据流程图,综合使用各种程序指令,进行程序的编写与测试。 3.通过反复的修改与测试,设计出符合主题要求的游戏程序。	1
			游戏作品展示评价与拓展。 1.通过小组演示与讲解,学生相互学习,提出修改方案,进行二次创作,设计出功能更加完善的游戏编程作品。 2.填写评价表。	1
		体验智慧生活	学习使用图像化编程软件。 1.了解编程软件的界面组成,知道并掌握常用编程指令的功能及使用方法,了解智能电子硬件的组成与分类。 2.综合应用编程指令,编写一个简单的程序实例。	1
			"智慧生活"项目分析。 1.结合项目主题,搜集相关的文本、图片、音频和视频资料。 2.明确项目设计思路,确定组内分工,写出项目设计的具体步骤,进行初步的尝试与探索。	1
			"智慧生活"项目设计。 1.根据项目主题,绘制并修改程序算法流程图,综合使用各种程序指令,进行程序的编写与测试。 2.通过反复的修改与测试,设计出符合项目要求的智能作品。	1
			"智慧生活"项目展示评价与拓展。 1.通过小组演示与讲解,学生相互学习,提出修改方案,进行二次创作,设计出功能更加完善,算法更加优化的智能作品,服务我们的生活。 2.填写评价表。	1

续表

课型	年级	(类型)题目	主要内容	课时
主题编程课	六年级	公益设计我能行	学习能够完成公益项目设计的编程软件。 1.认识软件界面组成,结合公益主题项目实例,掌握常用的编程指令使用方法。 2.应用编程指令设计出简单的程序实例。	1
			公益主题项目分析。 1.结合公益主题,搜集文本、图片和音视频等相关的素材。 2.分析和研究,明确公益项目的设计思路,确定小组分工,详细写出设计步骤,进行初步的尝试与探索。	1
			公益项目程序设计。 1.先分析,总结出流程图,然后根据流程图,综合使用各类编程指令,进行公益项目程序的编写与测试。 2.发现问题,师生协商,应用排除法解决问题,设计出能够体现公益主张的程序。	1
			公益作品展示评价与拓展。 1.展示与汇报,根据同学们的意见,修改完善方案,进行二次创作与实践,设计出功能更加完善,算法更加优化的程序,宣传我们的公益主张。 2.填写评价表。	1
		机器人听我指挥	学习机器人编程软件。 1.认识编程软件界面组成,结合机器人实例,掌握常用的编程指令使用方法。 2.并能应用这些指令设计出简单的程序实例。	1
			机器人项目分析。 1.结合主题,搜集文本、图片和音视频等相关的机器人素材。 2.明确机器人设计思路,确定小组分工,详细写出机器人设计步骤,进行初步的尝试与探索。	1
			机器人程序设计。 1.分析、总结出流程图。 2.根据流程图,综合使用各类编程指令,进行机器人程序的编写与测试。 3.发现问题,应用排除法解决问题,设计出能够让机器人完成任务的程序。	1
			机器人展示评价与拓展。 1.展示与汇报,根据学生们修改意见,完善作品,进行二次创作与实践,设计出功能更加完善,算法更加优化的程序,使机器人完成各项任务。 2.填写评价表。	1

五、课程评价

评价的根本目的是为了促进学生信息素养的提升,改进教师教学,改善教学设计,完善教学过程。课程的评价应准确、真实地反映学生的学习水平和学习状况,全面落实课程目标。

(一)国家课程校本实施的评价

评价内容:除了评价学生信息作品制作的情况,还关注学生自主学习习惯的培养(见我校一至六年级自主学习习惯评价手册)及信息素养的提升。

评价方式:坚持民主化原则,注重学生自评、小组评、教师评、家长评相结合。

(二)信息技术拓展课程的评价

评价内容:主题编程作品评价。(评价表附后)

评价方式:坚持评价自主性、激励性。评价的自主性主要体现在学生是评价的主体,作品先由学生自己评价,教师再进行补充。激励性主要体现教师用多种形式鼓励学生乐参与、乐交流、乐创作。

信息技术学科拓展课程评价表

主题编程

	评价内容		自我评价	同伴评价	教师评价
评分标准	内容	主题明确、有趣味、有意义	☆☆☆	☆☆☆	☆☆☆
		正确、恰当地使用图片、声音等信息	☆☆☆	☆☆☆	☆☆☆
	技术	舞台设置恰当、角色选择合理	☆☆☆	☆☆☆	☆☆☆
		程序结构清晰、指令使用恰当	☆☆☆	☆☆☆	☆☆☆
		预设功能完好实现	☆☆☆	☆☆☆	☆☆☆
	界面	界面美观、简洁，图文、色彩搭配合理	☆☆☆	☆☆☆	☆☆☆
	创意	程序设计内容有创意，形式新颖	☆☆☆	☆☆☆	☆☆☆
	小结		共___颗☆	共___颗☆	共___颗☆
评价说明	一、评价等级 本项评价内容完成一般的，得一颗星； 本项评价内容完成良好的，得二颗星； 本项评价内容完成优秀的，得三颗星。 二、评价比例 学生自评占30%，小组评占30%，教师评占40%。凡合计占60%以上为最终结果。 三、评价时间 每节课进行评价，学生将平时的评价结果记录在笔记本中，期末进行总评。				

"信息技术综合"拓展课程:《主题编程》课例

袁建亮

学科	信息技术	年级	六年级	执教人	袁建亮
课题	机器人听我指挥——避障机器人					

拓展内容分析:

　　《主题编程》是学校"信息综合"课程中的拓展课,《机器人听我指挥——避障机器人》是六年级上册拓展课《主题编程》中的一课内容,其内容主要是学习超声波传感器并应用它编程设计避障机器人。

　　针对本课学习内容,教材中只是对超声波传感器做了简单介绍,并未说明如何应用它编程设计机器人程序的内容。传感器在智能机器人编程设计中发挥着非常重要的作用。针对此不足,设计了"避障机器人"这个主题。本课是在搭建完机器人基本结构的基础上,认识和安装超声波传感器,然后应用它设计出避障机器人程序,对后面学习应用其他种类的传感器设计机器人程序,有重要的指导作用。

学情分析:

　　通过课前问卷调查,六年级学生对学习智能机器人非常感兴趣,但对智能机器人的认识和了解不深。在前面的学习中,学生已经掌握了大量的机器人搭建技巧和初步认识了乐高教育编程软件,在此基础上学生自主学习超声波传感器原理并应用它编程,设计避障机器人。超声波传感器对于学生的理解来说并不困难,但是如何应用它设计出简洁、逻辑清晰的智能避障机器人程序,有一定难度。

教学或活动目标:

　　1.初步认识超声波传感器及在避障机器人中的作用。

　　2.通过分析,能够正确运用流程图和编程模块设计出机器人避障程序。

　　3.通过实践创新,熟练掌握程序设计的基本方法,体会避障机器人程序设计多解以及优化的思想。

　　4.学习机器人设计相关的科学技术知识,了解我国科技领域日新月异的发展变化,进一步激发学生的民族自豪感和爱国情怀。

教学或活动重、难点:

　　教学重点:通过实践,能够正确使用超声波传感器和编程模块设计好机器人避障程序。

　　教学难点:解决在设计中编程接口使用不当、程序逻辑错误等问题,完成避障机器人的程序设计。

教学或活动模式:

　　揭示课题、协商约定——自主探究、学习新知——自主设计、编程调试——总结收获、拓展延伸

教学或活动准备:

　　乐高EV3套装、计算机编程软件、电子自学材料、教学课件、ipad无线投屏

教学或活动过程	意图(学科素养体现)
一、揭示课题、协商约定 (一)视频导入 　师:同学们,随着科技发展的日新月异,智能机器人已经逐渐走进了我们的生活工作中。我们分享一段视频,看一看,你最喜欢哪个机器人? 　学生观看生活服务机器人视频并谈感受。 　生1:我喜欢能干家务的扫地机器人。 　生2:我喜欢送餐机器人,他可以减轻服务员的负担。 　生3:我喜欢安防机器人,因为它不怕劳累,可以24小时工作,保护我们的安全。 　生4:我喜欢最后那个物流机器人,因为它很智能,分拣快递的效率非常高。 (二)揭示课题 　师:大家说的都很好。这些机器人啊,都有一个共同特点,谁发现了?  　生1:我发现他们都很智能。 　生2:我发现他们都能绕开前面的物体。 　师:你观察的真仔细,对,它们都能躲避障碍物,今天我们就当一名设计师,共同设计一个避障机器人(贴板书:避障机器人)。 (三)协商约定 　师:你们想学习避障机器人的哪些内容呢? 　生1:我想知道,机器人是如何发现障碍的。 　生2:我想了解避障机器人是怎样工作的。 　生3:我想学习编程,设计避障机器人程序。 　师:大家说的都很好。老师帮你们归纳一下,看屏幕(课件展示学习目标)。 　(1)认识超声波传感器及在避障机器人中的作用。 　(2)能够正确运用流程图和编程模块设计出机器人避障程序。 　(3)熟练掌握程序设计的基本方法,体会避障机器人程序设计多解以及优化的思想。 　师:这就是我们这节课的学习目标,谁能给大家读一读? 　学生朗读。	结合现实中的生活服务机器人,拉近学生与机器人的距离,引导学生学有所用,激发学生学习避障机器人的兴趣。 　通过师生协商约定,学生明确学习目标,学生的主动探究学习更有针对性,课堂更加高效。

教学或活动过程	意图（学科素养体现）
二、自主探究、学习新知 （一）自学超声波传感器  师：你们觉得，机器人如何，才能避开障碍物呢? 生1：机器人得能检测到障碍物，并且不能撞倒它。 师：你说的对，还有吗? 生2：机器人得需要一个装置，能识别前面的障碍物。 师：你分析的很准确，今天咱们来认识这个新的装置，叫超声波传感器。关于超声波，你们都了解哪些知识? 生1：我们学过《蝙蝠与雷达》这篇课文，蝙蝠就可以发出超声波，超声波遇到障碍物反射回来，传到蝙蝠的耳朵里，蝙蝠就立刻进行躲避，改变飞行方向。 师：你记得真清楚，谁再说说? 生2：我还知道超声波是一种频率高于20000Hz的声波。 师：你是怎么知道的? 生2：我是从科普杂志上看到的。 师：真好，课外读物也是我们获取知识的渠道。下面我们进一步认识超声波传感器。请同学们打开《避障机器人》自学材料，思考两个问题（课件出示问题）1.超声波传感器有什么作用? 2.超声波传感器广泛应用于哪些方面? 开始自学。  师：谁愿意跟大家分享一下你的自学成果? 生1：超声波传感器可以测量与前方物体相隔的距离。 师：非常正确。简单概括成两个字就是测距（板书：测距）。不同的超声波传感器可测量的距离是不同的。今天我们使用的传感器可测量的距离范围是多少呢? 谁发现了?	教师引导学生思考，机器人如何避开障碍物，引出超声波传感器。 学科融合，学生将语文学过的科普文知识或者课外读物上看到的相关知识迁移到机器人课堂上。 学生先自学认识超声波传感器，为下一步安装做准备。提高学生自学能力，体现学生的自主性。

教学或活动过程	意图(学科素养体现)
生2:3—250厘米(板书:3—250cm)。 师:好,第二个问题,谁来说一说。 生3:超声波传感器广泛应用在工业、国防、生物医学等方面。 (二)安装超声波传感器 师:我们从文字、图片中认识了超声波传感器,实物是什么样的? 现在,请各组快速从器材盒中找到它。 生:学生快速拿出并展示。 师:大家都找到了! 我们应该把它安装在机器人的什么位置最合适呢? 生1:我觉得应该安装在机器人的前面,没有遮挡的地方。 师:为什么? 生1:因为机器人要检测前面的障碍物。 师:你说的对。观察场地里的障碍物,你们觉得传感器安装在什么高度更容易检测? 生2:我觉得应该安装在尽量低的地方,才容易检测。 师:你分析的很准确。老师给大家提供了四幅图(课件展示四幅图),提示搭建的位置,供大家参考,你们也可以自主创意搭建。现在开始安装。 三、自主设计、编程调试 (一)程序分析 师:我们先看一下任务要求(课件展示)。 生:设计避障机器人程序,使机器人看到前方障碍物,能立刻停下。 师:你们听明白了吗? 在程序设计过程中,我们还是先要对程序进行分析(板书:程序分析)。 现在请同学们以小组为单位,讨论一下机器人躲避障碍物的运动过程,是什么样的? 开始。 师:谁来说说你们组的讨论结果? 生1:一开始,让机器人向前走,边走边用超声波传感器检测,前面是否有障碍物,如果有就停下来,没有就继续往前走。 师:你们组分析得好。我们用流程图来梳理一下(课件展示流程图),谁能看得懂? 给大家说一说。	检验自学成果,锻炼学生语言的交流与表达。 教师提示学生,先在器材盒里找到超声波传感器并思考安装的位置。 教师提示一种搭建超声波传感器的方法,供学生参考搭建,学生也可以按照自己的创意搭建。 教师出示任务并指定一名学生朗读。学生通过朗读,明确任务要求。 学生以小组为单位,讨论机器人躲避障碍物的运动过程。师生一起用流程图来梳理。

教学或活动过程	意图(学科素养体现)
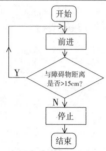 生:首先是开始,然后让机器人前进,用超声波传感器测量与障碍物的距离,如果小于15厘米,停止,结束,否则就继续前进。 师:为什么设定15cm呢? 因为这个距离可以保证机器人及时停下不撞到障碍物,也方便后面做出其他动作。这个15厘米是老师一个推荐值,供大家参考。 (二)程序编写 师:我们在这个任务的程序编写中,会用到哪些模块? 生:我觉得前进需要用"移动转向"模块。 师:好,我们先来复习一下这个模块每个参数的具体含义,谁来说一说?(课件展示移动转向模块)右上角的B和C表示什么? 生1:它表示电机的连接端口。 师:这个参数呢? 生2:电机五种操作状态:关闭、开启和指定秒数等。 师:这个呢? 生3:它表示电机转动的方向。 师:最后这个呢? 生4:它表示电机功率,也就是电机的速度。 师:大家说的都正确,请坐。还需要其他什么模块呢? 生:我觉得还需要用超声波传感器去检测障碍物的模块。 师:没错,这就需要对我们以前学过的模块进行参数设置,使它可以控制传感器,比如等待模块。关于等待模块,你都了解哪些知识?(课件展示等待模块) 生:我知道等待模块,就是等待多长时间的意思。 师:你说的没错,请坐。怎么让这个模块控制传感器呢,首先在左下角第一个参数里设置他的工作模式,选择超声波传感器——比较——距离。 师:右上角的数字1,你来猜一猜,是什么意思? 生:应该是连接端口吧。	学生解读流程图,为后面程序编写理清思路。 教师引导学生结合流程图思考,编程会用到的模块。师生采用一问一答的方式回顾旧知,动作模块。 师生采用采用猜一猜的形式,详细讲解等待模块里的参数设置来控制超声波传感器。略讲切换和循环模块,给学生留下探索的空间,为后面程序多解做铺垫。

教学或活动过程	意图(学科素养体现)
师:你猜得很正确。它就是传感器连接端口,这里有四个端口,供我们选择,我们要注意与机器人搭建使用的端口保持一致。当我们设置好工作模式和端口后,超声波传感器就与等待模块结合在一起了。 师:对照流程图,我们还需要设置条件,你来猜一猜,4是什么意思? 生:我觉得4上面有一个小于号,是小于的意思。 师:你猜得对,不同的数字,代表不同的符号,这个参数就是比较类型。 师:最后一个参数是个数字,其实它就是一个临界值,我们也叫阈值。此时的这个模块就像一个门,小于15厘米,符合条件了:是,执行后面的程序;不符合条件,否,就执行前面的程序。 师:除了等待模块意外,其他几个流程控制模块,像循环模块和切换模块都是这样设置就可以控制超声波传感器了。一会儿,你们可以试试。 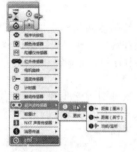  (三)程序测试 师:现在请同学们以小组为单位,按照我们日常的组内分工,进行程序的编写以及程序测试(板贴:程序测试),开始。 学生在小组活动中出现问题,教师有针对性地指导,若是共性问题,全班一起讨论、协商解决。 师:我发现,有个组遇到了困难,组长来说说你们的问题。 生:我们组就是按照流程图编的,但运行程序,机器人不停。 师:你觉得他们问题可能出现在哪儿? 生1:我觉得传感器没接好。 师:有可能,还有吗? 生2:我觉得可能是编程接口设置错了。 师:有道理,还有别的吗? 生3:我觉得也可能是程序本身编得就有问题。	学生以小组为单位,按照日常的组内分工,进行程序编写与测试。教师在学生调试过程中发现问题,用ipad拍照记录,先让小组合作尝试,还有困难再师生协商,应用排除法解决问题。 培养和锻炼学生分析问题和逻辑思维能力。学生在小组合作中互相学习,共同进步。 通过小组合作和程序设计实践,应用排除法,一一排除问题的可能性,提升学生解决问题的综合能力。

教学或活动过程	意图(学科素养体现)
师:都有可能。我们用排除法来试一试。我们先来解决第一种可能,检查传感器连接,灯亮了,说明传感器插好了。排除第一种,接着我们解决第二种可能,我们查看,机器人搭建使用的接口要与编程选择的端口应该保持一致,也没有问题。最后看第三种可能,我们来看看他们组的程序。开始,先让机器人向前走,然后用超声波传感器测量与障碍物的距离,如果小于15cm,符合条件,是,就开启马达,不符合条件,否,就开启马达,对吗? 生:不对,小于15cm,应该是关闭马达,停下来。 师:非常好。问题找到了吗? 生:找到了。 师:你们组就赶紧修改程序,其他组也快速测试并不断完善程序,继续开始。  (四)程序多解与优化 师:哪组同学愿意来展示你们的机器人?(同时展示两组机器人) 师:我们来看这两组同学编写的程序(平板ipad展示两个程序的拍照截图),第一个就是刚才那组,使用等待模块修改完善后的程序。程序简洁,没有问题。第二个呢?你们组自己介绍吧。 生:我们应用了切换模块,一开始,让机器人向前走,用超声波传感器测量与障碍物的距离,如果小于15cm就关闭马达,否则就一直开启马达,向前走。 师:你们组的程序逻辑特别清晰。通过对比两组程序,我们发现,完成同一项任务,程序并不是唯一的,可以有多种编程方法。因此我们要灵活使用各个模块,在完成任务的前提下,不断优化我们的程序。 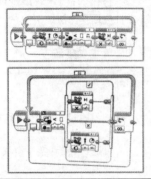	 　 　 教师让两组学生展示机器人作品和程序。通过程序对比,学生体会程序设计的多解和优化。 教师引导学生要灵活使用各个模块,在完成任务的前提下,不断优化程序。

教学或活动过程	意图（学科素养体现）
（五）小组竞赛 师：接下来我们要提高难度了（课件出示任务），谁给大家读一读。  生：设计避障机器人程序，使机器人从出发区开始运动，发现前方障碍物能自动躲避，到达目标区。必做任务：自动躲避1个障碍物；挑战任务：自动躲避2个障碍物。 师：请同学们在纸上画一下必做任务的流程图，开始。（教师用ipad拍学生绘制的流程图） 必做任务流程图设计如下： 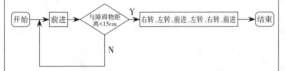 师：谁愿意跟大家分享一下。 生：开始后，让机器人从出发区往前走，用超声波传感器测量与障碍物的距离，如果小于15厘米就转弯避让，否则就继续前进，最后到达目标区。 师：你说的真详细，请坐。如果我们选择挑战任务，流程图会有什么区别？ 生：就是发现障碍物，按照相同的方法，再转弯避让一次。（教师在学生流程图上画圈，配合展示） 师：非常好，请坐。现在，请同学们结合流程图先来完成必做任务，有时间可以尝试挑战任务，限时5分钟，开始。 师：时间到，老师在巡视过程中发现，咱们班9个组都完成了必做任务，我们请1、2、5、6、7组先来展示。 师：还有四个组没有展示，是因为他们都尝试了挑战任任务，下面我们来看看他们能否成功。 师：我们再看看他们的程序（ipad拍照展示学生程序）。 生：开始后，让机器人从出发区往前走，用超声波传感器测量与障碍物的距离，如果小于15厘米就转弯避让，否则就继续前进，按照这种方式，转弯避让2次，最后到达目标区。	提高难度，设计分层任务，让所有学生都有事情做。 学生由读流程图到自主绘制程序流程图，提升学生的逻辑思维能力。 学生分享自己设计的流程图，帮助同学们一起理清程序设计思路。 用限时挑战的方式，激发学生们的创作热情。 分两次展示学生设计的机器人，先展示必做任务，再展示挑战任务。 学生讲解自己编写的程序，培养学生的逻辑思维表达和概括总结能力，同时提升设计程序的成就满足感。

教学或活动过程	意图(学科素养体现)
四、总结收获、拓展延伸 (一)总结收获 师:通过今天的学习,你有哪些收获? 生1:我认识了超声波传感器,并会使用它编程了。 生2:我明白了设计程序的方法,先要分析,再编写,最后测试。 生3:我学会设计避障机器人程序了。 生4:通过挑战,我明白了程序设计需要多次修改和测试,才能成功。 师:看来同学们都有非常大的收获。我们学习了超声波传感器,通过安装和编程设计,每个组都完成了挑战,设计出了避障机器人。	教师引导学生总结,谈自己的学习收获。
(二)拓展延伸 师:其实智能机器人在工作生活中,发挥了很大的作用,特别是在这次抗击疫情的战场上,更是功不可没。我们一起来看一看。(播放抗疫机器人视频) 师:我国自主研发设计的智能机器人,正在为祖国建设做出巨大贡献,这都归功于中国科学家们夜以继日、废寝忘食、艰苦钻研的付出和努力。我们一定要学习这种精神,坚定理想信念,勤奋学习,乐于创新,勇于实践,用实际行动报效我们的祖国。 师:这些高智能机器人都综合应用了多种传感器,下节课我们将进一步学习其他种类的传感器设计智能机器人。同学们可以在课下先收集有关颜色传感器的资料,下节课我们再一起交流和探讨。	激励学生向科学家们学习,进一步激发学生的民族自豪感和爱国情怀,帮助学生树立正确的价值观。

教学或活动反思:

1.本课注重激发学生兴趣。本课内容贴近学生生活,学生学习热情高;导入时通过生活服务机器人,拉近了学生与机器人的距离,激发学习兴趣。本课任务采用小组竞赛与挑战的方式,激发了学生们的创作热情;在评价环节采用师生互评,弱化推优功能,尽可能给更多同学展示的机会,提升学生完成程序设计的成就感。

2.本课运用自主协商理念,尊重学生主体地位。师生协商,共同约定学习目标;学生自主学习超声波传感器并自主创意搭建;注重分层,设计不同难度的学习任务,让学生自主选择;自主设计流程图,帮助学生理清了设计思路;实践中注重学生的自主探究和小组合作,一起协商分析和解决问题,积累了程序设计的实践经验。

3.本课融入学科思政教育。在本课的学习中,学生通过学习机器人设计等先进的科学技术知识,体验科技带来的便捷,增强服务意识,用实际行动报效祖国;通过观看抗疫机器人视频,体会我国自主研发的机器人在抗击疫情中所发挥的重要作用,进一步激发了学生的民族自豪感和爱国情怀。

本课不足之处:在小组竞赛作品展示环节上,由于时间关系,只展示了一组学生编写的程序,如果可以再展示几组程序,可以让学生进一步体会程序设计多解的特点。

第三章 "主题活动"课程纲要及课例

第一节 "主题活动"课程纲要

杜 娟

一、课程背景

专题活动课程是"小海帆"自主发展课程体系主题活动课程中的一门课程。其开设的目的在于全面落实学校育人目标、学生自主发展目标、学生德育八字目标(礼仪、友善、诚信、责任),从而落实立德树人总要求。通过借助相关节日开展主题教育活动,对学生进行爱国教育、劳动教育和文化传统教育。结合校本德育八字目标确定月主题,遵循学生成长规律,循序渐进,培养学生良好道德品质。在活动形式上以自主发展的教育理念为指导,突出协商理念。注重发挥每个学生的主动性、创造性,为每个学生提供展示自己聪明才智的机会,使学生在活动中得到亲身体验,激发情感,提高认识,帮助学生形成良好的品德、生活、学习、行为习惯。

二、课程内容

(一)节日主题

1.目标

(1)教育学生牢记祖国历史,缅怀革命先烈。了解中华人民共和国成立后在中国共产党领导下走过的光辉历程,感悟爱国的深刻内涵,培养学生热爱祖国、热爱人民、热爱中国共产党的情感。

(2)了解身边的劳动者,激发学生对劳动者崇敬之情。培养学生热爱劳动的良好品质,并以实际行动从自我做起,积极参加劳动,不断弘扬中华民族勤劳节俭的光荣传统。

(3)了解民俗文化,汲取传统文化精髓,增强学生文化自信,感受优秀的传统文化魅力。

2.内容

(1)爱国主义教育

①国庆期间,通过升旗仪式、主题班会、观看爱国主义影片写观影感悟、开展班班唱等活动进行爱国主义系列教育。不同年级段系列主题教育内容为一、二年级了解家乡巨变,三、四年级了解祖国建设取得的成就,五、六年级了解国防科技的发展。

年级	观看爱国影片		会唱爱国歌曲	
一年级	《闪闪红星》	《鸡毛信》	《我爱北京天安门》	《少年,少年,祖国的春天》
二年级	《少年彭德怀》	《红孩子》	《歌唱二小放牛郎》	《红星歌》
三年级	《平原游击队》	《小兵张嘎》	《我们美丽的祖国》	《歌声与微笑》
四年级	《地道战》	《上甘岭》	《我的中国心》	《我们的田野》
五年级	《烈火中永生》	《党的女儿》	《今天是你的生日》	《我爱你,中国》
六年级	《革命家庭》	《离开雷锋的日子》	《东方之珠》	《七子之歌》

②围绕"清明节"了解不同时期的英雄人物,讲述英雄故事,缅怀革命先烈。结合春季社会实践活动,开展户外踏青,了解清明节传统民俗。

一年级——抗日战争:海娃　王朴

二年级——抗日战争:杨靖宇　赵一曼

三年级——解放战争:董存瑞　刘胡兰

四年级——抗美援朝:邱少云　黄继光

五年级——和平时期:张超　刘瑛

六年级——民族英雄:戚继光　林则徐

(2)热爱劳动教育

①劳动节前,每个年级的学生重点了解两位劳动者事迹。

劳动者类型	了解人物		年级
普通劳动者	雷锋	李素丽	一年级
	王进喜	焦裕禄	二年级
共和国勋章获得者	张富清	袁隆平	三年级
	屠呦呦	钟南山	四年级
两弹一星功勋	丁敏	郭永怀	五年级
	邓稼先	钱学森	六年级

②劳动节前后,开展"劳动最光荣"系列活动:

一至三年级学生开展劳动小能手活动,要求做一些力所能及的家庭劳动,尤其是从清理自己的小天地着手,如:整理书柜、收拾床铺、洗碗等等。

四至六年级学生要求生活能自理,每天帮助家里至少做两件家务劳动。围绕"我劳动,我光荣,我创造,我幸福"主题,开展美文征集活动;查找阅读有关宣传劳动美德,赞美劳动者的文章,或发生在自己身边的有关热爱劳动的事例,写出自己的感受;最终经过学校评选出版文集。

③学校分别制定学校劳动达标标准、家庭劳动达标标准。(见附件1)

(3)传统文化教育

借助春节、端午节、中秋节进行传统文化教育。

春节围绕"辞旧迎新,祝福美好"主题,办一期有关春节传统习俗的手抄报。

端午节了解端午习俗,品味端午,传承文明。了解屈原爱国小故事,学习包粽子,观看龙舟赛视频。

中秋节开展赏月品月话月活动。中秋月圆夜,与爷爷、奶奶、爸爸、妈妈一起赏月品月饼。

3.实施

(1)根据学期教育目标制定节日主题活动实施计划。利用升旗仪式、红领巾广播时间、素质拓展课、实践活动等多种途径进行专题活动。

(2)各班主任根据学校要求和本班实际制定班级活动计划。

(3)每次活动前各组研讨计划的实施;活动后做好总结并撰写典型事例,评选优秀活动案例。

(4)高年级学生写出体会感悟,评选优秀编成册。

(5)开展"我劳动,我光荣,我创造,我幸福"征文活动;召开"劳动最光荣"主题班会活动,了解身边劳动者。

(6)利用升旗时间进行"国旗下演讲"比赛;利用红领巾广播,进行国庆专题系列宣传报道。

(7)活动中做到家校结合。活动内容让家长知晓,征求家长对活动的意见与建议,家长也及时反馈学生在家表现。

4.评价

(1)开展国庆班班唱活动,对优秀班级进行表彰。

(2)开学组织学校"迎春"主题手抄报评选,推选出的作品在各班级电子班牌进行展示。

(3)期末进行家庭劳动情况反馈,完成家庭劳动达标评价和学校劳动达标评价。(见附件2)

(二)月主题

1.目标

通过月主题教育,使学生提高对礼仪、友善、诚信、责任八字德育目标重要性认识,引导学生自觉规范言行,力争早日达到目标要求。

(1)教育引导学生做到仪表整洁,仪态端庄,礼貌待人,礼让他人。

(2)教育引导学生做到与他人为善,宽以待人,同情弱者,关爱他人;与长辈为善,能体谅父母,孝敬长辈;与自然为善,能保护环境,爱护地球。

(3)教育引导学生做到为人诚实,遵守诺言。

(4)教育引导学生做到严于律己,有责任心,对自己负责,对他人负责,对社会负责。

2.内容

每学期开始第一个月集中"礼仪"教育,第二个月集中"友善"教育,第三个月集中"诚信"教育,第四个月集中"责任"教育。

3.实施

(1)根据学期教育目标制定月主题活动执行计划。

(2)结合每周的班会开展月主题教育。

(3)利用每周一的升旗仪式进行每月主题教育。学校在开学初按照每月主题教育重点,安排每周升旗主题。当周负责升旗班级按主题自主选择国旗下讲话内容,进行教育。

(4)通过一日班级学习生活,利用晨检、午检时间,强化落实当月主题教育目标。

(5)坚持活动反思,重视资料积累。注重活动后的教师反思环节,关注学生活动体会、感悟的及时收集整理。加强过程管理,建立各专项活动档案。

(6)注重与家长多种形式的沟通。活动前,通过家庭问卷调查,了解教育需求;活动中,借助家长对某项专题活动的专业性指导,请家长与师生一起设计、参与活动;活动后,让家长参与活动评价,并与学校共同关注学生行为落实。

4.评价

(1)每学期初,按照学校劳动、家庭劳动评价表进行初评,期中进行复评,期末进行总评。(见附件2)

(2)每学期初,按照学校德育八字目标制定的评价表进行初评,期中进行复评,期末进行总评。(见附件3)

附件1

小学生学校劳动达标标准

年级	内容及要求
一年级	1.学会整理书桌、书本、水杯,学具分类按规定放好。
	2.自己桌椅随时摆放整齐。
	3.自己值日时间愿和同学合作完成任务,不会做时能向同学学习。
	4.不乱扔纸,看见教室有纸能捡起来放在垃圾箱中。
二年级	1.桌面整洁,物品摆放整齐,保持自己桌椅卫生。
	2.餐后将回收的餐盒按要求整齐摆放。
	3.服从值日分工,按要求将教室打扫整洁。
	4.会擦黑板、洗抹布。
三年级	1.书包整洁,学习用品有序。
	2.午餐后做好餐桌清洁。
	3.会整理图书角,卫生用具摆放有序。

年级	内容及要求
	4.学习拖地、洗拖把,注意合理用水。
四年级	1.保持班级的楼道卫生管辖区地面整洁。
	2.擦拭班级的辖区墙围子污渍、宣传栏灰尘。
	3.做好班级的楼道卫生管辖区卫生监督。
五年级	1.保持班级的校园卫生管辖区地面、绿地整洁。
	2.擦拭班级的辖区围栏、橱窗尘土。
	3.做好班级的校园卫生管辖区卫生监督。
六年级	经过自查和家长检查,上述要求凡未做到的,要在六年级上学期达到要求。六年级下学期开学后,学校以班为单位要帮助每个学生达到要求。

小学生家庭劳动达标标准

年级	内容及要求
一年级	1.学习按课表准备学习用品,学习后将学习物品收好。
	2.会整理自己的玩具,放回原处。
	3.会自己脱衣、穿衣,会系红领巾。
	4.看见长辈回家主动接过长辈手里的衣物。
二年级	1.会按课表准备学习用品,能保持书桌整洁。
	2.晚上睡前将脱下的衣服叠好放整齐。
	3.学会每天自己洗漱,用完东西能放回原处。
	4.会洗袜子,饭前能摆好碗筷。
三年级	1.能分类自己整理书包,整理书桌。
	2.学会叠被,整理床上用品。
	3.饭后帮助家长收拾餐具,擦桌子。
	4.能帮助长辈择菜,扫地。
四年级	1.会整理自己的书桌、书架。
	2.学习整理自己的房间。
	3.会将洗干净的衣服叠整齐放到衣柜里,会洗小件的衣服。
	4.饭前,会帮助家长洗菜,学做一道简单的菜。
	5.饭后能帮助家长扫地、擦地。
五年级	1.会整理自己的房间,能独立做房间卫生。
	2.能自己学会钉扣子、简单缝补活。
	3.会用洗衣机洗自己的衣物。
	4.会做两个以上简单的菜,会煮稀饭。
六年级	经过自查和家长检查,上述要求凡未做到的,要在六年级上学期达到要求。六年级下学期开学后,学校以班为单位要帮助每个学生达到要求。

附件2

小学生一年级学校劳动评价表

评价指标	等级			评定结果			
	A	B	C	自评	组评	师评	总评
1.学会整理书桌、书本、水杯,学具分类按规定放好。							
2.自己桌椅随时摆放整齐。							
3.自己值日时间愿和同学合作完成任务,不会做时能向同学学习。							
4.不乱扔纸,看见教室有纸能捡起来放在垃圾箱中。							
说明: 1.评价等级:优秀为A,达标为B,需努力为C。 2.评价比例:自评占30%,组评占30%,师评占40%,凡比例合计超过60%为最终总评结果。 3.评价时间:每学期开学初进行初评,期中进行复评,期末进行总评。							

小学生二年级学校劳动评价表

评价指标	等级			评定结果			
	A	B	C	自评	组评	师评	总评
1.桌面整洁,物品摆放整齐,保持自己桌椅卫生。							
2.餐后将回收的餐盒按要求整齐摆放。							
3.服从值日分工,按要求将教室打扫整洁。							
4.会擦黑板、洗抹布。							
说明: 1.评价等级:优秀为A,达标为B,需努力为C。 2.评价比例:自评占30%,组评占30%,师评占40%,凡比例合计超过60%为最终总评结果。 3.评价时间:每学期开学初进行初评,期中进行复评,期末进行总评。							

小学生三年级学校劳动评价表

评价指标	等级			评定结果			
	A	B	C	自评	组评	师评	总评
1.书包整洁,学习用品有序。							
2.午餐后做好餐桌清洁。							
3.会整理图书角,卫生用具摆放有序。							
4.学习拖地、洗拖把,注意合理用水。							

说明:
1.评价等级:优秀为A,达标为B,需努力为C。
2.评价比例:自评占30%,组评占30%,师评占40%,凡比例合计超过60%为最终总评结果。
3.评价时间:每学期开学初进行初评,期中进行复评,期末进行总评。

小学生四年级学校劳动评价表

评价指标	等级			评定结果			
	A	B	C	自评	组评	师评	总评
1.保持班级的楼道卫生管辖区地面整洁。							
2.擦拭班级的辖区墙围子污渍、宣传栏灰尘。							
3.做好班级的楼道卫生管辖区卫生监督。							

说明:
1.评价等级:优秀为A,达标为B,需努力为C。
2.评价比例:自评占30%,组评占30%,师评占40%,凡比例合计超过60%为最终总评结果。
3.评价时间:每学期开学初进行初评,期中进行复评,期末进行总评。

小学生五年级学校劳动评价表

评价指标	等级			评定结果			
	A	B	C	自评	组评	师评	总评
1.保持班级的校园卫生管辖区地面、绿地整洁。							
2.擦拭班级的辖区围栏、橱窗尘土。							
3.做好班级的校园卫生管辖区卫生监督。							

说明:
1.评价等级:优秀为A,达标为B,需努力为C。
2.评价比例:自评占30％,组评占30％,师评占40％,凡比例合计超过60％为最终总评结果。
3.评价时间:每学期开学初进行初评,期中进行复评,期末进行总评。

小学生六年级学校劳动评价表

评价指标	等级			评定结果			
	A	B	C	自评	组评	师评	总评
1.保持班级的校园卫生管辖区地面、绿地整洁。							
2.擦拭班级的辖区围栏、橱窗尘土。							
3.做好班级的校园卫生管辖区卫生监督。							

说明:
1.评价等级:优秀为A,达标为B,需努力为C。
2.评价比例:自评占30％,组评占30％,师评占40％,凡比例合计超过60％为最终总评结果。
3.评价时间:每学期开学初进行初评,期中进行复评,期末进行总评。

小学生一年级家庭劳动评价表

评价指标	等级			评定结果			
	A	B	C	自评	家长评	师评	总评
1.学习按课表准备学习用品,学习后将学习物品收好。							
2.会整理自己的玩具,放回原处。							
3.会自己脱衣、穿衣,会系红领巾。							
4.看见长辈回家主动接过长辈手里的衣物。							

说明:
1.评价等级:优秀为 A,达标为 B,需努力为 C。
2.评价比例:自评占 30%,家长评占 30%,师评占 40%,凡比例合计超过 60%为最终总评结果。
3.评价时间:每学期开学初进行初评,期中进行复评,期末进行总评。

小学生二年级家庭劳动评价表

评价指标	等级			评定结果			
	A	B	C	自评	家长评	师评	总评
1.会按课表准备学习用品,能保持书桌整洁。							
2.晚上睡前将脱下的衣服叠好放整齐。							
3.学会每天自己洗漱,用完东西能放回原处。							
4.会洗袜子,饭前能摆好碗筷。							

说明:
1.评价等级:优秀为 A,达标为 B,需努力为 C。
2.评价比例:自评占 30%,家长评占 30%,师评占 40%,凡比例合计超过 60%为最终总评结果。
3.评价时间:每学期开学初进行初评,期中进行复评,期末进行总评。

小学生三年级家庭劳动评价表

评价指标	等级			评定结果			
	A	B	C	自评	家长评	师评	总评
1.能分类自己整理书包、整理书桌。							
2.学会叠被、整理床上用品。							
3.饭后帮助家长收拾餐具、擦桌子。							
4.能帮助长辈择菜、扫地。							

说明:
1.评价等级:优秀为A,达标为B,需努力为C。
2.评价比例:自评占30%,家长评占30%,师评占40%,凡比例合计超过60%为最终总评结果。
3.评价时间:每学期开学初进行初评,期中进行复评,期末进行总评。

小学生四年级家庭劳动评价表

评价指标	等级			评定结果			
	A	B	C	自评	家长评	师评	总评
1.会整理自己的书桌、书架。							
2.学习整理自己的房间。							
3.会将洗干净的衣服叠整齐放到衣柜里,会洗小件的衣服。							
4.饭前会帮助家长洗菜,学做一道简单的菜。							
5.饭后能帮助家长扫地、擦地。							

说明:
1.评价等级:优秀为A,达标为B,需努力为C。
2.评价比例:自评占30%,家长评占30%,师评占40%,凡比例合计超过60%为最终总评结果。
3.评价时间:每学期开学初进行初评,期中进行复评,期末进行总评。

小学生五年级家庭劳动评价表

评价指标	等级			评定结果			
	A	B	C	自评	家长评	师评	总评
1.会整理自己的房间,能独立做房间卫生。							
2.能自己学会钉扣子、简单缝补活。							
3.会用洗衣机洗自己的衣物。							
4.会做两个以上简单的菜,会煮稀饭。							

说明:
1.评价等级:优秀为 A,达标为 B,需努力为 C。
2.评价比例:自评占30%,家长评占30%,师评占40%,凡比例合计超过60%为最终总评结果。
3.评价时间:每学期开学初进行初评,期中进行复评,期末进行总评。

小学生六年级家庭劳动评价表

一至五年级所有相关指标	评定情况			
	上学期	达标( )	未达标( ) (写出相关条目)	1. 2.
	下学期	优秀( )	达标( )	

家庭劳动达标评价的落实措施说明

1. 家校合作共同确定家庭劳动达标要求,并让学生所在年级明确具体要求。

2. 一年级学生入学第一学期,在家长帮助下先学习后逐项落实要求,有部分内容到第二学期再逐步达到。学校会在第二学期五一节后,通过一些活动检查学生劳动技能掌握情况,也会用相应方式与家长沟通促其落实。凡未达到要求的,假期内要学会达标。

3. 二年级到五年级,均在第一学期学校与家长共同向学生明确家庭劳动达标要求,从第二学期检查落实达到标准。

4. 六年级的任务是对少数学生在某些项目未达到标准的,通过相关措施,家校合力使之达到要求。

附件3

上海道小学学生"八字"培养目标评价表

一年级德育

"八字"目标	"八字"分解	目标	一	二	三	自评	组评	师评	总评
				等级			评定结果		
礼仪	仪表	个人卫生好,服装整洁,坐立走姿势比较正确。	A	B	C				
	礼貌	见到老师问好,见到同学打招呼,会常用的文明用语。	A	B	C				
友善	友好	愿意和同学一起玩,遇事不计较,同学有困难乐于帮助。	A	B	C				
	善良	听父母的话,爱护小动物。	A	B	C				
诚信	诚实	做错事能承认,知错就改。	A	B	C				
	守信	借东西要还,损坏东西要赔偿。拾到东西要交给老师。	A	B	C				
责任	守纪	上课认真听讲,不搞小动作,不玩东西,下课不追跑打逗,乐于接受老师的帮助。	A	B	C				
	负责	能按时完成作业,乐于学习一至两件力所能及的家务劳动。	A	B	C				

说明:1.评价等级:凡达到目标要求者为A,基本达到为B,有些目标未达到为C。

2.评价比例:自评占30%,组评占30%,师评占40%,凡比例合计超过60%为最终总评结果。

3.评价时间:每学期开学初进行初评,期中进行复评,期末进行总评。

总评＿＿＿＿＿＿＿＿

上海道小学学生"八字"培养目标评价表

二年级德育

"八字"目标	"八字"分解	目标	等级 一	等级 二	等级 三	评定结果 自评	评定结果 组评	评定结果 师评	评定结果 总评
友善	友好	和同学能谦让,同学有困难能帮助。	A	B	C				
	善良	听父母的话,尊敬长辈,愿意保护有益的动物。	A	B	C				
礼仪	仪表	个人卫生好,服装整洁,坐立走姿势正确。	A	B	C				
	礼貌	见到老师问好,见到客人主动打招呼,学说普通话,学会使用文明用语。	A	B	C				
责任	守纪	上课认真听讲,不走神。下课不追跑打闹,遵守课间纪律。	A	B	C				
	负责	认真完成老师布置的各项任务,学习一至两件力所能及的家务劳动。	A	B	C				
诚信	诚实	讲实话,做错事能主动承认,知错就改。	A	B	C				
	守信	答应别人的事努力做到,借东西要及时还,损坏东西要赔偿,拾到东西要立即交给老师。	A	B	C				

说明:1.评价等级:凡达到目标要求者为A,基本达到为B,有些目标未达到为C。

2.评价比例:自评占30%,组评占30%,师评占40%,凡比例合计超过60%为最终总评结果。

3.评价时间:每学期开学初进行初评,期中进行复评,期末进行总评。

总评_____

上海道小学学生"八字"培养目标评价表

三年级德育

"八字"目标	"八字"分解	目标	等级			评定结果			
			一	二	三	自评	组评	师评	总评
友善	友好	能和同学交朋友,与同学友好相处,能热情待人、宽容待人。	A	B	C				
	善良	关爱他人,帮父母做些力所能及的事。不伤害小动物,爱护花草树木。	A	B	C				
礼仪	仪表	讲究个人卫生,服饰注意保持整洁。坐立走姿势端正,在公共场所能右行慢步轻声。	A	B	C				
	礼貌	讲普通话,见到老师、客人能问好。知道双手接物,升旗时敬队礼,脱帽。	A	B	C				
责任	守纪	上课积极思考问题,遵守学校各项纪律,遵守交通规则。	A	B	C				
	负责	自己能做的事情自己做,做父母的小帮手,乐于做家务劳动,对集体交给的任务认真完成。	A	B	C				
诚信	诚实	讲实话,努力做到言行一致,勇于承认错误,知错就改。	A	B	C				
	守信	说话算话,答应别人的事努力做到。	A	B	C				

说明:1.评价等级:凡达到目标要求者为A,基本达到为B,有些目标未达到为C。

2.评价比例:自评占30%,组评占30%,师评占40%,凡比例合计超过60%为最终总评结果。

3.评价时间:每学期开学初进行初评,期中进行复评,期末进行总评。

总评＿＿＿＿＿＿＿

上海道小学学生"八字"培养目标评价表

四年级德育

"八字"目标	"八字"分解	目标	等级			评定结果			
			一	二	三	自评	组评	师评	总评
友善	友好	能和所有同学交朋友,不欺负弱小的同学。热情待人,学会原谅,宽容待人。	A	B	C				
	善良	孝敬长辈,能帮助父母做些力所能及的事,对身体不适和遇到困难的同学能问候。	A	B	C				
礼仪	仪表	讲究个人卫生,服饰能保持整洁。坐立走姿势端正,举止文明,右行慢步轻声。	A	B	C				
	礼貌	讲普通话,见到老师、客人能主动问好。能双手接物,升旗时敬队礼,脱帽。	A	B	C				
责任	守纪	遵守学校各项纪律,遵守交通规则,乐于遵守社会公德。	A	B	C				
	负责	能完成各项学习任务,关心家庭,主动做力所能及的事,对集体交给的各项任务认真、负责地完成好。关心了解家乡的大事。	A	B	C				
诚信	诚实	言行一致,勇于承认错误,知错就改。	A	B	C				
	守信	说话算话,答应别人的事尽力做到。	A	B	C				

说明:1.评价等级:凡达到目标要求者为A,基本达到为B,有些目标未达到为C。
2.评价比例:自评占30%,组评占30%,师评占40%,凡比例合计超过60%为最终总评结果。
3.评价时间:每学期开学初进行初评,期中进行复评,期末进行总评。

总评_____

上海道小学学生"八字"培养目标评价表

五年级德育

"八字"目标	"八字"分解	目标	等级			评定结果			
			一	二	三	自评	组评	师评	总评
友善	友好	能和每位同学友好相处,不以强欺弱,能够帮助有困难的同学和邻居,宽容他人,学会用原谅方式接受对方道歉。	A	B	C				
	善良	能同情弱者,关爱他人,能帮父母做些力所能及的事,爱护小动物,自觉保护环境。	A	B	C				
礼仪	仪表	养成良好的卫生习惯,服装整洁得体。	A	B	C				
	礼貌	见到长辈、老师、同学主动大声问好,讲普通话,用文明用语(懂得待人接物的相关礼仪)。	A	B	C				
责任	守纪	能较好地完成各项学习任务,能较自觉遵守学校的各项纪律要求,遵守交通法规,遵守社会公德。	A	B	C				
	负责	做父母的小帮手,积极承担班集体和老师交给的任务,乐于做个诚实的人,关心了解国家大事。	A	B	C				
诚信	诚实	做错事勇于承认,知错就改。不抄袭作业。	A	B	C				
	守信	努力做到遵守诺言,说话算话,答应别人的事努力做到。	A	B	C				

说明:1.评价等级:凡达到目标要求者为A,基本达到为B,有些目标未达到为C。

2.评价比例:自评占30%,组评占30%,师评占40%,凡比例合计超过60%为最终总评结果。

3.评价时间:每学期开学初进行初评,期中进行复评,期末进行总评。

总评_____

上海道小学学生"八字"培养目标评价表

六年级德育

"八字"目标	"八字"分解	目标	等级			评定结果			
			一	二	三	自评	组评	师评	总评
友善	友好	能主动和每位同学友好相处,不以强欺弱,能够帮助有困难的同学,宽容他人。	A	B	C				
	善良	同情弱者,关爱他人,孝敬长辈,体谅父母,主动帮助父母做事,热爱自然,保护环境。	A	B	C				
礼仪	仪表	自觉做到讲究个人卫生,服装干净整洁,坐立走姿势端正。	A	B	C				
	礼貌	见到长辈、老师、同学主动大声问好,讲普通话,自觉用文明用语,双手接物。	A	B	C				
责任	守纪	自觉遵守学校的各项纪律要求,自觉遵守交通法规,遵守社会公德。	A	B	C				
	负责	当天的学习任务当天完,做父母的小帮手,积极承担班集体和老师交给的任务,主动关心了解国家大事。	A	B	C				
诚信	诚实	做人诚实,做错事勇于承认,知错就改。不抄袭作业。	A	B	C				
	守信	能做到遵守诺言,说话算话,答应别人的事尽力做到。	A	B	C				

说明:1.评价等级:凡达到目标要求者为A,基本达到为B,有些目标未达到为C。
2.评价比例:自评占30%,组评占30%,师评占40%,凡比例合计超过60%为最终总评结果。
3.评价时间:每学期开学初进行初评,期中进行复评,期末进行总评。

总评＿＿＿＿＿＿

"主题活动"课程:《主题班会》课例

元　岭

班会名称	我要做一个守纪负责的小学生	年级	二年级	班主任	元岭

内容说明:

　　本节班会课的内容是为了贯彻学校八字德育目标而召开的,分别在上半年的6月份和下半年的11月份集中进行"责任"教育。这个月的主题要求学生要有责任心,懂得守纪就是负责的表现,对自己负责,对他人负责,对社会负责,努力做一个守纪负责的小学生。

学情分析:

　　二年级的学生有上进心,愿意听老师的教导、接受同学的帮助。由于学生年龄小,对于守纪就是负责的表现,对自己的责任是什么,还需要老师在日常学习生活中去引导。

活动目标:

　　1.引导学生懂得负责就是守纪的表现。

　　2.提升学生对班集体负责守纪的认识,激发学生对集体生活的热爱。

　　3.使学生能够自觉遵守学生在校一日常规。

　　4.鼓励学生严格要求自己,培养学生为班级负责的能力。

活动准备:

　　1.师生共同确定主题。

　　2.师生共同协商活动目标、内容、形式。

　　3.学生按内容、形式,以小组为单位分工,进行准备。

　　4.教师拍学生日常生活行为照片、录视频、搜集资料。

活动过程	意图(自主发展表现)
一、明确主题 　师:同学们,今天我们班会的主题是:我要做一个负责守纪的小学生。 　二、回顾准备 　1.回顾目标 　师:下面我们一起来回顾上次协商的活动目标,谁来读一读?(PPT出示目标) 　生:提升对班集体负责守纪的认识。激发对集体生活的热爱之情。能够在日常的学习生活中做到基本行为要求。 　师:是的,只有在日常学习生活中做到了,才是守纪律的好学生,也才叫对班级负责。 　2.回顾内容 　师:这节课我们要选择哪些内容呢? 　生:我们要围绕着我们要做一个负责守纪、积极向上的小学生来选择班会内容。	明确班会主题 通过回顾课前协商的内容,让学生有充足的准备,能够在课堂上积极参与,发挥学生的主体性。

活动过程	意图(自主发展表现)
师:说得对。 3.回顾形式 师:我们共同确定了哪些形式呢? 生:我们共同确定了讲故事、学名言、看图片、看视频、实际表演等形式。 师:大家说得真全。 4.回顾评价(列表) 师:我们如何进行评价呢? 生1:我们可以从上学不迟到、去厕所不追跑这两方面进行评价。 生2:我们可以从在教室内不大声说话、午休不随意说话、放学排队做到快静齐这三方面进行评价。 生3:我们还可以从维护班集体的卫生来进行评价。 师:刚才我们将班会的准备,从确定主题、目标、内容、形式、评价等方面做了回顾,大家记得很好,很重视,都认真进行了准备,我想这次班会一定会开得很好。 三、师生活动 1.讲故事 师:下面我们来听听邱少云守纪律的故事。 (邱少云为了整体,为了胜利,宁愿牺牲自己) 生1:我给大家讲讲邱少云的故事,在抗美援朝的一次战斗中,邱少云所在营奉命担任潜伏任务。执行任务时,邱少云在距敌前沿阵地60多米的草丛中潜伏,敌人突然向潜伏区逼近,为了掩护潜伏部队,指挥所命令炮兵对敌进行打击。敌人遭到打击后出动飞机侦察,并盲目发射侦察燃烧弹,一颗燃烧弹正好落在邱少云身边,飞溅的火星溅落在他的左腿上,烧着了他的棉衣、头发和皮肉。但为了不暴露潜伏部队,他严守纪律,咬紧牙关,双手深深插进泥土中,以惊人的毅力忍受着剧痛,一声不吭、一动不动,直至壮烈牺牲,年仅26岁。 师:听了这个故事,你有什么想法? 生:我认为邱少云真了不起,平时有热水碰到手上都觉得很疼,邱少云为了战斗的胜利,宁愿自己牺牲在火里也一动不动。 师:是啊,邱少云之所以有这样的表现,是因为他有高度的组织纪律性,永远是我们的榜样。相信大家还搜集了很多守纪律的故事,咱们课下可以继续交流。 2.学名言 师:听了邱少云遵守纪律的故事,相信大家都很受教育,下面让我们一起学一学名言,看谁理解得好。谁来读读这句话?	

活动过程	意图(自主发展表现)
生读:不以规矩,不能成方圆。(《孟子·离娄上》) 　　师:这是《孟子·离娄上》中的一句话,谁知道是什么意思? 　　生1:我知道这是让人们做事情都要守规矩,不能想干什么就干什么。 　　生2:我知道做事只有守规矩才能不出错。 　　师:没错,你们理解得很对,原来的规和矩指的是咱们现在的圆规和直尺,后来引申为行为举止的标准和规则。这句话就是说如果没有规和矩,就无法制作出方形和圆形的物品。这句话是古人说的,虽然已经这么多年了,但我们还是要按照要求去做,下面我们来学习下一句名言,一起读读。 　　生读:加强纪律性,革命无不胜。——毛泽东 　　师:什么意思呢? 　　生1:毛主席告诉我们只有遵守纪律,革命才能胜利。 　　生2:我认为除了在打仗中要守纪律,我们小学生也要守纪律,这样我们才能学习好。 　　师:同学们说得真好,其实在学校大多数同学都能按学校的要求去做。 　　3.看图片视频(拍同学日常生活的图片、视频) 　　师:为了让同学们更好地向他们学习,我把同学们在学校日常的学习活动情况拍了几张照片几段视频,下面我们一起来看看,说说你的想法。 　　生看视频 　　师:谁来说说你的想法? 　　生:我从视频中看到同学们排成整齐的队伍走着去厕所,非常有序,让我们的学校更加美丽。 　　师:说得很对,这两幅呢? 　　生:第一幅是同学们早晨进校就自己做自己的事情,安静有序。第二幅是午休的时候,我看到同学们安安静静地休息,有的在看书,有的在趴在桌上休息,也非常有序。 　　师:是啊,图中的同学们真是非常的守纪律,对班集体负责,为班集体争夺荣誉,是我们学习的榜样。这幅呢? 　　生:这幅图中有一个小朋友主动捡起楼道中的纸,爱护学校卫生。 　　师:对呀,如果我们人人都做到,那我们的校园该多么干净啊,这就是对学校负责的表现。谁能把这四幅图放在一起说你的想法? 　　生1:我认为这四幅图中同学们的表现说明他们的行为都按照学校要求去做,能够做到守纪律。	通过图片视频内容,引导学生明白如何做才是对班集体负责任。在学生自由讨论中认识负责任、守纪律的重要性。

续表

活动过程	意图(自主发展表现)
生2:我觉得他们不但对自己负责,对班级负责,还对我们的学校负责。 师:这两个同学说得真好!因为每个同学在学校都是班级中的一份子,自己行为的好坏直接影响班级,有时学校在总结时会说,某班有一名学生不守纪律,这不就是个人和班级的关系吗?希望大家能把个人的好坏与班级联系起来,要时时想到自己是二年十二班的学生,要为班级争光,为班级负责。 4.放问题短片(放视频) 师:下面我还录了同学们日常学习生活的视频,看看你有什么想法? 放视频 师:看了视频,谁来说说你的想法? 生1:我觉得视频中的学生做的不正确,他们早晨来到学校没有秩序,在教室中说话聊天,影响了班级的整体秩序,没有对班级负责。 生2:还有同学把自己的垃圾扔到地上,这样破坏了学校的卫生,影响了同学们学习的环境,没有对学校负责。 生3:在排队的时候有同学故意挤同学,不懂谦让,容易发生危险,这不但是对自己不负责,更是不对他人负责的表现。 师:是啊,这些不遵守纪律的行为就发生在我们身边,他们不能对班级、对学校负起责任,这些表现说明在我们的班级中要进行守纪律负责任的教育,下面我们要用实际行动告诉同学们遇到以下情况应该怎么办? 5.创设情境,行为表演 情景1: 师:同学们,现在已经下课了,先请大家回忆一下我们课间应该怎么做呢? 生1:我可以和同学小声地说话聊天。 生2:我们可以喝水休息一下。 生3:我们可以主动找老师改错,有不明白的问题问老师。 生4:准备下节课的学习用品。 师:大家说的都很棒,下面同学们可以自由活动了,一边自己做一边看看其他同学怎么做? 一会我们来交流。 生一分钟活动 师:好了,时间到,谁来说一下,这节课间大家做得怎么样? 生:我觉得这节课间大家做得非常棒,因为同学们都在做自己的事情,教室里的声音很小,秩序非常好。	通过学生对自身的认识,分析自己的问题,增强学生自觉守纪负责的意识。

活动过程	意图(自主发展表现)
师:我也觉得是这样的,咱们每节课间都能够这样做,教室安静有序,而且还能为下节课做好准备,让我们更好的学习。 情景2: 师:刚刚模拟课间,同学们做得非常棒,现在我们来模拟午休的情景。先来回忆一下,午休我们应该怎么做? 生1:午休不能随便说话,安安静静做自己的事情。 生2:我们可以趴下休息也可以看书 师:大家说得很好,现在我们就开始午休。 学生一分钟午休 师:好了,同学们,谁来说说午休怎样? 生:这次午休非常好,教室里一点声音都没有,同学们可以得到充分的休息。 师:是啊,午休时间可以让我们充分的休息,为下午的学习打好基础。 情景3: 师:现在我们来模拟一下出门排队的情景。排队又需要做到什么呢? 生:我们要做到快静齐。 师:没错,现在我们就开始模拟放学排队的情景。 生演练排队 师:大家觉得怎样? 生1:我觉得大多数同学都能做到快静齐,只是有几个同学有点慢了,需要再快一点。 生2:我发现有个别同学在排队的时候为了图快和其他同学发生了冲撞,这很危险。 师:大家真有一双发现问题的慧眼,现在我来采访一下收拾快的同学,在等的过程中应该怎么做? 生:我们应该慢慢走到自己的位置,给慢的同学留好位置,站好安静等待。 师:非常好,现在我问一下收拾慢的同学怎么做呢? 生:我应该抓紧时间收拾,回家练习收拾物品的速度,不给班级拖后腿。 师:看来大家通过这节课的学习都知道了守纪律是负责任的表现,希望大家能够在实践中按照要求去做。	通过实际的情景表演,让学生亲自体会在班级中守纪的做法,提高规范自己的认识。

续表

活动过程	意图（自主发展表现）
四、师生评价 师:通过这次的班会课,大家了解到很多负责守纪的榜样,有了很多收获,现在请大家拿出评价表,想一想按照班会确定的目标,你都能做到吗? 你觉得自己还有哪些方面需要努力? 四人为一小组,组长带领组员进行评价,一会儿请各小组进行汇报。 生评价 师:好了同学们,哪组先来汇报一下? 生1:我们组4位同学都能做到上学不迟到和在教室内不大声说话,3位同学能做到去厕所不追跑、午休不随意说话和维护班集体卫生。2位同学能做到排队快静齐。 生2:我们组4位同学都能做到上学不迟到、在教室内不大声说话和排队快静齐。3位同学能做到去厕所不追跑、午休不随意说话和维护班集体卫生。 师:很多同学都能够做到上学不迟到、在教室内不大声喧哗,共同维护班集体的卫生、放学排队做到快静齐,这非常好。有些方面咱们班部分学生做得不够好,咱们在以后的学习生活中应该努力做好。 五、总结延伸 1.学生总结 师:通过这节班会课的学习,你有哪些收获呢? 生1:通过这节课的学习我明白了在学校中要遵守纪律,对班集体负责。 生2:通过这节课的学习,我懂得了要向同学们学习,遵守学校纪律。 生3:通过这节课的学习,我要在日常的学习生活中做到,严格遵守学校纪律。 生4:通过这节课的学习,我知道了我们要做一个对班级、对学校、对社会负责的好学生。 师:你们的收获可真多。 2.教师总结延伸 师:为开好班会,大家准备得十分充分,关注了身边事情,十分细心。很多同学能够做到上学不迟到、在教室内不大声喧哗,共同维护班集体的卫生、放学排队做到快静齐,这非常好,这是爱班集体的表现,是对班集体负责的表现,是对学校负责的行为,下课后,希望大家继续保持,没有做到的要继续努力,大家要记住负责守纪的行为不光在学校要做到,在家里也要对自己的学习负责,在社会上为自己言行负责,这才是一位爱班级爱学校的好学生。	让学生在评价中不断认识到,应该做对自己对班级负责的好学生。 引导学生参与班会的总结,有助于帮助学生学会总结。

续表

活动反思：
这节班会的成功之处： 　　1.按照学校的要求,在平时的教育教学活动中,都要贯彻协商理念,都要发挥学生主动性,所以在班会前我就让学生做了充分的准备,如活动目标、活动内容、活动形式,以及以小组为单位进行分工准备。学生是有目的、有准备地参与此次班会,这样可以充分地调动学生的积极性,发挥学生的主观能动性。 　　2.因为是二年级的学生,年龄比较小,因此这次班会课的活动形式丰富多样、语言生动形象,采用了讲故事、录日常视频、情景表演等形式,在此过程中,学生与自己的日常生活接触,能够帮助学生回忆自己平时的言行,再现平时的表现,学生能够产生更大的认同感。 　　3.通过这节课目标的设定,内容的安排,师生的评价,最后能够达到规范学生日常行为的目标,对学生的成长具有重要的意义,我感觉这节班会取得的效果不错。 　　今后在班会中,可以试着练习让学生主持班会,更加充分发挥学生的主体地位;引导学生搜集更加丰富的材料。在以后的管理中也要注意学生品德、行为的变化。

（评价表附后）

我要做一个负责守纪的小学生		
评价内容	能做到	需努力
1.上学不迟到		
2.去厕所不追跑		
3.在教室内不大声说话		
4.午休不随意说话		
5.放学排队做到快静齐		
6.能维护班集体的卫生		

第二节 "素质拓展"课程纲要

陶 湘 徐声媛

一、背景

素质拓展课程是"小海帆"自主发展课程体系中"主题活动课程"中的一门课程。它包含了思政类、科技类、艺术类、体育类和心理健康类共五类。素质拓展课程在重视学生全面发展的前提下,注重培养学生的兴趣特长,在实施中突出协商理念,在活动中注意发挥学生的积极性、自主性,让学生做活动的主人。

我校早在20世纪80年代开始,为了促进学生全面发展,培养学生兴趣特长,就开设了多门兴趣课,后改名为"小海帆自主俱乐部"。2016年天津市教委、河西区教育局下发了《素质拓展课外活动计划》文件,明确提出着力提升学生综合素养,着力培养学生健全人格,促进学生身心健康发展,切实培养学生的社会责任感、创新精神和实践能力,并设立专项拨款,要求借助学校、社会、家长三方面力量,努力构建校内外育人共同体,促进学生全面健康成长,为学生素质拓展提供保障。我校逐渐将"小海帆"自主俱乐部的活动组纳入素质拓展课程之中,形成具有上海道小学特色的素质拓展课。

二、内容

1. 我们将素质拓展课按照课程内容分为思政类、科技类、艺术类、体育类和心理健康类,共五大类。

思政类素质拓展课是以社会主义核心价值观为引领,引导学生了解中国共产党的奋斗历史,体验奉献精神,把爱国情、强国志、报国行自觉融入思想意识中,增强社会责任感。例如"好儿童"学习社、"点亮微光"志愿服务等。

科技类素质拓展课通过一系列形式多样探索性的实践活动,激发学生参与兴趣,培养学生科学意识和创新精神,发展创意智慧。例如"机器人工作室""DI创新思维""创造发明"等。

艺术类素质拓展课通过多种形式组织学生参加艺术实践活动,提升艺术素养,培养学生审美能力,陶冶情操、启迪智慧。例如"合唱团""舞蹈队""民乐队""管乐队""海帆书苑""美术创造"等。

体育类素质拓展课通过开展趣味性体育,培养兴趣,发展爱好,引导学生在体育锻炼中增强体质,提升身体素质,培养团结协作精神,形成积极阳光心态,增强集体荣誉感。例如"田径队""排球队""足球队"等。

心理健康类素质拓展课程着眼于激发内在积极力量,提升学生积极心理品质,形成良好行为习惯,不断完善自我,拥有健康的心态,并能够传递他人积极情感,促进其未来发展。例如"温馨港湾""情商管理"等。(具体内容见下表)

素质拓展分类内容

类别	校级素拓	年级素拓		
		低年级	中年级	高年级
思政类	好儿童学习社、点亮微光社区服务	抗日连环画故事	平"语"近人、党史故事100讲	海帆讲党史
科技类	机器人工作室、DI创新思维、创造发明、无线电和航空、人工智能	科技解码、数独启蒙	创新思维训练、数独技巧	小马王编程、思维"大冒险"
艺术类	合唱团、舞蹈队、民乐队、管乐队、海帆书苑、美术创造、美术版画、水粉画	黏土画、卡通儿童画、儿童舞、素描 时尚舞、非洲鼓、经典诵读、装饰手工、56个民族赏析	科幻画、儿童画、快板、了解乐器、葫芦丝、动漫欣赏与表演、诗词鉴赏、少儿表演、街舞、衍纸画、国际跳棋、国学艺术、阿拉贝拉童声教学、动漫	名画欣赏、线描装饰画、声乐、表演主持、中国文化与诗词鉴赏、中国舞、电影配音、剪纸、合唱、书法
体育类	田径队、排球队、棒球队、足球队、体适能	了解各种球、跳棋、啦啦操	网球、围棋、趣味运动	体质健康、太极、跳绳、民族运动
心理健康类	温馨港湾	少儿心理、情商训练	情商管理	情商管理,青少年心理健康辅导

2. 在五类课程中,原有"海帆"俱乐部项目已具备一定优势基础,部分项目已形成上小的特色品牌,因此我们将其设为校级层面的精品课程内容,其他内容作为年级层面普及性内容,形成课程梯次。

三、实施

(1)课程选择:每学期伊始,学校公布素拓课具体项目,学生根据年级特点、兴趣爱好,进行自主选择、报名。校级项目是以学生通过自主报名与教师推荐相结合的方式,确定本组成员,开展课程活动。班级项目是以发放电子公告组别信息,集中时间报名,学生可自主报名,依照报名时间顺序录取。

(2)师资保障:校级层面师资源于上海道小学专业教师为主,年级层面委托素拓机构选派有教师资质、专业技能且有经验的教师,学校教师负责学生活动管理。

(3)活动时间:班级和校级项目时间安排在周四下午,共两个小时。但校级项目根据要求适时开展集训,增加时长。

(4)课程管理:学校成立"素质拓展课程"管理部门,每学期初组织教师开展学习、培训,指导制定活动方案、活动计划、撰写每次活动教案、学期末撰写活动总结,进行作品展示评价,评选优秀项目。

四、素质拓展课部分课程目标、计划

思政类"好儿童学习社"活动计划

目标	通过系列思想教育,培养学生热爱祖国、热爱中国共产党、热爱社会主义,崇敬英雄的良好思想品质,树立正确的人生观。
2020—2021学年第一学期活动计划	
1	了解本学期活动计划,制定评价标准
2	"党徽"含义
3	今日之责任,不在他人,而在你我少年(1)
4	今日之责任,不在他人,而在你我少年(2)
5	闪光的女排精神!
6	"学四史 颂祖国"我和我的祖国
7	此刻,向最可爱的人致敬!
8	"传承红色基因 弘扬革命精神"(1)

续表

9	"传承红色基因 弘扬革命精神"(2)
10	弘扬延安精神 展示我辈风采(1)
11	弘扬延安精神 展示我辈风采(2)
12	学习党的十九届五中全会精神 扬帆远航正当时 乘风破浪新征程
13	上小学子看"全会"——上海道小学十九届五中全会宣讲稿
14	总结评价

科技类"DI创新思维"活动计划

目标	1.初步了解DI活动的背景、历史和发展,知道DI比赛的内容和形式,激发学生对DI活动的兴趣和热情,激励学生将创新意识带到生活中去,丰富学生课余文化生活,培养热爱生活之情。 2.掌握即兴类中心挑战和即时挑战的解题技巧和方法,了解并学会即兴表演。培养反应能力、时间掌控能力、想象能力、创造能力、动手能力、发散思维、团队合作能力。 3.经历DI挑战过程,克服紧张情绪,开发自己的天赋和潜能,增强表演意识和自信心,提升展示能力、领导能力,享受挑战的快乐。

2020-2021学年第一学期活动计划	
1	了解本学期活动计划,制定评价标准
2	DI创新思维俱乐部介绍
3	DI赛事介绍
4	了解DI所用材料
5	分析了解任务类赛题
6	任务类赛题练习
7	任务类赛题练习
8	任务类赛题练习
9	任务类赛题练习
10	任务类赛题练习
11	分析了解表演类赛题
12	表演类赛题练习
13	表演类赛题练习
14	表演类赛题练习
15	表演类赛题练习
16	总结评价

艺术类"美术创造"活动计划

目标	1.培养学生对美术的兴趣、爱好、增长美术专业知识、提高美术技能、丰富学生的课余文化生活。 2.通过鼓励学生联想和想象,体验美术活动的乐趣,培养学生的创造性思维。
\multicolumn{2}{c}{2020—2021学年第一学期活动计划}	
1	了解本学期活动计划,制定评价标准
2	四季的色彩
3	在快乐的节日里
4	创造绿色的生活
5	创造色彩
6	唱起来跳起来
7	彩球的设计
8	城市雕塑
9	用各种材料制版
10	装饰柱
11	画故事
12	剪纸中的古老记忆
13	绣在服装上的故事
14	复制与传播
15	花鸟画1
16	花鸟画2
17	总结评价

体育类"排球"活动计划

目标	1.让学生掌握基础的排球运动技能和知识,激发学生对排球的兴趣。 2.培养学生良好的心理品质,形成健康正确的生活方式。弘扬拼搏进取、团结协作的体育精神,养成坚持锻炼的好习惯。
2020—2021学年第一学期活动计划	
1	了解本学期活动计划,制定评价标准
2	练习垫球
3	练习垫球
4	掌握传、垫球技术动作
5	移动垫球、发球
6	移动传球
7	互相垫球、传球
8	掌握传、垫球基本技术动作
9	发展身体素质练习
10	移动垫球
11	定点垫球
12	定点垫球、发球
13	定点垫球、发球
14	定点垫球、移动垫球
15	定点垫球、移动垫球
16	上手发球
17	总结评价

心理健康类"温馨港湾"活动计划

目标	1.通过教学使学生学会正确表达情绪,正确客观的自我认识,增强学生的集体意识。 2.学习信任与被信任的重要性,学会正确处理冲突。正确认识挫折、压力及失败并学会理性对待,形成积极向上的健康心态。
2020—2021学年第一学期活动计划	
1	了解本学期活动计划,制定评价标准
2	相见欢
3	生命教育
4	话题多 朋友多
5	集体力量大
6	分享故事
7	猜字游戏
8	集体动物园
9	我的情绪我做主
10	我的情绪我做主
11	遵从指导我第一
12	拍卖会
13	我是谁
14	OH卡牌自我察觉
15	我和我的爸爸妈妈
16	我爱我的家
17	总结评价

五、思政类案例

童心向党　扬理想风帆　做时代新人
思政启蒙课程教学设计

本课主题	上小学子看"全会"——上海道小学十九届五中全会宣讲稿
时　间	2020年12月24日
教学目的	通过本节课,牢记习近平总书记的教导"刻苦学习知识,坚定理想信念,磨练坚强意志,锻炼强健体魄,为实现中华民族伟大复兴的中国梦时刻准备着"。
教学形式	谈话、观看视频
思政活动教学设计	我们眼中的"十四五"规划 教师:最近你们在新闻或广播中听到过"'十四五'规划"这个词吗?(队员回答) 教师:队员们,10月26日至29日在北京,中国共产党第十九届中央委员会第五次全体会议召开,简称"十九届五中全会",大会听取和讨论了习近平总书记受中央政治局委托作的工作报告,审议通过了《中共中央关于制定国民经济和社会发展第十四个五年规划和二〇三五年远景目标的建议》。其中,"'十四五'规划"和二〇三五年远景目标不仅受到每一个中国人的关注,世界上很多国家也非常关注。 教师:在本学期"学四史"系列思政教育活动中,我们看到了祖国70多年来的发展变化,取得的辉煌成就,这些成就就是在一个个"五年规划"中一点点实现的。我国经济社会发展有今天这样良好的局面,"五年规划"编制科学及实施有力功不可没。中华人民共和国成立以来,我国共实施了13个五年计划或规划。 教师:回望"十三五",习近平总书记作为党和国家领导人,在他的亲自推动下,一个个重大国家战略扎实推进,"十三五"即将圆满结束。 　　【播放视频1——数描中国 又是一个满满获得感的五年】 教师:你们还知道这5年来,我们国家都取得了哪些令世人瞩目的成绩吗?(队员交流发言) 教师:这五年中国的发展迅速,下面我们通过一段视频看看这五年中科技的发展吧。 　　【播放视频2——90秒回顾这五年的国之重器】 教师:队员们,第十四个五年规划关系到未来五年我们生活的方方面面。新的五年规划不是轻轻松松制定的,习近平总书记多次调研、召开多次专题会议讨论、听取意见。 　　【播放视频3——总书记问策"十四五"】 教师:"五年规划"以其神奇的力量,带给中国和世界越来越多的惊喜,诠释着中国制度和中国之治独特而巨大的魅力。第十四个五年规划到底写了些什么?让我们分别通过短片了解一下吧。 今天我的讲述就到这里,下面请陶主任为大家进行第二部分的讲解,大家鼓掌欢迎!

续表

	【播放视频4——"十四五",再出发】 教师:刚才,我们通过讲解和视频的形式回顾了"十三五"、展望了"十四五"。通过这几段视频,我们看到了中国的成就,我们马上就要迈进新的五年,对未来的五年充满期待。在这里,老师想跟大家探讨一个问题,"面对很多难题,为什么我们中国就能够解决呢?"(队员交流) 　　(二)畅想美好的"2035" 教师:"十四五"规划就像我们制定的一个学期的学习计划一样,需要我们去落实。一个个小目标的完成,才能实现我们的大目标。 教师:十九届五中全会不仅制定国民经济和社会发展第十四个五年规划,还提出了2035年远景目标的建议。15年后,你是什么样,中国会是什么样?"2035"令人期待,让我们通过一个视频一起去畅想一下2035年的中国。 　　【播放视频5——全息视频"2035"】 　　总结: 教师:2021年至2025年是我国的"十四五"时期,这是我国全面建成小康社会、实现第一个百年奋斗目标之后,乘势而上为实现第二个百年目标而奋斗的第一个五年。我们相信,在以习近平总书记为核心的党中央领导下,"十四五"规划一定能够释放更大力量,为全面建设社会主义现代化强国开好局、起好步,引领中国奔向更加美好的明天。 　　美好的2035,一定会有美好的你,就像刚才我们畅想的一样,老师建议课后,你们可以用自己手中的画笔勾勒美好的未来。 　　2035,那时正需要你们为祖国发展建设贡献力量,希望你们牢记习近平总书记的教导"刻苦学习知识,坚定理想信念,磨练坚强意志,锻炼强健体魄,为实现中华民族伟大复兴的中国梦时刻准备着"。
思政活动 教学成 果、反思	上小好儿童学习社的同学们通过视听、分享,牢记习近平总书记的教导"刻苦学习知识,坚定理想信念,磨练坚强意志,锻炼强健体魄,为实现中华民族伟大复兴的中国梦时刻准备着"。

六、评价

　　校级和年级素质拓展课程的评价,主要根据学生每次活动的出勤、参与的积极程度、完成任务等情况,期末利用一次活动进行总结评价。

科技类评价表

评价内容	评价标准		三星评价
爱探索	一星:达标	有求知的好奇心和探索的欲望。	☆
愿意参与	二星:优秀	1.积极准备科学探索材料。 2.开动脑筋,大胆设想,认真观察,积极动手实验。	☆ ☆
学习提升	三星:小达人	1.积极实践,发挥个性所长,参与科学实践活动,施展才能。 2.完成成果交流报告,查找过程中的优点和不足,制定计划。 3.具有严谨认真的科学精神。	☆ ☆ ☆

体育类评价表

评价内容	评价标准		三星评价
爱锻炼	一星:达标	积极快乐参与各项体育活动,规范、认真地完成基本动作,并记住要领。	☆
愿意参与	二星:优秀	听从指挥,遵守体育项目规则,尊重他人,有公平竞争的意识和行为。	☆ ☆
擅长运动	三星:小达人	能够擅长至少一项体育技能。代表学校参加各级各类体育项目比赛。	☆ ☆ ☆

艺术类评价表

评价内容	评价标准		三星评价
能感受	一星:达标	有浓厚的兴趣,日常生活中积极主动学习艺术相关知识。	☆
能鉴赏	二星:优秀	积极挖掘艺术形式之间的异同,鉴赏各地传统艺术文化。	☆ ☆
能创造	三星:小达人	积极将艺术与竞技相融合,代表学校参加各级各类艺术类比赛。	☆ ☆ ☆

思政类评价表

评价内容	评价标准		三星评价
能遵守	一星:达标	热爱国家,关心时政,遵守社会公德和学校的规章制度,懂得真善美,学会做人的道理。	☆
有信仰	二星:优秀	了解中国共产党的奋斗历史,体验奉献精神,把爱国情、强国志、报国行自觉融入思想意识中,坚定理想信念,增强社会责任感。	☆ ☆
践行动	三星:小达人	深入细致了解我国发展的宏伟蓝图,远景目标,做好学校小宣讲员,传播习近平总书记的思想,能够引领示范,做到刻苦学习知识,磨练坚强意志,锻炼强健体魄。	☆ ☆ ☆

心理健康类评价表

评价内容	评价标准		三星评价
认识自我	一星:达标	正确客观地认识自我,了解自己知道什么样的事情适合自己。	☆
了解自我	二星:优秀	学会正确表达情绪,学会正确处理冲突。评价自己的行为、动机、能力与情感,并开始按这一标准来自觉调节自己的行为。	☆ ☆
健康自我	三星:小达人	在充分了解的基础上,客观地把握自己,完善自我,拥有健康的心态,并能够传递给他人积极情感。	☆ ☆ ☆

"素质拓展"课程一:"小海帆"民乐团活动案例

李 唯

一、"小海帆"民乐团背景简介

20世纪80年代,为了培养学生的特长,促进学生的全面发展,上海道小学自主开设了兴趣课,孩子们可以根据自己的兴趣爱好报名参加,其中发现有许多孩子喜爱乐器,于是学校就将这些孩子组织在一起,聘请区少年宫的老师进行辅导训练,随着人数和乐器种类的增多,学校萌发了组建乐团的想法,于是与少年宫商讨合作成立民乐团。1994年上海道"小海帆"民乐团正式成立,至今已有26年。

二、"小海帆"民乐团发展历程

"小海帆"民乐团的创建,旨在培养学生的艺术特长,激发学生对民族音乐的热爱。建团之初,其成员是通过学生自主报名和学校选拔相结合组建的,随着乐团发展,在区域内取得一定的成绩后,学校为了加强对乐团的管理,保证训练时间,尝试组建"艺术班"。即从学生入学开始就了解学生的兴趣爱好,自主选择是否愿意参加民乐团,学校也会进行一定的乐感测试,将有一定艺术天赋的学生集中组建在两个班中,学校选派优秀骨干教师担任班主任并和音乐教师一起参与训练的组织与管理工作。乐队师资主要来自:天津歌舞团、天津音乐学院一级专业演奏家、教授、少年宫专业教师及学校音乐教师担任乐团辅导工作。乐队日常培训以河西少年宫专业教师秦忠武老师牵头负责培训,每周四下午到校,利用兴趣活动课时间义务为学生辅导。河西区少年宫对学校给予了鼎力支持与相助,曾为学校提供了许多大件乐器。小件乐器由学生自己准备,周六或周日乐队学生还要分别到少年宫参加专项训练,为保障乐队整体水平提升奠定基础。

2016年,学校开展"自主发展教育课程"体系研究,将民乐团兴趣课纳入素质活动课程,师资由校内校外相结合,训练时间相对固定,形成一定训练、参赛机制,积极参加市区组织的各级各类文艺展演活动。诸多的实践活动更能使学生体验到演奏的成就感,促进学生学习的热情并深化其对音乐作品的感知、理解及表现能力,从而使学生在艺术的殿堂中收获满满,进一步提升学生的审美能力。"小海帆"民乐团参与各级各类比赛也屡获佳绩,据不完全统计,获国际奖项三十余人次,有三百余人次获各类全国比赛一、二、三等奖,千余人次获市区比赛一、二、三等奖。另外,"小海帆"民乐团连续数届获天津市文艺汇演一、二等奖,区文艺展演一等奖,被誉为天津市最优秀的校园艺术团体之一,河西区最佳艺术社团。我们还参加了各大文艺演出任务,平均每年参演场次在二十场以上,"小海帆"民乐团还多次参与国际性交流活动,先后随代表团出访了日本、新加坡、比利时、卢森堡、泰国、马来西亚等二十余个国家和地区,为世界各地的人们献上了精彩的艺术精品。我们的民乐团2019年赴四川成都参加国家器乐节比赛荣获了"三川奖"。

多年来,由于我校坚持开展艺术教育,对学校整体工作的开展起到了推动作用,同时也对推进素质教育发挥了实效。95%的学生都能够在艺术教育中提高自身的修养,同时也使学生形成了良好的道德修养和个性品质,在艺术特长上赢得了骄人的成绩。学校的艺术教育也取得了显著的成果,我校先后被命名为全国艺术教育先进校、艺术教育特色学校、先进学校、双星级艺术团。

"小海帆"民乐团通过这些活动的不断磨练,舞台表现力越发的娴熟、自信,在这些活动中既充分展示了上小学生的精神风貌与上小学生的独特风采,同时又培养了学生良好的心理、身体、音乐素质及审美能力。

三、"小海帆"民乐团成功经验

(一)注重课程顶层设计,营造浓厚学习氛围

民乐团的组建和规范化管理是以育人为根本,以提升艺术素养为目标。民乐团以传承民族音乐文化为己任,旨在使学生在课余时间掌握良好的演奏

技能,了解丰富的民族音乐作品,提高音乐表演能力和鉴赏能力。

为了加大对民族音乐文化的传承和弘扬,满足学生的学习需求,学校在民乐大合奏的体制下成立了民乐小合奏这种舞台演奏形式,增添了笛子、二胡、琵琶、扬琴等乐器,使学生不仅加深了对民族乐器的认识,还深入了解了民族音乐文化。

民乐团指导教师们经过研讨编写了教学大纲,小合奏教学以基本功为主,大合奏教学在基本功训练之外,选择适合学生学情的乐曲让学生进行学习和排练。民乐团制定了日常管理制度,学期教学进度计划,乐曲编配规划,新老团员交替方案,每学期初设立考核制度,学期末进行汇报表演。学校通过规范的制度管理,提高了民乐团教学质量,为学生营造了良好的学习氛围。

(二)精心设置课程内容,感受民族音乐魅力

选曲上遵循原则,让学生感受音乐魅力。小学阶段是学生人生观、价值观等初步形成的重要阶段。中国民族音乐蕴涵深厚的文化底蕴,对于学生而言,既是亲切、优美的,又是源远、深奥的。教师在为学生选择曲目时,既注意曲目的民族性、艺术性,又考虑学生的年龄特点,既要把经典美好的作品介绍给他们,又要引导他们从作品中感受民族音乐的魅力。遵循上述原则,我们乐团选取了《丰收锣鼓》《春节序曲》《山村里来了售货员》《花好月圆》《奔驰在千里草原》《赛马》《金蛇狂舞》《喜唱丰收》《达姆达姆》等作品让学生进行排练。

教师对所选音乐作品的相关背景、艺术风格、音乐要素等都做了充分的了解,并用通俗易懂的语言为学生介绍。通过语言介绍和听觉体验,学生对作者的思想情感及作品的曲式结构方面有了基础性的认识,为其用演奏技术来表达作品奠定了良好的基础。

(三)探索技法训练策略,提高学生演奏能力

乐曲排练是民乐团整体活动中至关重要的环节。这一环节要细致安排,学生通过分声部练习、初步视奏合排、分声部复练、巩固合排、深度合排多个阶段实现乐曲的"二度创作"。在排练过程中,学生通过感受、分析、表现音乐节奏、旋律、力度、音色等要素的变化,逐步提升音乐鉴赏能力。

在乐团排练中,我们从基本乐理做起,用知识与技能相结合的方式对学生进行教学引导,培养学生的乐感和节奏感。扎实的基本功训练让学生逐渐具备较好的音准与节奏概念,从而也让学生在演奏中提升自己的审美体验。

合排有助于培养学生的集体观念、自主意识、合作意识,更能在单声部旋律的基础上感受合奏音响的效果。合奏曲要有整齐的共性演奏、整体的演奏风格,学生要达到声部准确进入、呼吸处理清楚、力度变化一致、速度平稳、弓法统一等要求,就需要学生长期、科学地磨合排练。从基础合奏曲到成型合奏曲,学生的演奏能力得到极大提升,民族音乐的无穷魅力潜移默化地影响着学生。

在部分与整体相结合的排练方式中,通过结构、段落划分,技术重点乐段的侧重训练,教师引导学生精心打磨排练,使各声部音响和谐地融合在一起,各声部的小演奏员也在磨合排练中增强了默契程度。学生在完整、严谨的排练过程中,对作品的艺术美加深了理解、领悟,学生逐步达到舞台演出的水准和要求。

中国的民乐合奏作品从无到有,从少到多,题材从单一到丰富,产生了大量不同体裁和形式的民乐合奏作品。通过排练,学生对民族音乐有了不同的体会,可以说受益匪浅。在深度和对音乐作品的体会上,不但学会了一些基本的乐理、还学会了一些音乐语言,知道怎么去欣赏和体会音乐作品的音乐形象和艺术魅力,使学生的音乐素养得到全面的提升。

"素质拓展"课程二:"小海帆"机器人活动案例

夏　瑞　袁建亮

一、"小海帆"机器人活动背景简介

1984年,邓小平提出计算机从娃娃抓起。当时学校一致认为,随着信息技术的高速发展,计算机会成为人们学习、工作、生活不可缺少的基本工具。于是在市科协的帮助下,我校率先成立了计算机小组,因材施教,练习打字和简单编程,结合项目要求,引导学生们不断研究和创新,完成主题编程任务。这种项目驱动的模式激发了学生们的学习兴趣,积极拓展了他们的学习目标。学生自主设计的多项作品参加全国、市、区青少年科技创新比赛获一、二等奖。几十年的不断发展,成绩优异,我校计算机小组还曾获天津市"播种太阳奖"。

进入90年代,一次偶然的机会,我校代表天津市在广州参加全国计算机竞赛,活动过程中接触了机器人,同学们都觉得很新奇,也非常地喜欢。机器人作为一个新兴产业,我校看到了机器人活动对培养学生的逻辑思维和综合设计与创新能力有非常大的帮助,于是与河西区少年宫合作,购买了一批机器人套装器材,在全校范围内选拔对机器人感兴趣的学生做研究和探索。

二、"小海帆"机器人活动发展历程

1999年,我校成立机器人兴趣小组,由时任科学学科的夏瑞老师作为指导教师,组织开展机器人活动。基于计算机兴趣小组,我们从中选出对机器人活动感兴趣的学生参加机器人学习和培训。在少年宫老师和夏瑞老师的共同辅导下,机器人兴趣小组利用少年宫提供的机器人套装器材,每周开展一次活动。学生们学习机器人的热情非常高。2001年,天津市组织了第一届青少年机器人竞赛,我校机器人兴趣小组积极参与,获得首届冠军;同年,全国青少年

机器人竞赛也开始了,通过教师和同学们的共同努力,我校在北京举行的国际机器人邀请赛中获得小学组团体冠、亚军,同时还获得两个单项的冠、亚军。2003年,我校获得了第三届中国青少年机器人竞赛创意比赛项目的冠军。

2004年,我校成立天津市第一个机器人工作室。随着机器人活动的开展,工作室逐步拥有了自己独立的活动空间,引进了有乐高、中鸣等多种机器人套装器材,比赛专用场地和多台计算机等。机器人活动专职教师4人(其中研究生学历2人),兼职4人。7月参加在澳门举行的世界杯机器人中国选拔赛,通过努力,获得季军,取得参加世界杯机器人竞赛的资格。8月在葡萄牙举行的世界杯机器人竞赛小学组机器人足球项目中,我校同学战胜来自30多个国家的强手,最终获得冠军。2006年,我校机器人项目在全国科技创新大赛科技实践活动评选中,获二等奖。2007年,我校王琦同学由于多年在机器人竞赛中成绩优异,获得2007年全国科技创新奖,同时获得5000元的奖金。2010年,第十届全国青少年机器人竞赛足球项目(小学组)中,通过刻苦努力训练、顽强拼搏,最终以全胜而不失一球的成绩战胜了来自全国各省、区高手获得冠军。他们因此有资格参加2011年天津市青少年科技创新奖的评选,通过努力最终获得这一奖项,也得到了1万元的奖励。2012年,我校获得"中国青少年机器人竞赛优秀学校"荣誉称号。

2009年,鉴于机器人教育对孩子们的重要影响,我校将机器人教育作为校本课程在全校范围内开设,使全体同学受益。2013年,编写并出版了校本课程系列教材,为学生提供了更加规范系统的学习内容。2014年至今,我校连续六年参加FIRA Youth青少年机器人世界杯中国公开赛,获得巡线竞赛、高尔夫和学术演讲等多个项目的冠、亚、季军,获得一等奖的人数位居全国前列。2018年,由于机器人活动开展突出,我校被评为"全国人工智能科普活动特色示范单位"。同年11月,我校机器人研究团队所申报的智能机器人创新教育教学案例项目被中央电教馆评为全国一等奖。

自2001年开始,我校机器人兴趣小组连续19年参加天津市青少年科技创新大赛机器人项目,连年获得综合技能、机器人足球和遥控足球等多个项目的冠、亚、季军,是天津市获得冠军最多的学校。同时每年获得一等奖的人次高居全市前列。机器人工作室成员夏瑞、袁建亮老师多次获得全国、天津市青少年机器人竞赛"优秀教练员""优秀指导教师""优秀裁判"等称号。工作室成员所撰写的多篇机器人教育相关论文获得全国、市一等奖;多次上区级展示课、高效教学观摩课。张玥获得全国优质课展评一等奖。袁建亮、韩博文获得河西区青年教师创优课机器人活动课程一等奖。我校机器人活动取得了一个又一个优异的成绩,为我校、为我区、为我市、为国家争得了荣誉。

三、"小海帆"机器人活动成功经验

综观我校"小海帆"机器人活动的发展,我们可以看到,从开始的兴趣小组走到现在的机器人校本课程,从当初的一名兼职教师变成现在的4名专职和5名兼职教师,从单一的竞赛到多种活动主题项目教学,从一小部分人学习变成全校学生受益,我们深刻认识到了机器人校本课程的重要作用,它可以很好地培养学生的信息素养和综合实践创新能力。为此,学校按照课程计划,每班每周都安排了一节机器人课,还利用每周四的兴趣活动课时间,开展机器人活动,培养和发展学生对机器人的爱好。

随着机器人活动开展的深入,学校独立编写并出版了校本课程机器人系列读本,相应地设计了详细的教学案例,开发了校本课程机器人教学系列课件资源、学生自主学习习惯评价表、校本课程机器人教学计划表,为学生提供了更加规范系统的机器人学习内容。根据学生成长发展规律和认知特点,低年级感知认识机器人,中年级动手搭建机器人,高年级编程设计机器人,这样有梯度、有层次的机器人教育,使同学们的综合实践与创新能力都得到了锻炼和提升。机器人兴趣小组面向于活动展示和竞赛,校本课程服务于全体学生,机器人的日常教学利于为机器人竞赛选拔人才,而机器人竞赛又提升了日常的机器人教学,互利共赢。

无论是在校本课程教学中,还是在训练比赛中,我校以学生发展核心素养和自主协商发展的理念为指导,师生共同对活动主题、内容和形式等进行协商,充分发挥学生的自主性和团队精神。大家把自己创造设计的机器人展示出来,把奇思妙想的创意讲给同学、老师和家长,让大家一起欣赏并参与评价,

相互学习,共同进步。优秀的机器人作品还在学校进行展示。我们通过机器人校本课程把先进的科学技术知识引入到孩子们中,进一步普及了机器人和人工智能知识,开发和培育学生的学习潜能和科技特长,开阔眼界,激发了探索科技的兴趣,提升了信息素养和创新实践能力,促进了学生个性的发展。

四、探索创新,提升教师专业能力

我校机器人教师团队注重探索和创新,利用已有器材,结合机器人主题项目,潜心研究与设计机器人,在提升教师专业知识素养和教学水平的同时,也开发出了搭建课、编程课、机器人展示等多种类型的活动课。机器人教师团队从1名兼职教师到4名专职教师,再到辐射多个集团学校的名师工作室,教师队伍不断发展壮大,为我校机器人活动开展提供了强有力的保障,使我校保持在市、区机器人活动及竞赛中的领先占位,继续在全国保持较高影响力。

机器人启蒙教练夏瑞老师爱岗敬业,无私奉献,注重自学和钻研,通过长时间的学习与坚持,对机器人活动开展,形成了自己独特的见解。先后担任国家级裁判、天津市裁判长、机器人项目培训讲师等。夏老师作为工作室领衔人,还注重辅导青年教师,依托先进的机器人发展理念,以校本教研、培训学习等多种形式,带动整个机器人教师团队共同提高和成长,一起提升专业能力,助推我校机器人活动快速发展。

在机器人活动中,教师让学生成为学习的主人,尊重学生自主、创新的意识,引导学生动手搭建制作,动脑思考编程,实现了设计与技术的综合能力培养,同时也提升了教师的教育智慧和科研能力。2013年,夏老师带领7位同学到美国参加国际奥林匹克机器人竞赛。赛前他带领团队从暑假就开始为这次比赛做准备,从参赛队员的筛选,到每个队员参赛项目的确立都做了充足的准备和预案,充分发挥学生的潜能,以争取更好的成绩。新学期开学后,夏老师带领团队每天在完成日常的教学工作后,仍要利用休息时间加班加点,对参赛项目进行硬件设计、制作和软件编写程序。每完成一个项目的制作,就需要对学生进行针对性的训练,达到现场搭建、现场编程、现场调试、完成比赛的水平。学生每天训练也是十分的刻苦,每天都要到晚上8点以后。功夫不负有心人,参赛团队在师生们的共同努力下,在比赛前做好了所有的参赛准备工作,最终在比赛中取得了2金3银2铜的优异成绩。

五、搭建平台,形成团队合力辐射发展

我校历任领导对机器人活动的开展都非常重视,每年都给予最大的人力、物力和财力的支持。我校每年都组织机器人专职教师参加市、全国相关的机器人培训和学习活动,拓宽视野,了解机器人发展的最新情况,更好地促进我校机器人活动的开展。2012年,学校成立了12个名师工作室,其中就包括"超越"机器人工作室,在校舍资源紧张的前提下,学校仍给予工作室200平方米的活动空间来开展各项机器人活动。学校还投入大量财力,为工作室添置了一套汽车自动装配流水线,让学生对智能制造有了直观而深刻的了解,认识到机器人在智能制造中所发挥的重要作用。

鉴于我校开展机器人活动的影响力,我校进一步扩大辐射范围,带动天津市和其他地区机器人活动的发展。借助上海道集团化办学的优势,积极帮助全运村、梧桐等集团学校开展机器人活动。广州市增城区群星小学到我校学访,并了解了"协商理念下的校本特色'机器人'教育教学实践探索"研究成果,认为对于他们开展特色科技实践活动,尤其是"机器人"教育教学实践有很好的引领作用。于是群星小学借助学访的机会恳请成为我校的课题实验校并承担了"'机器人'教育教学的实践研究",课题实验期间,我校课题负责人定期通过学访和微信平台,对群星小学开展机器人课题项目进行具体培训和指导,帮助他们解决了很多实际问题。通过两年多的机器人教育教学探索与研究,我校的研究成果,对群星小学机器人课堂教学及开展科技特色实践活动起到了很好的辐射和带动作用,也使更多的青少年参与到机器人教育活动中来,共创机器人教育美好的未来。

第四章 "文化浸润"课程纲要及案例

第一节 "学校文化"课程纲要

路 畅

一、课程背景

学校文化,是由全体师生在学校长期的教育实践过程中积淀和创造出来的,并为其成员所认同和遵循的价值观、精神、行为准则及其规章制度、行为方式、物质设施等的一种整合和结晶。

学校文化课程是学校自主发展大课程中"文化浸润"课程中的一个分支,内容包括规章制度课程和环境建设课程两部分。其教育目标包括学校育人目标、学生自主发展目标、学校德育八字目标。在活动形式上以自主发展的教育理念为指导,突出协商理念。学校文化课程在潜移默化中对师生进行价值引导和人文教育。

二、课程内容

(一)规章制度课程

1.目标

通过规章制度的学习和践行,引导学生养成良好的行为习惯,增强规则意识,培养学生自律精神,提高自主管理能力。

(1)了解、掌握规章制度,并学会自我约束,养成良好的行为习惯。

(2)遵守班级公约,营造和谐融洽的班级氛围。

(3)培养学生的自我管理能力,增强学生的集体荣誉感。

2.内容

(1)班级公约:班级成员共同制定的规则。

(2)《队章》《守则》:包括《中国少年先锋队章程》《中小学生守则》。

(3)一日常规:《上海道小学一日常规》。

(4)三风一训:校风、教风、学风、校训。

3.实施

(1)班级公约:在开学初,班主任组织班干部,对班级内的相关规定进行初稿制定,然后在班会课期间,与全班同学进行协商确定,并根据班级同学需求对公约进行修改和完善,最终确定班级公约,并要求全班共同遵照执行。

(2)队章守则:一年级新生入队前,要进行不少于四课时的队前教育,其中《中国少年先锋队章程》是重要部分之一,要在辅导员的带领下,熟读并初步理解,其他年级队员也要定期学习并遵守和践行。

(3)一日常规:《上海道小学一日常规》,其内容包含学生从早晨进校到下午离校的一系列行为规范和准则,要在班主任的带领下进行学习和理解,规范学生的言行举止,定期开展"海帆之星"评选,引导学生树立良好的习惯。

(4)三风一训:要求学生熟记学校"三风一训",组织班干部按照学校规定的内容进行讲解,再由班级自主管理员利用每天的晨检时间带领同学宣读学校"三风一训",根据年级不同,帮助学生理解其含义,自觉做到。

(二)环境建设课程

1.目标

(1)熟悉学校环境,感受学校环境美,受到熏陶,自觉维护校园环境。

(2)了解各个特色教室的功能,以及相关设施的使用。

(3)了解学校发展历史,增强学生集体荣誉感。

2.内容

(1)校园环境课程

校园整体环境包括:"书海扬帆"雕塑、育梁圃、桃李园、宣传橱窗、电子屏、"尚园"国学园地、高架操场。

"书海扬帆"雕塑:它是将一本翻开的书籍进行了艺术的变形,演绎为上海道小学形象标识——"海帆"造型,在书页上镌刻了社会主义核心价值观24字。整个雕塑蓝白相间,高大醒目,底座周围以花簇装点衬托,使人一走进校园就感受到学校浓郁的文化氛围。

育梁圃、桃李园："育梁圃""桃李园"是进入校园后左右相对的两个园圃。"育梁圃"是在建设新校区时,学校种植的白杨树林,象征着在学校老师的关怀下,每一位都学都会成长为栋梁之材。"桃李园"中种植着桃树和李子树,寓意着老师们"桃李满天下"。

宣传橱窗:在校园主楼外围,环绕着数十块宣传橱窗,宣传内容包括校园动态、活动主题、行为规范等,定期更新。

电子屏:校门口矗立的电子屏,是学校对外宣传的平台之一,即时播放国家大事、校园动态、公益广告等,定期更新。

"尚园"国学园地:"尚园"是上海道小学开展诵读活动的体验园,它利用上小建筑结构中独特的天井的特点,搭建了诵读活动的小舞台。园中有一座具有典型中国古代风格特点的亭子,木结构的栈道以及环绕连廊的中国传统美德古训使,学生一走进这座庭院就感受到浓郁的中华传统文化的氛围,成为深受学生喜爱的开展诵读活动的场所。

高架操场:学校操场位于二楼高架处,成为独特的津河一景。此设计使校舍得到最大化的利用,获得了天津市"鲁班奖"。

(2)班级主题课程

主要以班级电子班牌为载体,分为"班级名片"和"自主园地"两部分。其中,班级名片要求学生自主创建"班级五有",即班名、班徽、班训、班歌、班风,展现不同的班级风采。"自主园地"则是要求学生自主完善"自主园地"内容,即"我们的风采""我们的骄傲""我们的作品""我们的建议"等板块,每月进行更新,不断发挥班级环境育人功能。

(3)楼层主题课程

根据楼层主题,在每一楼层布置主题厅,设计了各具特色的教育内容,且都有向学生征集的表达心声的主题语。

一楼:传统文化。主题语:做班级的主人,做学习的主人,做学校的主人,做生活的主人。

三风一训——邓小平的"三个面向"标语,以及校徽、校风、教风、学风和校训。

书法长廊——设有学生、教师的书法作品,以及书法家作品和简介。

二楼:人与自然。主题语:给我们一个空间,让我们去发现。

走进"小森林"——在楼厅一角,有一棵仿真古树,古树下有数十种形态各异的野生动物标本、昆虫标本和葡萄藤,组成了仿生"小森林",在古树对面,有数十种蝴蝶标本以及野生动物知识展板,供学生参观学习。

师生读书吧——设有党建主题宣传栏、读书名言警句以及师生读物和阅读桌椅。

三楼:艺术天地。主题语:给我们一个舞台,让我们去展示。

自主小舞台——设有半圆形开放式交流舞台,有电子琴、架子鼓等相关乐器,供学生进行自主活动,让学生带着梦想,展示才艺,实现今日自主小舞台,明日成就人生。

四楼:探索空间。主题语:给我们一个机会,让我们去创造。

科技创新——介绍中国最新的科技创新成就,以及学校机器人工作室的发展历程和学生历年的机器人参赛作品。

(4)自主育人课程

①阅享会。阅享会是学校的共享图书馆,以绿色为主色调,给学生一种和谐舒适的阅读环境,将图书馆藏书和阅览活动室进行了有机整合,为师生营造了一个以书为友,静思阅享的读书空间。阅享会设有数十类上千本书籍、读后感分享栏、阅读桌椅、读书名言警句等,全天向学生开放。

②校史馆。介绍从1950年建校至今的发展历程,重点介绍了学校教育改革所取得的成果,展现了上海道小学70年来坚持教育改革创新、建设一流教师队伍、培育优秀学子的发展足迹。

③"温馨港湾"心理工作室。学校始终将学生的品格塑造和身心健康放在首位,为加强学生的心理健康教育专门设置了"温馨港湾"心理工作室。工作室设有心理沙盘、放松按摩椅、心理书籍等专业的心理健康器材和设施、分为减压区和交流区,是开展学生心理健康咨询,进行心理健康辅导的场所。

④DI创新思维活动室。DI创新思维活动室是DI创新思维社团的活动场所,DI是英文"Destination Imagination"的缩写,意思是"目的地想象",通过学习

自然、科学等文化知识,利用废旧物品动手制作道具、服装,通过团队协作进行短句编排,将科技和表达完美结合,活动室设有丰富的相关器材和设备,是供社团成员学习和开展活动的场所。

⑤"机器人"工作室。进入"工作室"走廊,映入眼帘的是历年学生参加机器人比赛的奖杯、奖牌,以及以杨利伟等三位优秀宇航员形象为代表的中国航天科技发展的前沿动态展板,抬头仰望工作室的天空是夜空下的银河系和星座,仿佛置身于神秘的宇宙,给予人们无尽的遐想;工作室内设有自动化汽车装配流水线模型和机器人比赛专业设备和拼装工具,为学生创新实践搭建平台。

3.实施

(1)校园环境课程。初到总校的学生,将分批分时间段对校园环境进行参观,由班主任和高年级大队干部合作进行介绍,学生们通过听讲解、看实物对学校整体情况和布局进行了解,并做好记录。

(2)班级主题课程。在班级名片布置上,开学初,每个班级完成"班级名片"。利用开学第一天德育第一课师生协商完成班级"五有",开学初期,围绕"我们的风采""我们的骄傲""我们的作品""我们的建议"等板块,广泛征集学生意见,完成班级"自主园地"的设计。

(3)楼层主题课程。各楼层根据不同主题课程,由年级负责确定课程内容,由各年级小讲解员进行介绍。

四年级学生负责一楼,五年级学生负责二、三楼,六年级学生负责四楼。各班级带领学生了解各楼层主题。由年级组长做好安排,聘请校级讲解员为同学们进行介绍。

(4)阅享会课程。将馆藏和阅读合二为一,有适合学生阅读的各类书籍,学生可通过班级图书管理员进行书籍借阅,可按规定在阅享会或班级自由阅读。每班定期上阅读课,学习图书检索、文摘卡制作、借阅流程等内容。定期开展图书漂流活动,同学间可以交换书籍、交流读书体会。图书管理员每月对同学读书情况统计,进行表彰。

(5)校史馆课程。学生来到总校学习后,第一学期开设校史馆课程。设两课时(班会课),第一节课参观校史馆内容,课后写出自己的感想,第二节课在班级交流。

三、课程评价

1.规章制度课程评价:主要由德育处、少先队、自主管理委员会和各班进行自主评价。

2.环境建设课程评价:主要由学校进行评价,评价主要内容是通过主题征文、手抄报、摄影、校园一景绘画进行展示交流,评选优秀作品进行表彰。

说明:环境建设课程,学生到总校学习后,按照学校时间安排,由学校自主讲解员进行介绍,开学后一个月内要完成此课程学习。

第二节 "家庭文化"课程纲要

路　畅

一、课程背景

家庭文化课程是上海道小学"小海帆"自主发展大课程体系中"文化浸润"课程下的一个分支,它包括两类课程:家风家训、家校合作。此课程主要以家庭教育和学校教育互动为主体,通过引入家长资源,尝试开放式的办学思路,开展好家风传承、志愿服务、家校通力合作等方式,引导家长与教师成为亲密的合作伙伴,最大限度扩大家长的参与途径和效果。

二、课程目标

(1)弘扬优秀的家风家训传统,提升家长的道德品质,从而助力学生健康成长。

(2)促进学校与家庭的联系,让家长了解学校的办学理念和育人方式,促进家校共育。

(3)统筹整合家长资源,发挥家长特殊作用,丰富学校教育内容。

(4)提升学生和家长的道德水平、审美标准,共同促进学生养成良好品德和行为习惯。

三、课程内容

(一)家风家训

1.定义

(1)家风:家风又称门风,是指家庭或家族世代相传的风尚和生活作风,即一个家中的风气,家风是给家中后人树立的价值准则。

(2)家训:家训是指家族或家庭对子女的教导或训诫的话,是家长在立身处世等方面对子女的教诲。

我们所倡导的家风家训是家长以自己某方面的良好道德和行为,使学生受到影响,收到教育效果。

2.实施

(1)召开家长会,明确传承家风家训的重要意义,征集具有家风家训传统的家庭以及教育学生的成果。

(2)以班级为单位,发放家风家训调查表,调查表中包括:家风家训内容、对家长的影响、对学生的教育及其效果。

(3)调查表上交后,学校进行筛选、分类,选出优秀内容,向家长进行宣传。

(4)邀请家风家训征集活动中的优秀家长,介绍家风家训对自身成长的影响以及教育孩子的成功事例。

(5)学生在班级中讲述自己在家风家训熏陶下的成长故事。

3.评价

家风家训的传承作为一种"润物细无声"的精神教育,实行常态化评价。每学年进行一次评价,凡在学校和班级介绍家风家训的家长,学校颁发证书,予以表彰。每学年凡是被征集到的家风家训的家庭,在班级内进行表彰。

(二)家校合作

1.内容

学校向家长介绍办学思想、学校文化、发展理念、科研成果、获得成就等内容。学校重大活动让家长知晓,请家长提出建议并配合实施。开设家长学校,学校组织家长成立志愿者团队,与学校共同开展活动。定期邀请专业人士举办讲座,对家长进行培训。

2.实施

(1)完善家长委员会制度,明确家长委员会的职权与责任。

(2)每学期制定家校合作实施计划。

(3)通过家长会、家访、网络、电话等形式畅通家校沟通渠道。

(4)把家长及作为有效的教育资源,定期邀请他们参加学校的开学典礼、社会实践、志愿服务等形式多样的教育活动。

（5）由班级负责，对本班学生家长参与学校各项活动的情况，如实记录。

3.评价

凡是积极参与学校、年级、班级的教育教学活动以及给予支持的家长，学校定期予以表彰。

"书"写人生——我家的家风家训故事

邱　玮　王兴光

家风,百年传承;家训,历代铭记。

作为优秀的中国文化传统之一,家风家训文化可谓源远流长,在我国已有三千多年的历史,《史记·鲁周公世家》中周公训子的故事可谓最早的文字记载。

我是上海道小学四年九班王金鸽的妈妈,我和金鸽爸爸分别从教从商,我在南开大学任副教授、硕士生导师,并担任专业系主任的教学管理工作,我的先生从事商业地产的投资与运营管理工作,服务于城市基础经济。我家四代家训家风的传承,源起一幅字,而这幅字的作者正是我们的爷爷。我们的爷爷是中华人民共和国第一代人民警察。那时,户籍管理工作刚刚开展,工作相当庞杂,作为第一代户籍警,爷爷和他的同事们不辞劳苦,全力投身于辖区户口登记管理工作的全面开展,经常走街串巷进行调查,与辖区居民打成一片,警民关系亲密无间。在他的从警生涯中,他一向用勤勉、忠诚、敬业诠释着警察的本色。他不仅这样要求自己,也这样要求他的子孙。在他78岁的时候,他书写了"勤奋"二字赠予我们,并为此题跋:以此为指南,勤学苦练发奋图强,立志为家庭争光为社会做贡献。在我们看来,"勤奋"二字正是我家家训的精髓,这不仅是爷爷一生对自己的严格要求,更是对子孙儿女的一份厚厚的期许。

"勤奋"题字

在父亲青年之时,以坚定的决心响应祖国的号召,上山下乡,离开城市进入广袤的农村进行再锻炼再教育,艰苦的农村生活历练了他的意志,后经由油田系统工作,又被选调回城,在政府商委系统任职,成为一名公务员。纵然在历史的洪潮中历经百转千折,仍无怨无悔、任劳任怨,父亲每每回忆起过往,无论是辛苦的乡间劳动、艰难的油田劳作,还是日日夜夜的政府工作,"勤奋"的家训总是时常响在他的耳畔。特别是从事公务员的几十年间,父亲不只一次地说起:"勤政是公务员的本色。"在他的书房里挂着一幅字:青峰几簇!这四个大字苍劲有力,无不透露出他对自己的要求:尽显忠诚干净,担当本色。

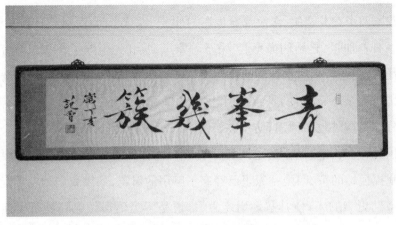

"青峰几簇"题字

我和先生这一代,是伴随着祖国改革开放成长的一代,大胆探索,锐意进取,开放的浪潮推动着我们砥砺前行。自南开大学毕业后,我们先后公派赴多地交流学习,在此过程中,我们开阔了眼界,增长了智慧,激发了热情,点亮了期许。后来我们从教从商,尽管时代不同,工作不同,赋予我们每一个人的责任有所区别,但是父辈的教导却深深记在我们的心田。家训家风已经融入我们的日常生活里,注入一言一行中,成为我们的精神向导。我家的书房,我们谓之"弘毅山房",取名别有心意,"弘毅"二者出自《论语·泰伯》:"士不可以不弘毅,任重而道远。"南宋大儒朱熹集注:"弘,宽广也;毅,强忍也。非弘不能胜其重,非毅无以致其远。"在我们看来,这两字既体现了我们家风家训的传统,又表达出对其的进一步发扬光大,那就是顺应时代,做好自己的使命担当。

"弘毅山房"题字

我家两个女儿金鸽、金鸥都诞生在21世纪,在这个时代,科技日新月异,合作联系日益加强,自她们懂事起,秉承着家风,我和先生除了在知识教育上给予关注,我们还特别注重她们的社会参与感与使命感。2020年,一场来势汹汹的疫情席卷全球,幸运的是,在党和国家的坚强领导下,国内疫情得到有效控制,而此时,国外疫情肆虐,防疫物资难求,我和先生商量着购买了600个口罩寄往国外,大女儿金鸽不解地问我:"妈妈,我们正需要口罩,为什么还要给别人?"我摸摸她的头,问她:"家里已经有了够用的口罩,如果我们的一点点贡献能够救助更多的人,使其解燃眉之急,你说是不是值得做呢?"她听了连连点头,不仅十分支持我们,还用实际行动践行着自己的担当:拿出自己的零花钱,捐助给需要帮助的人;每天坚持读新闻,了解疫情的最新动态;制作手抄报,宣传新冠肺炎病毒的知识点;积极参与学校师生为抗击新冠疫情录制的英文诗歌 *We Are All Fighters*(我们都是战士)。

给我们印象最深的是,上学期英语老师要录制一堂英语观摩课,其中有一封写给在新冠疫情一线奋战的医务工作者的信,组织同学们在观摩课中朗诵,老师委托金鸽执笔,从青少年的角度谈谈对一线医务工作的叔叔阿姨们想说的话。金鸽接到任务特别重视,放学回到家就开始认真地构思、起草、修改,为了让英语表达更加准确、贴切,她反复揣摩用词,不停地查字典比较词义和用法,还反复通读全文,检查语法的准确性,考虑这封信是要组织同学们朗诵的,她郑重其事地在家里先进行反复地朗诵,考察表达出来的效果,感觉满意的部分,自己高兴地点点头,感觉不满意的部分,只见她紧皱眉头,赶紧拿起笔来,在纸上刷刷地罗列着不同的单词和表达方式,自己反复念叨比较着孰优孰劣,就这样不知不觉,夜深了,我提醒她第二天还要上学,早点休息,她说:"妈妈,我觉得这件事太有意义了,我必须把这封信写好,它不仅表达了我们少年对前线医生叔叔阿姨的敬意,也代表了我们全班同学的心声……"说话间,我看着她大大的眼睛里带着浓浓的倦意,但是倦意中坚定的眼神让我明白了她的真挚内心。我们能够感觉出来,家风家训已经开始在她的心中生根发芽,从一株小苗逐渐茁壮成长,在不知不觉中深深影响着她,引导着她。

> Dear Feifei's Mom,
>
> I heard that you went to Wuhan to help people who had caught the corona virus. This horrible disease has endangered numerous people's lives. So, we really appreciate what you did in this 'war' between us and this monster' You endangered your own life to save the lives of other people. Because of that, I believe, we, the younger generation, should learn from you and salute you as a hero. In class, we learned how to share, and it have always been a valuable lesson to us. We would also like to be a doctor when we grow up, so we can help other people, so we can help our country. Remember to take care of yourself, have your meals on time and drink plenty of water. We wish you good luck fighting this 'monster of the world'.

女儿的信

今年,正值辛丑牛年,牛象征着"勤劳、担当、开拓、进取",金鸽九岁,她已到了懂道理、明是非、长智慧、开眼力的年纪,我和先生商量着家里新添一幅字,传承父辈的训导,弘扬家训家风。经与金鸽商量,我们选了"学无止境"四个字挂在我家的餐厅,这四个字也寄托了我们对她的要求和期望:其一,学习并非一件容易之事,唯有勤奋者才能攀越书山、跨越书海;其二,学习绝不能有狭隘之观,要多向身边的老师、同学、朋友、榜样请教;其三,学习不仅仅是为了获得知识,更是要懂得做人做事的道理。

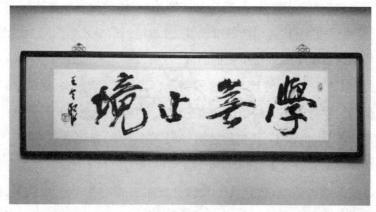

"学无止境"题字

习近平总书记在全国教育大会上指出,家庭是人生的第一所学校,家长是孩子的第一任老师,要给孩子讲好"人生第一课",帮助扣好人生第一粒扣子。真正的教育从来就不单单是学校的事情,更是家庭、学校和社会共同的责任。家是教育这颗种子生根发芽的地方,我家四代传承的家训家风,融入这看似平常的四幅字,带给我们非凡的含义,分别润泽着我们几代人的心田,激发着我们每一个人的使命感。父辈的一言一行,已经镌刻进了骨子里,成为我们一生行事为人的标准。尽管不同的人生必然伴随着不一样的体验,也许,时代会变迁,一些想法、一些观点会被岁月冲洗殆尽,但珍贵的家风家训却能够代代相传、熠熠生辉!

传承家风 共育未来

董 虹

古语有云"天下之本在家"。每个家都有自己的家规家风,它决定了一家人的做事态度和处世准则。好的家规家风不仅承载了祖祖辈辈对后代的期望,也是中华民族优良传承的基石!

我是上海道小学六年九班辛瀚辰的妈妈,我从小成长在一个红色家庭,辛瀚辰的太爷爷、太奶奶都是老革命干部,现在已经90多岁了。辛瀚辰的姥爷以前是单位的管理人员,姥姥是普通工人。从小到大长辈们对于我的家庭教育是比较严格的。从生活中的点点滴滴、一言一行,都让我体会到家风家教的传承。我家的家风可以总结为这几点:艰苦朴素、诚信做人、勤奋好学、锲而不舍。

提到艰苦朴素首先要说是太奶奶。太奶奶参加革命工作时只有十几岁,她几十年如一日勤俭节约,从不铺张浪费。即使现在的生活条件非常好了,但她依旧保持着艰苦朴素的作风,并且时常教育着后辈们。小时候有一次我去奶奶家吃饭,我把饭粒掉在了桌子上,碗里还剩了很多菜,刚想跑出去玩,奶奶拉住我说:"这么多饭菜浪费了多可惜呀,你知道以前很多人都吃不饱吗?"奶奶说完帮我把饭粒捡起来吃了,然后给我讲了很多中华人民共和国成立前人民生活困苦的故事,让我感到浪费粮食真的很可耻,我答应以后再也不浪费粮食了。

从小到大长辈们经常教育我,做人要勤勉,天道酬勤,勤能补拙。以前我对这句话的理解还不够深刻,随着年龄的增长逐渐明白了其中的道理。

我的母亲也就是瀚辰姥姥在年轻的时候是个文艺爱好者,在单位也是文艺骨干,经常组织单位职工开展文艺汇演、歌唱比赛等。我在她的熏陶下从小也非常喜欢唱歌跳舞。上了小学后,母亲让我去学习拉小提琴,说以前没有条件,现在我可以多学些技能。虽然我在乐器方面天资不高,入门晚、进步慢,但在母亲的引导下开始勤学苦练,每天放学后都会挤出时间练琴。即使在假期里,也是天天如此,不厌其烦,久而久之我的手腕都磨出茧子了,但我仍然坚持没有放弃。终于,在一次区里的比赛中获奖了,同学们都投来羡慕的目光,我心里知道这里有我的锲而不舍,也有母亲的谆谆教诲。

我的姥姥和舅舅以前都是教育工作者,在我小的时候他们就非常关注我的学习,经常教育我学习要刻苦,并且要有毅力,每天的任务一定要按时完成,不能拖拉偷懒。另外还要加强体育锻炼和各方面兴趣的培养,努力成为一名全面发展的好学生。在长辈们的辛勤培育下,我在学习上逐步养成了良好自觉性,建立了良好的学习方法,形成了积极的学习态度。最终,我成功考上了理想中的大学,让自己的人生充满美好的未来。

良好的家风需要我们一代一代不断的传承。作为辛瀚辰的母亲,我也感受到肩上的责任,必须要将优良传统继续发扬下去。

在瀚辰很小的时候,我就注意对他进行言传身教,教他自己吃饭、自己穿衣穿鞋,慢慢养成自己的事自己做的好习惯。等瀚辰稍大懂事了,我就经常给他讲太奶奶、太爷爷的生活往事,培养他勤俭节约的品质。闲暇时带他去听音乐会、看舞台剧,对他进行艺术的熏陶。在瀚辰上小学时,我了解上海道小学组建了一支优秀的儿童民乐队,我立刻给他报了名,学习二胡演奏,并鼓励他坚持训练,逐渐培养对二胡的兴趣。一开始,老师要求每天练习1个小时,他坚持不下来,觉得拉练习曲非常枯燥。我就给他讲我小时候练琴的故事,还给他听著名演奏家的曲子,引起他的兴趣。在榜样带动下,现在他自己每天都能自觉练琴了,而且进步很快。有一次,他为了拉好一段曲子,连吃饭都忘记了,最终在市里的文艺展演中荣获一等奖。他自己也领悟到了"台上一分钟,台下十年功"的含义。

另外,我还经常教育辛瀚辰做人要诚信。记得有一次因为生病他误了几节课,于是就找同学借了上课的笔记回家抄写,并答应转天还给人家。但因为要补的作业太多,就把这件事给忘了,转天早上才想起来。我跟他说:"既然答应了人家就必须做到,也许这个笔记人家还着急用呢。你这次食言了,下次同学们就不信任你了。"于是我帮他把笔记复印了一份,让他按时还给同学。后来他告诉我这样做是对的,今后一定要讲诚信。

经过这几年的磨砺,辛瀚辰在学习和兴趣培养上都得到了进步。在学习方面养成了良好习惯,学会了制定每天的学习计划,并能够自觉完成计划,同时能够在家长指导下对遇到的问题进行解决。对在学习中走过的弯路,也学会了自行反思和总结,这都对他的快速成长提供了帮助。在兴趣培养上,除了练习二胡,他还特别喜欢弹钢琴和下围棋,这些爱好都是他发自内心的,不是家长强加给他的,也正是如此,才能在紧张的学习压力下,丰富一些个人的业余生活,使他自己的人生更加多姿多彩。

从辛瀚辰的成长经历可以看出,基础教育是需要学校、家庭的密切配合。学校的责任固然重要,但家长更要培育良好家风,给孩子以示范引导。家风正,子孙兴。作为家长,我要继承先辈遗风,先把好自己这一关,同时要时时事事做孩子的榜样,从孩子幼时抓起,将良好的家风融刻在下一辈的心灵中,使其懂得如何做人做事。生活中的点点滴滴,看似微不足道,举手之劳,却是对家风习俗最好的继承和发扬,也是社会美好未来的希望。

家校携手,奠基筑梦——家长志愿者的故事

王彦凤

　　我是六年四班李滨羽的姥姥,滨羽的父母在滨海新区工作,每天早出晚归,无暇照顾孩子。他自幼是我一手带大,隔辈疼人人皆知,我也不例外。作为第二监护人,我认为孩子的成长就像一面镜子,折射出家长、家庭的教育,家长的潜移默化对孩子的成长有很大的责任。

　　自滨羽踏进校园成为一名小学生以来,我们就注重对他品德培养的教育,时常鼓励他要关心热爱集体,要友爱同学,要讲文明懂礼貌……记得二年级,滨羽回来说班级做卫生的墩布不够,于是我在六日带着他去买了几把,帮他带去学校,老师知道后,在班里表扬了他,他回家后非常高兴,我也及时通过此事鼓励他要多为班级、学校贡献自己的一分力量。

　　教育孩子就像划船,家长和老师一人一只桨,只有双方都坐在自己的位置上,齐心努力劲往一处使,教育这艘船才能载着孩子驶向美好的未来。上海道小学非常注重学生品德教育和全面发展,在学校良好的教育氛围培养和熏陶下,滨羽的成长有时"出乎"我的意料,让我"惊喜"。

　　疫情突如其来,正当孩子和家长因不能如期开学而焦虑之时,学校举行了线上开学典礼,我与孩子一起观看,忽然感觉找到了方向。学校提倡学生与家长要关注疫情新闻,班主任孙老师建议给白衣战士写信。学校将孩子每天的课程安排得井然有序,每科老师都安排孩子们做一些有趣的活动,如手抄报,诗文比赛等,老师通过网络随时与我们沟通。疫情虽然阻止孩子们到校上课,但孩子们的学习没有耽误,只是老师们更辛苦了,我也通过网络积极配合学校和老师的工作。疫情无情,但阻止不了人们的爱心。滨羽不但将自己的"储蓄

罐"钱捐了,还把家中的口罩捐给有需要的人。"国家兴亡,匹夫有责"的道理他未必能深刻理解,但小小年纪做些力所能及的事,我很高兴他有这份责任心。当新闻播出于洪志医生日夜奋战,抢救患者,感染新冠肺炎的消息,他非常关注,问我能不能给于叔叔写封信,表达自己的惦念之情,我听完非常高兴,感觉孩子真的长大了。于是我积极地想办法,帮助他把信寄到了海河医院,于洪志医生收到信后非常感动,很快天津电视台、河西有线对此事进行了报道,学校和老师知道后给予他很多鼓励。复课后,我又帮助滨羽邀请于洪志医生来到学校,为学校师生上了一堂生动的公开课。滨羽作为儿童学习社代表参加并发言,和于叔叔合影留念。这一切都给滨羽留下了深刻的印记,感悟到关爱别人、奉献爱心是快乐幸福之源。

暑假期间,学校发出了"文明城区建设,我参与我支持"的号召。我首先鼓励滨羽参加本社区的公益活动,点亮假期生活。滨羽向我提出要在自己生日的那天"体验交警生活,用志愿者精神点亮文明城市"。为满足他的心愿,我找到友谊宾水值岗民警进行了沟通,交警队很快给了回复。班主任老师得知这一情况后,带领班委一起参加了这次活动。活动当天骄阳似火,同学们在交警阿姨的指挥讲解下,认真学习每一个动作。电视台叔叔阿姨得知这次活动,还专程过来采访。7月20日学校发出"劳动教育指南",我们也积极响应,孩子走进人民公园身着红色志愿者坎肩捡脏护绿,园内的游人对孩子们赞不绝口。2021年1月10日是首个人民警察节,滨羽给值岗民警送去了热咖啡,向他们表示敬意。看到滨羽的成长,我也非常欣慰!

身教重于言教,每一个孩子身上都有家长投射的影子。当家长成了照亮孩子一生的光,又何愁孩子的人生不会熠熠生辉?苏霍姆林斯基曾说:"教育的效果取决于学校家庭的一致性,如果没有这种一致性,学校的教学和教育就会像纸做的房子一样倒塌下来。"家长懂得和老师肩并肩,共同为孩子保驾护航,孩子才会走上人生的光明坦途。

第三节 "社会文化"课程纲要

路 畅

一、课程背景

社会文化课程是上海道小学"小海帆"自主发展大课程体系中"文化浸润"课程下的一个分支,其中包括:"小志愿者""研学旅行"。此课程主要以参加志愿服务、参与研学旅行为主要内容。以上海道小学"小海帆"自主发展大课程体系为基础,借助天津优越的经济、交通、人文、地理等优势,开展丰富多彩的社会体验课程。引导学生走进生活、走进社会,用自己的方式观察、感受、探究社会、融入社会,帮助学生丰富对社会的认识,提高自主发展的能力,落实学校德育目标,提升学生的道德品质,践行社会主义核心价值观。

二、课程内容

(一)小志愿者

1.目标

(1)引导学生广泛接触社会、认识社会,增强学生的公民道德意识。

(2)带动身边人,弘扬"奉献、友爱、互助、进步"的志愿精神。

2.内容

(1)学校发挥党团队一体化优势,成立一批由教师、学生和家长共同组建的"海帆"志愿服务队,开展"小手拉大手"志愿服务活动,带动学生家长共同践行校园文明、家庭文明、社会文明。

(2)参加班级、学校、社区以及社会公益组织开展的志愿服务活动。

3.实施

(1)在组织"小志愿者"完成市区重大活动中,根据要求制定好具体计划。

通过活动,出色完成任务,使学生受到教育,提升学校影响力。

（2）学期初,制定好学校"小手拉大手"活动计划,严格按照计划实施,使社会满意,师生受到教育。

（3）召开"小手拉大手 志愿在行动"启动仪式,邀请家长来到学校,按照公开招募、自愿报名、择优录取、定岗服务的方式与学生一起共同组建志愿服务小队。

（4）每次活动后及学期末进行总结。

（二）研学旅行

根据天津文化、历史、社会特点,结合学生实际,学校制定了走进教育场馆、走近天津名人两种研学旅行活动。

第一部分:走进教育场馆

1.目标

通过参观教育场馆,在参观中实践探究,提高学生的历史、文化修养,培养学生爱国主义情怀,引导学生付诸行动。

2.内容

教育场馆是为公众提供知识、教育和欣赏的精神文化场所,承载着传播历史文化信息和展示人类文明进程的重任,特别是天津的建筑文化更具特殊的历史价值和爱国教育意义。

学校各年级参观天津教育场馆的安排

年级	上学期	下学期
一	天津自然博物馆	大沽炮台
二	国家海洋博物馆	杨柳青博物馆
三	周邓纪念馆	北疆博物院
四	平津战役纪念馆	盘山烈士陵园
五	天津科学技术馆	天津觉悟社纪念馆
六	天津历史博物馆	天津港博览馆

3.实施

（1）每学期学校和各年级要制定学期参观教育场馆的计划,并认真落实。

(2)每次参观之前,班级要制定参观活动的详细计划:

①在参观之前,教师应写好活动预案并引导学生先进行充分的准备工作,通过网络和书籍对该场馆进行提前了解,做好相关内容储备,高年级学生可就自己对场馆的了解,自由组合,提出自己重点了解的问题。

②在参观时,认真听讲解,可根据讲解员的讲解做好记录,提出不明白的问题进行互动活动,吸引学生参与,提升研学体验,避免"走马观花"式的参观。

③可将所学知识与场馆内部陈列内容相整合,通过讲解员的引导和重点说明,让学生记住重点内容。

④参观后做好评价总结。

(3)期末做好学期活动总结。

第二部分:走近天津名人

1.目标

(1)通过活动了解名人为天津做出的贡献,激发学生敬佩之情,学习他们热爱家乡、热爱祖国的高尚情操,提升学生的文化素养。

2.内容

引导小学生重点了解天津的抗日英烈、爱国人士、教育家、艺术家取得的成就、贡献。

学校各年级走近天津名人的安排

年级	上学期	相关场馆	下学期	相关场馆
一	泥人张	泥人张美术馆	马三立	天津市曲艺团
二	霍元甲	霍元甲纪念馆	吉鸿昌	吉鸿昌旧居
三	杨连弟	杨连弟烈士纪念馆	张自忠	张自忠旧居
四	于方舟	于方舟烈士纪念碑	包森	盘山烈士陵园
五	李大钊	南开大学	张太雷	张太雷烈士雕塑
六	严修	南开大学——范孙楼	张伯苓	张伯苓故居

3.实施

(1)走近天津名人作为社会实践活动课程的一部分,将走访活动与学校课程进行融合,并精心设计走近名人的具体目标、内容、路线、汇报形式等,并结合小学生的具体情况,做到活动目的明确高效,学习形式生动有趣,避免"只旅不学"或"只学不旅"的现象。

(2)学校与教育、文化、旅游部门要密切合作,依托高质量景区、红色教育基地、知名院校等。

(3)学校、各年级每学期应提前拟定活动计划并通过家长信和微信公众号告知家长和学生活动意义、时间安排、出行线路、注意事项等信息,并对学生和教师开展事前培训。

(4)在活动开始前,学生要在教师的指导下,准备好走访内容、相关资料搜集、小组分工等相关工作,并在实践中体验、探究,回到学校后按要求完成研学任务,并对研学成果以小组形式进行展示汇报。

(5)开展活动时,根据需要配备包括教师、家长志愿者组成的安全保障组,制定活动预案,确保学生安全。

(6)鼓励家长带领孩子在假期开展走近名人活动。在活动前,由家长上交研学计划表,学校应向家长及学生做好安全教育和要点指导,并向学生下发研学旅行调查表,成果要在规定时间上交学校。

(7)期末做好活动总结。

4.评价说明

(1)凡是学校和班级组织的研学活动,活动后,低中年级以班级为单位召开班会进行总结,高年级学生要写收获、感悟。班级成立以师生为代表的评价小组,凡被选为在班中交流的内容,均为优秀。

(2)凡是由家长组织的走访活动,要上交学校下发的计划表,由班级组织以师生为代表的评价小组,进行评价,凡被选为在班级交流的内容,均为优秀。

(3)凡是能完成本学年研学任务的学生,可以获得学校颁发的"小海帆"研学证书。

小手拉大手,文明志愿一起走——班级志愿服务案例

孙 媛

活动背景:2019年天津市促进文明条例正式出台,4月4日,上海道小学举行了"文明条例我遵行 河西区小手拉大手志愿服务一起走"主题教育活动启动仪式。学校成立了上海道小学"小海帆"志愿服务队,向全体同学发出倡议,要争做友善、文明、环保、志愿好少年。

活动目的:鼓动学生积极参加志愿活动,成为一名志愿者,做自己力所能及的事情;用自己的行动,影响周围的人,传递关爱,播撒文明的种子;深入理解社会主义核心价值观的内涵,培养学生的社会道德感和责任感。

活动准备:

1.为了有效地开展志愿活动,我先召集班委会商讨志愿服务对象,最后经过大家的研究,确定为学校附近的人民公园。

2.利用班会课,进行分组:包括宣传引导组、捡脏护绿组、擦拭组,对活动的主题、内容、时间、地点、过程、准备物品等安排进行指导。

3.各组制定计划,分头准备。

活动过程:

2019年4月11日上午,是一个春暖花开的日子,全班同学组成了志愿者小分队,开展"保护环境,文明游园"的志愿服务活动。大家带着活动物品来到人民公园,此刻同学们兴奋不已,因为多日来的努力准备,今天如愿来服务了。公园门口,几个苍劲有力的大字展现在我们眼前,我随即向同学们介绍起人民公园的来历:人民公园的前身是津门富豪大盐商李春城的私家花园,名为"荣园",始建于清同治二年(1863年)。中华人民共和国成立后,李氏裔李歧美把

荣园献给国家。1954年,毛泽东主席亲笔题写了园名,这是毛主席为我国公园的唯一题字,同学们了解了人民公园的历史,感受到能够为这一有历史的公园做出自己的贡献,都感到非常骄傲。

公园里游人如织,有晨练的爷爷,跳广场舞的奶奶,蹒跚学步的孩子,还有游览美景的叔叔阿姨。同学们到达位置后,穿上志愿者的红色小马甲,迅速投入到活动中,开始了紧张有序的清扫大战。捡脏护绿组的同学拿着夹子和垃圾袋等自制的劳动工具,仔细寻觅着花丛中、草丛中、小路旁的纸屑、烟头、果皮等垃圾,进行一一清理,每位同学都不怕脏不怕累,对于夹子不好夹的垃圾就弯腰直接用手捡起来,放入自备的垃圾袋中。同学们顾不上擦拭脸上的汗水,看到手中渐渐丰满起来的垃圾袋,和变得干净整洁的花丛及甬道时,那种幸福和满足感油然而生。擦拭组的同学,拿着准备好的抹布擦拭健身器械和宣传橱窗以及路灯、座椅等,同学们个个干劲十足,大家不怕脏不怕累,争着抢着干重活。同学间还悄悄展开了比赛,看谁干得认真,擦得干净。热火朝天的劳动场景,成为春风中一道靓丽的风景线。宣传引导组的同学,提前手绘了垃圾分类的手抄报,以及"爱护草坪""降低噪音""文明赏花"等宣传标语、口号,向来往的游人宣传文明游园的小常识。倡导大家保护公园的环境,爱护身边的美景,维护园内公共设施,文明游园。这时,在不远处的孔雀园,有一位小学生模样的同学两手抓住孔雀笼,使劲地摇晃起来,接着又向笼子里扔小石子。"同学……"我正要向前制止,只见宣传引导组的刘玥彤远远看见了男孩的不文明行为,急匆匆地奔到男生面前,告诉小男孩儿不要往笼子里扔石子,要爱护动物。"你是谁啊?我喜欢孔雀,你管得着吗?"男孩靠在栏杆上,睁大眼睛瞪着刘玥彤,凶巴巴地说。刘玥彤有些生气,脸蛋涨得通红,转头看了看我,我指了指身上的红色志愿者马甲,她马上明白了,不慌不忙地对男孩说:"我是文明志愿者,你喜欢孔雀,我也很喜欢孔雀,我把画的这只孔雀送给你吧。孔雀这么可爱,我们要爱护它们呀!"男孩此时有些不好意思。旁边的游人看到后连连称赞,一位老奶奶语重心长地对孩子们说:"人民公园非常漂亮,这么好的环境,大家应该更好地维护,共同制止不文明行为,维护天津市的良好形象。今后你们要多来开展文明志愿活动啊。"在同学们的共同努力下,每一处都显得那样干净、整洁,虽然大家满头大汗,但脸上洋溢着舒心的笑容。

从此次活动后,人民公园就成了我们班的志愿服务实践基地,无论炎热的夏天,还是寒冷的冬天,总能看见我们班同学的身影。2020年疫情趋于平稳后,人民公园开园啦,同学们继续为人民公园捡脏护绿,倡导文明游园,帮助工作人员查看绿码,提醒游人戴口罩等等,文明志愿服务永远是进行时……

活动收获:

通过文明志愿服务活动,锻炼了学生的组织能力,使同学们更加关注社会,更有爱心,提高了身为河西学子为河西城区做贡献的责任感。有的同学在感悟中写道:志愿服务活动让我对文明有了更深的理解。在帮助爷爷奶奶的同时,自己也获得快乐。有的同学说:"这次活动让我体会了环卫工人的辛苦,以后不能随便乱扔,不仅要爱护环境,还要积极宣传从我做起,保护环境。"有的同学感悟到:"今天虽然累,但是我付出了劳动的汗水,看到草地上没有废纸,觉得人民公园更美了。能为美化环境做出自己的贡献,我很快乐。"还有的同学表示,要积极参与到全国文明城区建设活动中,"小手拉大手,文明志愿一起走",争做文明城区的践行者。作为教师的我也融入其中,成为班级服务志愿队的一员,我被孩子们的热情、真诚与奉献所感染,我愿意为孩子们的成长拔节助力,点亮他们的前进之路。

阳光在我心中——家庭志愿服务案例

刘津都

　　大家好,我叫刘津都,是河西区上海道小学五年级二班的学生,我还是天津市互助帮扶中心的一名小公益志愿者,自2020年6月以来,我的志愿者服务时长已达60多小时,我常常因能帮助别人而感到快乐和骄傲。

　　谈起志愿服务,还要从我的家庭说起,我有一个幸福的家庭,有勤劳的妈妈,能干的爸爸和一个可爱的我。在我很小的时候,妈妈和爸爸就经常用平凡的行动去影响和感动着我;比如妈妈带我坐公共汽车的时候,就经常给上年纪的爷爷奶奶们让座位,小小的我看到后也学着妈妈的样子,给老爷爷和老奶奶或者比我小的小朋友让座位,当大家夸奖我时,我开心极了。再比如我家住一楼,楼道里经常会有散落的垃圾纸屑,妈妈看到后就会带着我一起拿起扫帚,将它们清扫干净;虽然清扫楼道这件事也许邻居们都不知道,但我和妈妈还是乐此不疲地做着,妈妈说不为别的,乐于奉献本身就是一种社会责任。

　　在我的家庭里,乐于奉献,助人为乐的事情还很多很多。例如:爸爸的拾金不昧,妈妈为灾区捐款捐物,姥姥为生活困难家庭的小朋友织毛衣,姥爷也凭着一技之长帮助邻居们维修水管和家用电器……长辈们的这些行动深深地感染着我,助人为乐的小苗在我心里逐渐地萌发。

　　记得2020年疫情刚刚有所好转,我发现妈妈每到周末就异常忙碌。原来,天津市互助帮扶服务中心招募社区志愿者,妈妈第一时间就报了名。我知道这个事情后就请求妈妈也带我一起参加志愿者服务队,妈妈怕耽误我的学习很犹豫;我立刻向妈妈保证,学习和参加志愿者服务两者都会保质保量地完成任务,妈妈愉快地答应了。志愿者服务队的叔叔阿姨们也非常欢迎我这个小小志愿者的到来。于是我就成为扶残助困志愿者服务队的小队员,妈妈就是我的辅导员。

志愿者服务队了解到,在我们的社区里有一位双目失明,行动不便的独居高龄老人马爷爷,马爷爷已经81岁了,是一名老党员,平日生活无人照料,眼睛看不见,耳朵也听不清,日常生活十分困难。当我们第一次来到马爷爷家时,他家的环境令我震惊:屋里凌乱不堪,有很多苍蝇在空中乱飞,地面上全都是污渍;因为是夏天,屋内的空气中还伴随着一些恶臭……因我们的到来,马爷爷非常高兴,志愿者服务队的队长在征得爷爷的同意后,立刻就开始了卫生清整行动。我主动承担了地面的清理工作,当时的情况可真是困难至极,污渍已经和瓷砖粘在一起了,用拖把根本就清理不干净,于是我就蹲在地上先喷水后用扁铲一点点地铲,再用抹布去擦,清干净一块瓷砖再清下一块,当我站起来的时候,腿和脚已经酸麻得无知觉了,再看看手破皮了都不知道。整整五个小时的劳动,虽然我真的是有些疲惫不堪、体力不支了,但是当我看到温馨的卧室、整洁的厨房、宽敞的客厅时,这一切都感觉很值得。马爷爷激动地向我们表达着谢意,眼中充满了泪花。

从此以后,我就十分牵挂着马爷爷。每到周末我在完成学习任务后就和妈妈去马爷爷家。妈妈负责室内的清理工作,我负责在社区超市里采购马爷爷一周的生活日用品和药品。有时陪马爷爷聊天时,就给他讲一些新鲜有趣的事情,也会和马爷爷一起探讨中国的历史典故,马爷爷也会给我讲他年轻时候的故事,教给我许多做人的道理。爷爷是一名老党员,他很感谢党和国家对他的关爱。他希望我长大后也能加入中国共产党,做一名服务于人民的优秀党员。我答应爷爷一定会努力学习,为国家和社会奉献出自己的一分力量。马爷爷非常感谢我的付出,随后还委托社区居委会的阿姨给我的学校写来一封热情洋溢的感谢信;校领导接到来信之后表扬了我,我感到非常自豪,我也会继续努力,把志愿服务做好,帮助那些更多需要帮助的人。

今年重阳节那天,我们上海道小学的小志愿者们代表学校来到了连荣里社区为爷爷奶奶们送去了节日的问候。在活动现场,我凭借着从小学习京剧的一技之长给社区爷爷奶奶们表演了国粹——京剧,我的表演深受好评,得到了大家的鼓励与赞扬。

学校领导和老师们为了表扬和鼓励我乐于助人的行为,推荐我参加了"中国少年先锋队天津市河西区第四次代表大会"。作为代表,我们认真学习了习近平总书记对少先队员的寄语。从习爷爷的寄语中,我感受到作为一名少先队员的光荣和使命,更坚定了我要服务于社会,服务于人民的决心,不辜负习总书记对我们新时代少先队员的期望。

赠人玫瑰,手留余香。在公益服务中,我在帮助别人的同时,也收获到了快乐与幸福。公益志愿服务使我的眼界更加开阔,心灵更加清纯透彻,对奉献过程中得到的快乐感受也更加深刻。我从小学习传统京剧,京剧唱词中的"仁义礼智信"中的"仁"字就代表着中华民族的一种博爱精神,天地之大德曰生,我觉得中国优秀的传统文化与志愿服务精神都是紧密结合的。一句温馨的话语,一个关爱的手势,都能给予人温暖的感觉,因为爱心最具有魅力。只要我们每个人的心中都有一份爱,一束阳光,那么这个世界永远是温暖的,充满了爱。我会用自己的这份爱,这束光来温暖别人,照亮未来。